Deutschbuch

Trainingsheft für Klassenarbeiten und die zentrale Prüfung

9

Gymnasium Nordrhein-Westfalen

Herausgegeben von
Bernd Schurf und Andrea Wagener

Erarbeitet von
Sandra Ausborn-Brinker, Gerd Brenner,
Heinz Gierlich, Cordula Grunow,
Markus Langner, Kerstin Muth,
Norbert Pabelick, Corinna Potthoff,
Nicole Rottinghaus, Bianca Weber

Inhaltsverzeichnis

Mit dem beigefügten Lösungsheft kannst du deine Ergebnisse selbst überprüfen.

Wie du mit diesem Heft für Klassenarbeiten und die zentrale Prüfung trainieren kannst

Liebe Schülerin, lieber Schüler,

mit diesem Trainer kannst du dich gezielt auf die **fünf Klassenarbeitstypen** im Fach Deutsch in der 9. Klasse vorbereiten. Alle Kapitel sind in fünf Schritten aufgebaut. Dieser „rote Faden" hilft dir dabei, die Aufgabenstellung zu verstehen, die nötigen Teilaufgaben erfolgreich zu lösen und deinen zusammenhängenden Text zu überarbeiten:

A Die Aufgabe verstehen

    B Erstes Textverständnis – Stoff sammeln – Ideen entwickeln

      C Übungen

        D Den Schreibplan erstellen

      E Den eigenen Text überarbeiten

Klassenarbeiten vorbereiten – Aufgabentypen erkennen

1 a) *Finde mit Hilfe der Übersicht auf Seite 4 heraus, um welchen Aufgabentyp es in der nächsten Klassenarbeit gehen wird. Wenn du dir nicht sicher bist, frage deine Lehrerin oder deinen Lehrer.*
b) *Mach dich mit den Arbeitsschritten A bis E vertraut und bearbeite das jeweilige Kapitel. Beachte dabei auch die Zwischenüberschriften, die wichtige Arbeitsschritte ausdrücklich benennen.*

Die Aufgabenstellung genau lesen – Operatoren erkennen

2 a) *Verschaffe dir anhand der Übersicht auf der nächsten Seite einen Überblick, welche (Teil-)Anforderungen in den verschiedenen Aufgabentypen erwartet werden. Diese Anforderungen, auch **Operatoren** genannt, werden in der Aufgabenstellung meist ausdrücklich erwähnt (z. B. **interpretiere, analysiere, bewerte, stelle dar …**).*
b) *Kläre zunächst mit Hilfe des Inhaltsverzeichnisses bzw. der Kopfzeilen der Kapitel, um welchen Aufgabentyp es sich jeweils in dem Kapitel handelt. Trage in der linken Spalte die Nummer des Aufgabentyps ein.*
c) *Ergänze dann in der mittleren Spalte die Operatoren, die als Teilaufgaben der Aufgabenstellung genannt werden.*
d) *Trage in der vorletzten Spalte ein, von welcher Seite bis zu welcher Seite das jeweilige Kapitel sich erstreckt.*

3 *Finde jeweils heraus, was die Operatoren bedeuten. Was ist z. B. auf Seite 58 gemeint, wenn bei Aufgabentyp 4a von der Anforderung „untersuchen" die Rede ist? Schlage zur Übung im Teil A des zugehörigen Kapitels nach. Kreuze die richtige Antwort an.*

Du sollst …

a) ☐ … die jeweilige Textgrundlage der Klassenarbeit gründlich auf Fehler hin durchsehen.

b) ☐ … immer alle formalen und sprachlichen Mittel untersuchen, die im Text vorkommen.

c) ☐ … prüfen, ob du der Meinung des Verfassers guten Gewissens zustimmen kannst.

d) ☐ … z. B. stilistische Auffälligkeiten herausfinden oder die Gliederung des Textes erklären.

4 a) *Schau dir deine letzten Klassenarbeiten an. Welche Anforderungen konntest du schon gut erfüllen, an welchen musst du noch arbeiten?*
b) *Setze in der Liste auf Seite 4 in der Spalte rechts ein Häkchen, wenn du den Aufgabentyp bearbeitet und die Operatoren verstanden hast.*

Aufgabentyp	Erläuterungen und Beispiele	Operatoren	Seite	✔
2 Einen **informativen Text verfassen**	Hier sollst du auf Grundlage von Materialien einen informativen Text schreiben (z.B. ein Informationsblatt oder einen Bericht) und anschließend erklären, warum du welche Mittel eingesetzt hast (z.B. Stil, Aufbau, Inhalt usw.).	☐ erstellen ☐ verfassen ☐ erläutern ☐ …	S. 6–11 S. …	
3 Eine textbasierte **Argumentation** zu einem Sachverhalt **erstellen**	Dieser Aufgabentyp erfordert, dass du zu einem Sachverhalt deine Meinung darstellst und begründest, z.B. in Form eines Kommentars oder Leserbriefs. Dabei sollst du Argumente aus den Materialien und eigenes Wissen einbeziehen.	☐ verfassen ☐ …	S. 20–26 S. …	
__ Einen **Sachtext** bzw. medialen Text **analysieren** *oder:* Einen **literarischen Text analysieren** und **interpretieren**	Hier geht es darum, die genannten Aspekte (Inhalt, Aufbau, Sprache, Bildlichkeit o. Ä.) des jeweiligen Textes zu untersuchen. Die Aussage eines Sachtextes (z.B. Artikel aus Magazinen oder Fachzeitschriften) bzw. eines literarischen Textes (z.B. Gedicht oder Kurzgeschichte) sollte richtig erfasst und dazu kurz Stellung genommen werden.	☐ zusammenfassen ☐ …	S. 50–57	
__ Mehreren verschiedenen Materialien **Informationen entnehmen,** diese **vergleichen, deuten** und **bewerten**	Textgrundlage sind hier verschiedene Materialien, z.B. Sachtexte aus Lexika oder Zeitungen, Diagramme und Tabellen, zu einem strittigen Thema. Wesentliche Aussagen der Materialien sollst du wiedergeben, auf Übereinstimmungen und Unterschiede hin vergleichen und zum Thema Position beziehen.	☐ …	S. …	
__ Einen vorgegebenen Text **überarbeiten** und die Textänderungen **begründen**	Bei diesem Aufgabentyp erhältst du einen fehlerhaften Text (z.B. einen misslungenen Praktikumsbericht), den du gezielt auf bestimmte Mängel hin durchsuchen und entsprechend verbessern sollst (z.B. im Hinblick auf Satzbau Ausdruck, Rechtschreibung). Deine Überarbeitung sollst du anschließend kurz anhand von Regeln begründen.	☐ …	S. …	
__ Einen literarischen Text **produktiv** und kreativ **umgestalten**	Dieser Aufgabentyp verlangt, dass du dich intensiv mit einem literarischen Text auseinandersetzt, z.B. indem du ihn fortsetzt oder aus Sicht einer Figur einen Tagebucheintrag schreibst. Es kommt darauf an, die Textgrundlage richtig zu deuten sowie sprachlich und inhaltlich daran anzuknüpfen und diese „Passung" anschließend zu begründen.	☐ …	S.	

Sich selbst richtig einschätzen – aus Fehlern lernen

Mach dir nichts vor: Eine realistische Selbsteinschätzung verlangt von dir Mut, Ehrlichkeit und ein scharfes Urteil. Folgende Hinweise können dir helfen, dich zunehmend realistisch einzuschätzen:

 **Hinweis 1:** Wo du wirklich stehst, erfährst du nur, wenn du erst **nach** Beendigung der Übung ins Lösungsheft schaust.

 **Hinweis 2:** Zu allen vorbereitenden Aufgaben enthält das **Lösungsheft** eine Lösung. Nutze sie konsequent zur Selbstkontrolle:
- ☐ Markiere die Stellen, an denen du von der Lösung abweichst.
- ☐ Mache dir klar, ob es sich bei den Abweichungen um echte Fehler handelt oder nicht.
- ☐ Streiche falsche Lösungen durch, schreibe die richtige Antwort in einer Farbe daneben.
- ☐ Ergänze fehlende Antworten in deiner Korrekturfarbe, damit du auf einen Blick erkennst, woran du noch arbeiten musst.

 **Hinweis 3:** Für jeden Klassenarbeitstyp findest du im Lösungsheft einen beispielhaften **Musteraufsatz** oder ein **Punkteraster**.
- ☐ Lass deine Arbeit am besten von jemand anderem (Eltern, Geschwister, Klassenkameraden ...) mit Hilfe der Musterlösung bzw. der Punkteraster bewerten. Eine unbeteiligte Person hat mehr Abstand und sieht Fehler oft besser.
- ☐ Falls es niemand anderen gibt, korrigiere bzw. überarbeite deine Arbeit erst am nächsten Tag, damit du etwas Abstand hast.
- ☐ Verfahre bei der Korrektur entsprechend der Vorschläge in Hinweis 2. Falls jemand anderes deine Arbeit kontrolliert, besprich anschließend mit dieser Person ausführlich deine Arbeit.
- ☐ Versuche zu klären, was du schon gut kannst und woran du noch weiter arbeiten musst.
- ☐ Ist ein Aspekt sinngemäß bearbeitet, bedeutet das die **volle Punktzahl**, ist er in Ansätzen erkennbar, heißt das die **halbe Punktzahl**, ist er falsch oder fehlt ganz, gibt es **keine Punkte**.

Sich gründlich vorbereiten – die Checkliste nutzen

Hinweis 4: Nutze die **Checklisten** und die **Tipps** in der Umschlagklappe, um dich vorzubereiten. Lerne sie auswendig und schreibe sie zu Beginn der Arbeit auf, um sie am Ende durchzugehen.

Hinweis 5: Orientiere dich während der Klassenarbeit an den **fünf Schritten** aus diesem Trainer:
(A) Überlege, welche Teilaufgaben zur Aufgabe gehören und in welcher Reihenfolge du sie bearbeiten willst. Frage notfalls deine Lehrerin/deinen Lehrer nach einem guten Tipp!
(B) Bearbeite die Materialien gründlich (Text verstehen, Stoff sammeln, Ideen entwickeln)!
(C) Erinnere dich, welche Aspekte du bei diesem Aufgabentyp gezielt geübt hast!
(D) Erstelle eine Gliederung oder einen Schreibplan, bevor du ins Reine schreibst!
(E) Nutze die Checkliste des jeweiligen Aufgabentyps zur Kontrolle und Überarbeitung!
- ☐ Prüfe kurz, ob du alle Aspekte der Aufgabenstellung gelöst hast – hake die Operatoren ab!
- ☐ Bist du mit dem Ergebnis deiner Arbeit zufrieden? Wenn nicht, was kannst du noch ändern?

Viel Erfolg bei deiner Vorbereitung – und viel Glück!

Was macht ein *Mechatroniker*? –
Ein Informationsblatt für Auszubildende erstellen

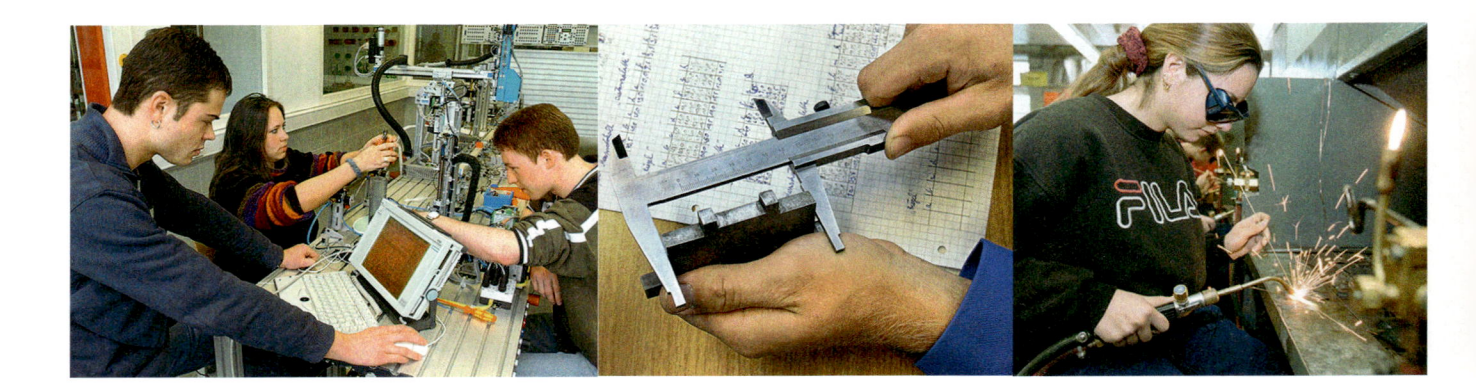

Im Anschluss an die Berufsinformationswoche soll eine Berufsinformationsbroschüre erstellt werden.
1. Verfasse auf Grundlage der Materialien M1-M4 ein Informationsblatt über das Berufsbild eines „Mechatronikers"
   für interessierte Mitschülerinnen und Mitschüler.
2. Erläutere anschließend Aufbau und Stil deines Informationsblattes und begründe deine Informationsauswahl.

M1   Wer kann Mechatroniker/in werden?

Wie für alle gesetzlich geregelten Ausbildungsberufe ist auch für Mechatroniker/in keine bestimmte schulische Vorbildung vorgeschrieben. Die meisten Betriebe bevorzugen bei der Einstellung jedoch Auszubildende mit mittlerem Bildungsabschluss (Realschul-, Fachschulabschluss usw.). Weder ein Mindestalter noch ein Höchstalter ist
5 gesetzlich vorgeschrieben, die Ausbildung ist für Frauen wie Männer gut geeignet.
Darüber hinaus werden folgende Eigenschaften und Fähigkeiten zurzeit von Ausbildungsbetrieben vorausgesetzt: gute Mathematik-, Physik- und Informatikkenntnisse, außerdem logisches Denken sowie Abstraktionsvermögen, Geschick bei technisch-handwerklicher Tätigkeit, Interesse für Technik, Mathematik und elektronische Daten-
10 verarbeitung (für zunehmend computergesteuerte Geräte), aber auch gute Leistungen in Deutsch, insbesondere Sicherheit in Rechtschreibung, Satzbau und Ausdruck sowie Englischkenntnisse.

(aus einem Faltblatt im Ausbildungszentrum)

M2   Was macht ein Mechatroniker?

Das Berufsbild Mechatroniker/in gibt es erst seit 1998. Als Schnittstelle verbindet dieser junge Ausbildungsberuf die Berufsfelder Elektrotechnik, Metalltechnik und Informatik: Der Begriff Mechatroniker/in setzt sich zusammen aus **Mecha**niker/in + Elek**tron**iker/in + Informat**iker**/in.
5 Beispielsweise der Autopilot eines Motorboots, die Abfüllanlage in einer Fabrik, die programmierbare Mikrowelle, der MP3-Player oder Roboter sind ohne diese Verzahnung von Technik undenkbar.
Nach der 3,5-jährigen Ausbildung können Mechatroniker/innen diese und andere Anlagen montieren oder demontieren, transportieren und aufbauen. Sie können sie program-
10 mieren und in Betrieb nehmen oder prüfen, warten und reparieren. Dabei stehen sie im Kontakt zu ihren Kunden und setzen deren Wünsche mit Hilfe von Mechanik, Elektronik, Informations-, Steuerungs und Regelungstechnik um. Sehr viele Branchen benötigen diese vielseitigen Fachkräfte, wie z.B. Maschinenbau, Elektronikindustrie, Chemische Industrie, Automobilbau, Energiegewinnung und -versorgung.

(aus einer Berufsinformationsbroschüre)

M3 Lohnt sich die Ausbildung zum Mechatroniker?

Mini, New Member
S-O-S, ich brauche einen Tipp, und zwar möglichst schnell: Vor mir liegt eine Zusage von einem Unternehmen für einen Ausbildungsplatz zum Mechatroniker (Vertrag mit allem Drum und Dran ist dabei). Ich bin mir nicht sicher, ob ich den Vertrag unterschreiben
5 soll. Wie schwer ist die Ausbildung? Hat der Job noch eine Zukunft? Lohnt sich die Mathe- und Technik-Paukerei? Immerhin dauert die Ausbildung länger als viele andere!!! Hoffe auf eure Hilfe …
Thanx ☺!

Tekki, Senior Member
10 Hi! Mechatroniker kennen sich in total vielen Bereichen gut aus. Ich bin selbst Mechatroniker und kann nur sagen, dass es mit die BESTE Berufsausbildung ist, die es zurzeit gibt! Nach der Ausbildung kannst du je nach Größe der Firma mit 2 000,– € oder mehr rechnen. Der Beruf macht dich fit für die Zukunft – und falls du unterfordert bist, kannst du noch 'nen Meister oder Diplom-Ingenieur draufsetzen. Also: Los geht's!
15 Greez, Tekki

Zizzy, Junior Member
Halloa, ich hab auch noch Infos für dich: Mein Freund hat die Ausbildung gemacht und hatte viel Spaß dabei, gut bezahlt wird sie auch. In den ersten beiden Ausbildungsjahren bekam er um 700,– €, im 3. und 4. Ausbildungsjahr sogar um 800,– €. Mein Freund hat
20 dann erst ein Jahr gearbeitet und macht jetzt seinen Meister. Aber die Ausbildung ist nicht leicht – ich hätte keinen Bock, so viel zu lernen ;-). Viel Glück also!

(Einträge aus einem Ausbildungsforum)

M4 Wie sieht die Ausbildung aus?

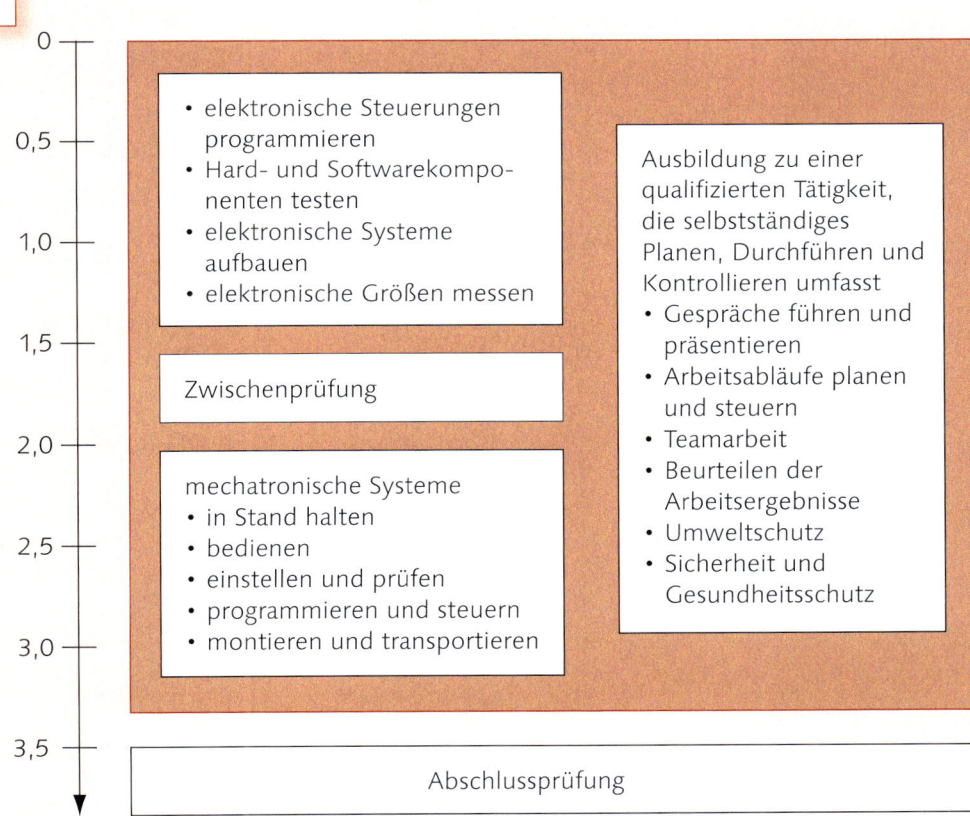

A Die Aufgabe verstehen

1 *a) Was sollst du tun? Markiere die **Operatoren** und **Schlüsselbegriffe** in der Aufgabenstellung.*
b) Kreuze an: Welche Arbeitsschritte sind sinnvoll, um die Aufgabe zu lösen, welche nicht?

Du sollst …	sinnvoll	unsinnig
a) … ausschließlich über die Vorteile des Berufs „Mechatroniker" berichten.	☐	☐
b) … deine Mitschüler auch über das Berufsbild „Mechatroniker" informieren.	☐	☐
c) … die ganze Fülle von Informationen aus allen Materialien verwenden.	☐	☐
d) … einen kreativen Aufbau wählen, damit es Spaß macht, den Text zu lesen.	☐	☐
e) … Fakten über die Ausbildung zum „Mechatroniker" zusammenfassen.	☐	☐
f) … deine Meinung über den Beruf „Mechatroniker" darlegen und begründen.	☐	☐
g) … begründen, welche Informationen du aus welchem Material ausgewählt hast.	☐	☐
h) … möglichst nur Jugendsprache nutzen, um deine Zielgruppe anzusprechen.	☐	☐
i) … Aufbau und Sprache so wählen, dass dein Text übersichtlich und ansprechend ist.	☐	☐

B Erstes Textverständnis – Stoff sammeln

Leitfragen entwickeln

1 *Welche W-Fragen könnten deine Mitschülerinnen und Mitschüler interessieren? Notiere sie hier?*

– Was heißt „Mechatronik"? _____

_____

_____

_____

_____

_____

_____

_____

_____

_____

_____

Sich einen Überblick verschaffen

2 *a) Verschaffe dir einen Überblick über die Materialien M 1 – M 4. Suche dazu gezielt nach Informationen, die Antworten auf deine W-Fragen geben, und unterstreiche sie. Verwende pro Frage eine bestimmte Farbe.*
b) Umkreise wichtige Schlüsselbegriffe, damit du Informationen zu diesem Begriff schnell wiederfindest.

Materialien auswerten

3 *Ergänze die folgende Tabelle um deine Leitfragen. Trage in der mittleren Spalte die Antworten zusammen und notiere rechts, aus welchem Material sie stammen.*

W-Frage	Antwort	Material
Was heißt „Mechatronik"?	Mechatronik umfasst die Berufsfelder Mechanik, Elektronik, Informatik; …	M 2, Z. 3–4
Was macht ein Mechatroniker?	Aufgaben des Mechatronikers bestehen in Aufbau, Übergabe, Prüfung, Wartung und Reparatur von …	M 2, Z. …
…	…	

C Übungen

Merkmale der Textsorte bedenken

1 *Was kennzeichnet ein Informationsblatt? Kreuze an.*

TIPP
Informative Texte sind …
- ☐ klar strukturiert,
- ☐ kurz und sachlich,
- ☐ gut verständlich,
- ☐ auf Fakten beschränkt.

Ein Informationsblatt …   richtig falsch

a) … stellt kurz wesentliche Fakten dar. ☐ ☐   d) … nimmt Stellung zum Thema. ☐ ☐

b) … setzt vereinzelte Schwerpunkte. ☐ ☐   e) … nennt anschauliche Beispiele. ☐ ☐

c) … informiert möglichst umfassend. ☐ ☐   f) … beantwortet wichtige Fragen. ☐ ☐

2 *Überlege, mit welchen Gestaltungsmitteln du **Übersichtlichkeit** erzeugen kannst.*
Beschränke dich auf einige dieser Mittel und begründe kurz deine Wahl.

„Orientierung auf einen Blick" erzeugst du, indem du zum Beispiel ...

a) ☐ ... mit verschiedenen Farben arbeitest.

b) ☐ ... Zwischenüberschriften verwendest.

c) ☐ ... eine aussagekräftige Skizze zeichnest.

d) ☐ ... neue Gedanken durch Absätze trennst.

e) ☐ ... eindeutige Symbole (→ ✐ ✎ ? !) nutzt.

f) ☐ ... mit Spiegelstrichen arbeitest.

g) ☐ ... Fachbegriffe markierst und erklärst.

h) ☐ ... untergeordnete Punkte einrückst.

i) ☐ ... nur die wichtigsten Überschriften markierst.

j) ☐ ... pro Absatz eine neue Farbe wählst.

Ich habe mich für folgende Gestaltungsmittel entschieden:

_____) → Begründung: _____

_____) → Begründung: _____

_____) → Begründung: _____

_____) → Begründung: _____

Den Leser informieren und interessieren

3 *Welche **Überschrift** eignet sich für dein Informationsblatt am ehesten? Begründe deine Auswahl.*
Berücksichtige dabei deinen Adressaten und die Aufgabe der Textsorte.

a) ☐ **Mecha**niker+Elek**tron**iker+Informa**tiker**? Ein spannender Job!

b) ☐ Was macht ein/e Mechatroniker/in? – Wissenswertes zu einem vielseitigen Beruf

c) ☐ Mechatroniker/in – An der Schnittstelle zwischen Mechanik, Elektronik und Informatik

d) ☐ Du suchst einen Beruf mit Zukunft? Werde Mechatroniker/in!

Überschrift _____ eignet sich am ehesten, da _____

_____

Den richtigen „Ton" treffen

4 *Der folgende **Anfang** eines Informationsblattes ist zu umgangssprachlich geraten. Überarbeite Formulierungen, die für die Textsorte **nicht** geeignet sind, mit Hilfe des Tipps.*

> **TIPP**
>
> Ein **Informationsblatt** ...
> ☐ spricht die **Sprache** seiner Adressaten,
> ☐ trifft einfache, eindeutige, kurze Aussagen,
> ☐ ist so kurz wie möglich und so lang wie nötig.

Wer oder was heißt hier Mechatroniker/in?!

Als „Mekkatronic" bist du ein bunter Hund – eine Mischung aus Mechaniker,

Informatiker und Elektroniker. Du kriegst viel Geld, schraubst vor allem an Maschinen herum, wozu auch

gehört, dass du ganze Anlagen wartest und auf Herz und Nieren prüfst. Dabei arbeitest du oft vor Ort beim

Kunden.

VORSICHT FEHLER!

D Den Schreibplan erstellen

Den Leser am „roten Faden" führen

1 *Entscheide mit Hilfe deiner Materialsammlung aus Teil B zunächst, welche Informationen sich für einen **Einstieg** eignen und welche für den **Schluss**. Markiere diese Informationen in der Stoffsammlung entsprechend, indem du in der Spalte ganz rechts ein (E) bzw. (S) notierst. Begründe deine Auswahl kurz.*

---

2 *Überlege nun, welche der übrig gebliebenen Fragen thematisch zusammengehören. Formuliere dafür geeignete Zwischenüberschriften, die diese W-Fragen treffend und knapp zusammenfassen, z. B.:*

W-Fragen:
Was lernt man in der Ausbildung?
Wie lange dauert die Ausbildung?
Wieviel verdient man in der Zeit?

Zwischenüberschrift
→ Ausbildung

3 *Sortiere diese Zwischenüberschriften und nummeriere sie in der Reihenfolge, in der du sie im **Hauptteil** verwenden willst. Begründe mit Hilfe des Tipps in wenigen Stichworten die von dir gewählte Reihenfolge.*

Das Informationsblatt und die Begründung verfassen

4 *a) Formuliere nun eine eigene Überschrift und einen kurzen informativen Einstieg, der neugierig macht.*
b) Arbeite mit Hilfe deiner Vorarbeiten den Hauptteil aus. Konzentriere dich auf wesentliche Informationen.
c) Verwende für den Schluss die Informationen, die du in deiner Tabelle dafür vorgesehen hast.

5 *Erkläre kurz Aufbau und Stil deines Informationsblattes und begründe die Informationsauswahl.*

E Den eigenen Text überarbeiten

1 *Prüfe mit Hilfe der folgenden Checkliste, an welchen Stellen du deinen Text überarbeiten solltest.*

☑ Checkliste „Informationsblatt"

		➕	➖
Inhalt	☐ Hast die wesentlichen Informationen aus allen **vier Materialien** genutzt?	☐	☐
	☐ Ist deine **Überschrift** informativ und weckt dabei Interesse?	☐	☐
Aufbau /	☐ Stehen alle Informationen zu einem Gliederungspunkt zusammen?	☐	☐
Gestaltung	☐ Nutzt du **Orientierungshilfen**, um deinen Text übersichtlich zu gestalten?	☐	☐
Sprache /	☐ Informierst du sachlich, klar, kurz und verständlich?	☐	☐
Stil	☐ Triffst du trotzdem den „richtigen Ton" für eine 9. Klasse?	☐	☐
	☐ Hast du von dir verwendete **Fachbegriffe** in einer Legende erklärt?	☐	☐
Begründung	☐ Erläuterst du Aufbau, Sprache und die Gründe der Informationsauswahl?	☐	☐
Sprachliche	☐ Vermeidest du dabei Umgangssprache und nutzt Fachbegriffe?	☐	☐
Richtigkeit	☐ Hast du in beiden Texten **Rechtschreibung** und **Zeichensetzung** sorgfältig überprüft?	☐	☐

Musik verbindet – Einen informativen Text über ein Jugendprojekt verfassen

In deiner Schule soll ein Musikprojekt veranstaltet werden, für das noch Ideen gesucht werden.
1. Verfasse auf der Basis der Materialien M1–M4 einen Bericht für die Musikseite der Schulzeitung über das folgende Projekt, das in Süddeutschland stattgefunden hat.
2. Finde für deinen Beitrag eine passende Überschrift und begründe deine Wahl. Erläutere außerdem kurz deine Informationsauswahl, den Stil sowie den Aufbau deines Artikels.

M1

Organisationstalente gesucht!

– das selbst geführte Kultur- und Bildungszentrum;
Friedrichring 2, unterm Siegesdenkmal, 79098 Freiburg

**Willst du selber in einem Kulturbetrieb tätig werden?
Hast du Spaß an Multikulti? Dann fang doch an!**

Im **Z** lernst du in der **Praxis**, wie's funktioniert.
Hier kannst du einfach mitmischen und praktische Erfahrung sammeln: von der Haustechnik über Computer- und Netzwerkkram bis zur Planung und Organisation von echten Events. Natürlich lässt sich deine Mitarbeit auch als Praktikum bescheinigen (z. B. für deinen Lebenslauf).

Akut brauchen wir gerade Organisationstalente, Computerfreaks, geborene Netzwerker & Redakteure mit Gespür für Themen und Stil.

Wie du bei uns aktiv werden kannst?
Besuch unser Plenum jeden Dienstag um 19:00 Uhr
oder schicke eine kurze E-Mail an lizzi@das-z.de

Vielfalt statt Einfalt   www.das-z.de

M2   **Junik (Jugendliche im internationalen Kontext) –
Das Programm**

Die Landesstiftung Baden-Württemberg entwickelte zusammen mit dem Institut für Auslandsbeziehungen in Stuttgart das Programm „Junik", mit dem man neue Wege beschritt. Man wollte verschiedene Projektideen im Bereich des kulturellen Miteinanders unterstützen. Jugendliche mit und ohne Migrationshintergrund[1] sollten aus internatio-
5 nalen Bildungsprojekten einen Gewinn ziehen.

M3   **Musikalisches Crossover in Freiburg –
Eine Idee von vielen**

Bessergestellte Kids in der Akkordeon-, Bläser- und Chorjugend sollten mit den „Underdogs"[2] der Hip-Hop-Szene zusammentreffen. Über die Verbindung von Hip-Hop und traditionellen Instrumenten sollten junge Menschen aus verschiedenen Szenen, Schichten und Kulturen durch Musikwettbewerbe miteinander in Aktion gebracht werden. Ju-
5 gendliche sollten durch das gemeinsame Musizieren und Auftreten voneinander lernen und sich selbst und andere besser kennen lernen.

Grundsätzlich trennen sie Welten: Mamadi Nabe, Rapper aus Mannheim und mit 28 Jahren eine lokale Größe, und die 18-jährige Akkordeonspielerin Lena vom Harmonikaring Berghausen. Auf der Bühne zählt für die beiden nur die Musik. Sie verbindet, auch wenn die Musiker in so unterschiedlichen Musikwelten zu Hause sind. Das merkten auch einige hundert Zuschauer Mitte November 2004 im Freiburger Kultur- und Bildungszentrum „Z". Zwei völlig verschiedene Musikkulturen prallten aufeinander. Auf der einen Seite Hip-Hop, auf der anderen Seite die traditionelle Akkordeon-, Bläser- und Gesangskunst, die mit dem Klischee der miefigen und angestaubten Vereinsmusik behaftet ist. Kann man das überhaupt miteinander verbinden?, fragten sich wohl die meisten Konzertbesucher in Freiburg. Die Antwort darauf gab das Publikum selbst. Es war restlos begeistert.

Im Frühjahr 2004 wurden die ersten Musiker geworben und Teams der beiden unterschiedlichen Musikstile zusammengestellt. Die Suche nach den Teilnehmern gestaltete sich schwierig. Auf Seiten der Musiklehrer an den Schulen und bei den älteren Vorstandsmitgliedern in den Musikvereinen gab es viele Vorurteile gegenüber den Rappern. Es folgten neun Monate harter Arbeit für die drei Projektleiter und die Musiker.

Viele hielten nicht bis zum Schluss durch. Letztlich blieb ein Drittel der Jugendlichen, etwa 40 Musiker aus Deutschland, Kroatien, den USA und der Türkei. Genervt waren einige auch, wenn Verabredungen zu Proben nicht eingehalten wurden oder man gar vor verschlossenen Proberäumen stand. „Bei Terminen war entweder die Hälfte nicht da, oder die Leute kamen mit zwei Stunden Verspätung", rügt Schlagzeugerin Antje. Hip-Hopper hätten einfach „irgendwie eine andere Zeitrechnung", meint die 18-jährige Projektleiterin aus dem „Z". „Doch schließlich sind die Jugendlichen in der Pflicht gewesen. Sie mussten die Verantwortung übernehmen und die Performance[3] planen, Proben organisieren, Texte üben."

Es wurden Beats entwickelt, Noten geschrieben. Hip-Hop-Trainer ermutigten die jungen Rapper, die selbst getexteten und komponierten Songs musikalisch und lyrisch zu gestalten. Viele Hip-Hopper mussten erst lernen, die richtigen Worte zu finden, um ihren Alltag – Probleme mit der Schule, der Freundin, den Eltern oder Stress mit Sozialhilfe, Bewerbungsabsagen oder Schwarzfahren – in Texte umzuwandeln. Dagegen hatten die Musiker mehr Interesse, die Beats umzusetzen, die sie vorgespielt bekamen. Vielfältig waren dabei die Instrumente: Saxophon, Trompete, Gitarre, Cello, Didgeridoo[4], Schlagzeug oder Akkordeon. Was nachher auf der Bühne zu deutsch-, englisch- und russischsprachigen Texten gespielt wurde, bewegte sich zwischen Hip-Hop, „türkischem Beatbox" und „polnischer Gitarrenharmonie".

M4   Interview mit dem Projektleiter Claus Gregustobires – Ein Auszug

Frage: Wie wurden Sie Projektleiter?

Gregustobires: Wir brauchten einen Betreuer, der die beiden Seiten noch stärker zusammenbringt. Jemanden, der ständig nachfragte, ob die Probe stattgefunden hat, ob man noch was braucht, ob jemand irgendwie Hilfe benötigt.

Frage: Was war für Sie besonders schwierig?

Gregustobires: Neun Monate lang junge Menschen bei der Stange zu halten, war schwerer als ursprünglich kalkuliert.

Frage: Was haben die Jugendlichen gelernt?

Gregustobires: Alle Jugendlichen lernten durch das Projekt bestimmte Softskills, z. B. Toleranz, zu seinem Wort stehen, Pünktlichkeit, Teamgeist, sich von Misserfolgen nicht entmutigen lassen.

Frage: Welchen Rat würden Sie für Folge-Projekte geben?

Gregustobires: Die eigentliche Proben- und Umsetzungsphase sollte nicht länger als drei Monate dauern und mit einem öffentlichen Auftritt einen abschließenden Höhepunkt finden.

---

1 **Migration:** Wohnortwechsel, Einwanderung   3 **Performance:** Aufführung, Vorstellung
2 **Underdogs:** Außenseiter, am unteren Rand stehend   4 **Didgeridoo:** Holzblasinstrument

A Die Aufgabe verstehen

1 *Markiere die **Operatoren** und **Schlüsselbegriffe** in der Aufgabenstellung. Was sollst du tun?*

Du sollst ...	richtig	falsch
a) ... im Jahrbuch über deine Erfahrungen mit Musikprojekten berichten.	☐	☐
b) ... dich über verschiedenste multikulturelle Jugendprojekte informieren.	☐	☐
c) ... das vorliegende Material sichten, auswerten und ganz neu gliedern.	☐	☐
d) ... ungefähr gleich viele Informationen aus allen Materialien nutzen.	☐	☐
e) ... über das Ereignis auf der Musikseite der Schulzeitung berichten.	☐	☐
f) ... geeignete stilistische Mittel für Jugendliche finden und sie erläutern.	☐	☐
g) ... eine informative und interessante Überschrift für deinen Text finden.	☐	☐
h) ... begründen, welche Informationen du in welcher Abfolge verwendet hast.	☐	☐

B Erstes Textverständnis – Stoff sammeln

Thematische Zusammenhänge klären

1 *a) Überfliege alle Materialien. Beschreibe in einem Satz die **übergeordnete Idee** des Programms „Junik".*

Die Landesstiftung Baden-Württemberg

*b) Welches **konkrete Projekt** hat sich in diesem Fall aus der übergeordneten Idee ergeben?*

In diesem Rahmen hat das Kulturzentrum „Z" in Freiburg ...

2 *Hast du verstanden, wie die Materialien zusammenhängen? Kreuze an, welche Aussagen über das konkrete Projekt bzw. die übergeordnete Idee man den Materialien entnehmen kann und welche nicht.*

	richtig	falsch
a) Für das Projekt wurden in vielen Tageszeitungen Werbeanzeigen geschaltet.	☐	☐
b) In Städten wie Freiburg wurden für das Projekt jugendliche Helfer gesucht.	☐	☐
c) Das Projekt begann im Frühjahr 2004 mit 120 jugendlichen Teilnehmern/innen.	☐	☐
d) Am Ende war sogar noch über die Hälfte der Musiker engagiert bei der Sache.	☐	☐
e) Jugendliche mit und ohne Migrationshintergrund arbeiteten auf ein Ziel hin.	☐	☐
f) Es waren nur Jugendliche mit einer guten Ausbildung zum Projekt zugelassen.	☐	☐
g) Die Initiative zielte darauf ab, ausschließlich musikalische Fähigkeiten zu fördern.	☐	☐
h) Ziel war, durch solche Projekte multikulturelles Miteinander zu fördern.	☐	☐
i) Die Organisation lag bei professionellen Konzertveranstaltern (z. B. das „Z" in Freiburg).	☐	☐
j) Jugendliche trugen die Verantwortung für Planung, Proben und die Vorstellung selbst.	☐	☐
k) Die Aufführung war ein Reinfall, weil das Publikum keine Akkordeonmusik mochte.	☐	☐

Sich einen Überblick verschaffen

3 a) *Verschaffe dir nun einen Überblick, worum es in den einzelnen Materialien geht.*
Umkreise dazu in jedem Material diejenigen Schlüsselbegriffe, die darin inhaltliche Schwerpunkte darstellen.
b) *Ordne den Materialien anschließend folgende Stichworte zu, indem du sie jeweils am Rand notierst.*

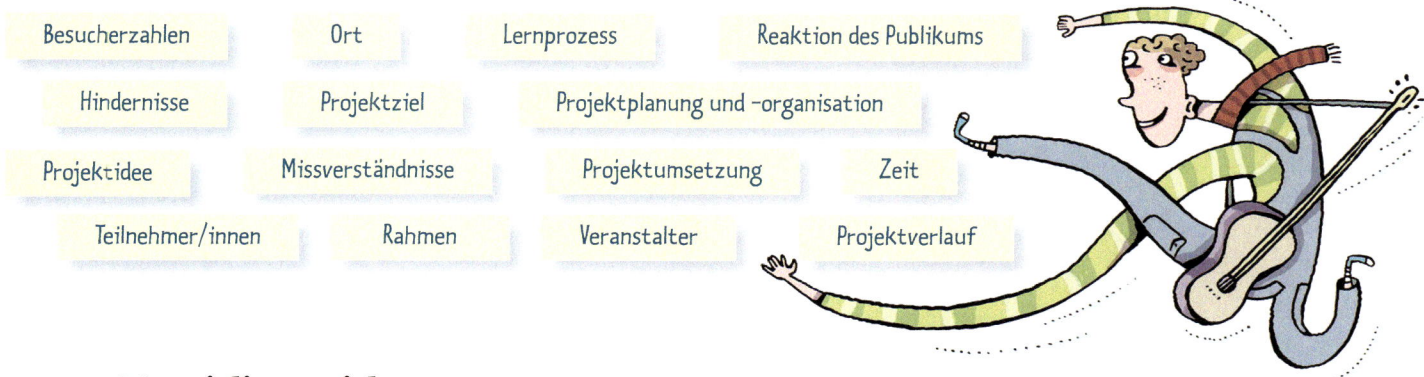

Besucherzahlen	Ort	Lernprozess	Reaktion des Publikums
Hindernisse	Projektziel	Projektplanung und -organisation	
Projektidee	Missverständnisse	Projektumsetzung	Zeit
Teilnehmer/innen	Rahmen	Veranstalter	Projektverlauf

Materialien gezielt auswerten

4 *Welche Fragen könnte sich jemand stellen, der dieses konkrete Projekt nicht kennt? Formuliere die wichtigsten Leitfragen, die du in deinem Text beantworten musst, um deine Leser gut zu informieren.*

Nr.	Frage	Antwort	Material	Zeile
	Wer veranstaltete das Projekt?	Landesstiftung Baden-Württemberg,	M2	...
	Wer nahm daran teil?	...		
	Wann ...			
	Wo ...			
	Was ...			
	Wie ...			

5 a) *Lies die Materialien nun intensiv. Lege dazu für jede deiner Leitfragen eine Farbe fest und markiere die zugehörigen Informationen aus den Materialien entsprechend farbig.*
b) *Ergänze die Antworten auf deine Leitfragen in der mittleren Tabellenspalte. Notiere dahinter die genaue Quelle dieser Informationen, d. h. Material und Zeilenangabe.*

Die Materialauswahl begründen

6 *Welche Informationen aus den Materialien wirst du **nicht** in deinen Bericht aufnehmen? Begründe kurz deine Auswahl. Denke dabei an dein Ziel, Mitschülerinnen und Mitschüler kurz und knapp zu informieren.*

Aus **M 1**: _____

Begründung: _____

Aus **M 2**: _____

Begründung: _____

Aus **M 3**: _____

Begründung: _____

Aus **M 4**: _____

Begründung: _____

C Übungen

Interesse wecken

1 *Welche **Überschrift** erscheint dir für einen **Bericht** auf der **Musikseite** einer Schulzeitung am besten geeignet?*
Begründe deine Entscheidung mit Hilfe des Tipps.

a) Hip-Hop meets Akkordeon: Musik kennt keine Grenzen

b) Multikulti-Projekt: musikalisch und ethnisch

c) Hip-Hop, türkischer Beatbox und polnische Gitarrenharmonie: Ein Experiment mit 40 Musikern

d) Moderne Völkerverständigung: Jugend aus aller Welt musiziert gemeinsam

TIPP

Eine **Überschrift** sollte ...
- ☐ kurz und prägnant sein,
- ☐ einen Leseanreiz bieten,
- ☐ gut verständlich sein.

Begründung: *Meiner Ansicht nach eignet sich Überschrift ...* _____

_____

_____

_____

2 *Überlege: Welche Funktion hat der **Anfang** eines informativen Textes für seine Leser sicher nicht? Kreuze die falsche Antwort an.*

Der **Anfang** eines informativen Textes ...

a) ☐ ... muss früher oder später das Thema benennen, um das es im Folgenden gehen wird.

b) ☐ ... sollte seine Leser neugierig auf weitere Informationen zum Thema machen.

c) ☐ ... darf keinesfalls Fragen, Wortspiele, Fremdwörter oder Anglizismen enthalten.

d) ☐ ... sollte für die Adressaten auch durch Wortwahl bzw. Stil ansprechend klingen.

3 *Vergleiche die drei Einleitungen mit Hilfe der Aussagen aus Aufgabe 2. Welche ist am besten gelungen? Erläutere kurz, wie man die beiden anderen Einleitungen verbessern könnte.*

A Multikulturelle Projekte können tatsächlich etwas bewegen. Dies beweist ein Programm der Landesstiftung Baden-Württemberg in Zusammenarbeit mit dem Institut für Auslandsbeziehungen in Stuttgart, in dem junge Musikerinnen und Musiker aus verschiedenen Nationen mit unterschiedlicher musikalischer Vorbildung und Ausrichtung gemeinsam musizierten.

B Die Akkordeonspielerin Lena ist noch heute begeistert vom Hip-Hopper Mamadi Nabe. Obwohl die beiden Jugendlichen sich für völlig verschiedene Musikrichtungen interessieren, gaben sie gemeinsam ein Konzert im Freiburger Kultur- und Bildungszentrum – mit großem Erfolg. Denn auf der Bühne zählte nur eines: gute Musik.

C Wer glaubt, dass Jugendliche mit unterschiedlicher kultureller und sozialer Herkunft nichts Vernünftiges zu Stande bringen, der irrt. Allerdings braucht es etwas Verbindendes. In diesem Fall war es die Musik. Musikbegeisterte aller Nationen planten, probten und organisierten bis zum gemeinsamen Konzert in Freiburg.

Am besten gelungen ist Einleitung   , denn …

_____

Einleitung   könnte man verbessern, indem man …

_____

Einleitung   lässt sich ebenfalls verbessern: …

_____

Wörtliche Rede wiedergeben

4 *In berichtenden Texten solltest du wörtliche Rede durch indirekte Rede wiedergeben. Formuliere die folgenden Aussagen um. Verwende dazu korrekte **Konjunktiv**-Formen wie im folgenden Beispiel:*

> Antje **meint:** „Hip-Hopper haben einfach eine andere Zeitrechnung." (Indikativ)
> Antje **meinte**, dass Hip-Hopper einfach eine andere Zeitrechnung hätten. (Konjunktiv Präsens)

a) Der Projektleiter **stellt fest:** „Alle Jugendlichen lernten durch das Projekt dazu."

_____

b) Herr Gregustobires **empfiehlt:** „Die Umsetzung sollte nicht länger als drei Monate dauern."

_____

5 *Lange Redebeiträge lassen sich einfacher und kürzer mit eigenen Worten wiedergeben. Setze fort:*

a) Er gibt zu: „Neun Monate lang junge Menschen bei der Stange zu halten, war schwerer als ursprünglich kalkuliert."

Jugendliche neun Monate zu motivieren, …

b) Projektleiterin Antje ergänzt: „Doch schließlich sind die Jugendlichen in der Pflicht gewesen. Sie mussten die Verantwortung übernehmen und die Performance planen, Proben organisieren, Texte üben."

_____

_____

Die sprachliche Gestaltung begründen

6 *Welche sprachlichen Gestaltungsmittel würdest du in einer Schulzeitung bevorzugen, wenn du über dieses Musikprojekt berichtest? Kreuze an.*

Ein Ereignisbericht, der sich an Schülerinnen und Schüler richtet, enthält ...

	richtig	falsch			richtig	falsch
a) ... durchgängig Jugendslang.	☐	☐	f) ... viele Metaphern und Symbole.		☐	☐
b) ... auch Umgangssprache.	☐	☐	g) ... möglichst nur Fachbegriffe.		☐	☐
c) ... viele Nominalisierungen.	☐	☐	h) ... viele Wiederholungen.		☐	☐
d) ... nur Passivformen.	☐	☐	i) ... überwiegend Verbalstil.		☐	☐
e) ... kurze, einfache Sätze.	☐	☐	j) ... möglichst viele Hypotaxen.		☐	☐

7 *Betrachte vor diesem Hintergrund den folgenden Textauszug. Was ist gut gelungen, was nicht? Begründe dein Urteil auch mit Hilfe des Tipps unten.*

VORSICHT FEHLER!

> Unsere Musikredaktion war wieder auf der Suche nach außergewöhnlichen Musikprojekten. Fündig wurde sie in Freiburg: Vor nicht allzu langer Zeit fand im Bildungs- und Jugendzentrum „Z" in dieser schönen Stadt im „Ländle" ein Konzert statt, das jedes Publikum vom Sessel hätte rocken können. Musikbegeisterte aus unterschiedlichen Ländern, Bildungsschichten und verschiedenen musikalischen Richtungen stellten nach unsäglich langer Zeit ein echt cooles Konzert auf die Beine, das nicht nur Hip-Hop, Akkordeon, Bläser und Gesang, sondern auch noch Texte in englischer, deutscher und russischer Sprache kombinierte. Der „Ohrenschmaus" war übrigens ein Ergebnis aus dem Programm „Junik", das von der Landesstiftung Baden-Württemberg zusammen mit dem Institut für Auslandsbeziehungen in Stuttgart entwickelt worden war.

gelungen: _____

_____

nicht gelungen: _____

_____

_____

TIPP

Berichte sind:
- ☐ gedanklich klar strukturiert,
- ☐ sachlich und verständlich,
- ☐ kurz auf den Punkt gebracht,
- ☐ voller Daten, Namen, Fakten.

D Den Schreibplan erstellen

1 *Ein informativer Text muss gedanklich so klar gegliedert sein, dass man ihn gut verstehen kann. Überlege daher, welche deiner Leitfragen aus deiner Stoffsammlung im Teil B auf Seite 14 zuerst beantwortet werden sollten und welche weniger wichtig für das Verständnis sind. Nummeriere die Fragen in der Spalte ganz links entsprechend.*

2 *a) Bringe nun folgende Zwischenüberschriften in eine schlüssige Reihenfolge. Lies dazu den Tipp.*
b) Ordne sie dann der Einleitung (E), dem Hauptteil (H) oder dem Schluss (S) deines Textes zu.

☐	Rahmen und Förderer (A)	☐	Was kommt als Nächstes? (F)
☐	Ein stolzes Ergebnis (B)	☐	Ein Heer von Helfern (G)
☐	Der Projektbeginn (C)	☐	Der Projektverlauf (H)
☐	Das konkrete Projekt (D)	☐	Probleme und Hindernisse (I)
☐	Das gemeinsame Ziel (E)	☐	Fazit/Würdigung (J)

TIPP

Texte lassen sich z. B. **gliedern**:
- ☐ vom Überblick zu den Einzelheiten,
- ☐ von der Idee zur Umsetzung,
- ☐ dem Ablauf der Ereignisse folgend,
- ☐ vom Ergebnis zur Projektidee.

Den Aufbau begründen

3 *Notiere hier einige Stichworte, die dir helfen, den von dir gewählten Aufbau zu begründen.*

Einleitung: _____

Hauptteil: _____

Schluss: _____

4 *Verfasse nun auf Grundlage deiner Vorarbeiten den Ereignisbericht für die Schulzeitung.*

5 *Begründe anschließend kurz in einem geschlossen Text, …*
a) *… welche Informationen und Überschrift du für den Bericht ausgewählt hast und*
b) *… für welchen Aufbau und welche sprachlichen Mittel du dich entschieden hast.*

E Den eigenen Text überarbeiten

1 *Prüfe anhand der folgenden Checkliste, an welchen Stellen du deinen* **Bericht** *überarbeiten solltest.*

☑ ## Checkliste „Ereignisbericht"

Hast du …

	➕	➖			➕	➖
… eine geeignete **Überschrift** gefunden?	☐	☐	… das Tempus **Präteritum** genutzt?		☐	☐
… einen interessanten **Einstieg** gewählt?	☐	☐	… alle **W-Fragen** beantwortet?		☐	☐
… genau und verständlich geschrieben?	☐	☐	… nur Wesentliches genannt?		☐	☐
… **indirekte Rede** (Konjunktiv) genutzt?	☐	☐	… den Text auf **Fehler** geprüft?		☐	☐

2 *Die folgende* **Begründung** *ist unvollständig. Welche Aspekte wurden nicht begründet?*

Nicht begründet wurden _____ und _____ .

3 *Der Text enthält außerdem sprachliche Mängel und echte Fehler. Überarbeite den Text, indem du …*
a) *… überflüssige Informationen streichst,*   b) *… Umgangssprache verbesserst,*
c) *… wo möglich, Fachbegriffe einfügst,*   d) *… Satzbau und Zeichensetzung korrigierst.*

VORSICHT FEHLER!

Ich habe mich für die Überschrift „Harmonie kennt keine Herkunft" entschieden, denn ich finde das Wortspiel mit der Harmonie als Einstieg echt okay, weil da weiß doch jeder gleich was gemeint ist. Die Überschrift ist zwar geklaut (von einem Plakat von der Bundesregierung), aber da ging's auch um Integration und so, da waren Jugendliche abgebildet, die zusammen Musik gemacht haben.

Bei der Sprache habe ich vor allem Jugendslang genutzt denn sonst wird der Bericht zu öde für 'ne Schülerzeitung. Lange und komplizierte Sätze wollte ich nicht, die versteht ja keiner. Zwischenüberschriften fand ich wichtig, kurz und bündig, weil dann weiß man, wo man gerade ist. Und typische Worte aus der Musik müssen für eine Musikseite schon in den Bericht 'rein meiner Meinung nach (z. B. „in perfekter Harmonie", „glänzender Auftakt", „einige haben es vergeigt", „Paukenschlag", „den Einsatz verpasst", „erfolgreiches Intermezzo").

Sollten Foto-Handys an Schulen verboten werden? Einen Leserbrief an eine Schülerzeitung schreiben

Seitdem das Handy immer häufiger dazu genutzt wird, Prügeleien oder Mobbing zu filmen und diese Videos dann ins Internet zu stellen, ist in den Medien die Diskussion über ein Handy-Verbot an Schulen entbrannt. Verfasse ausgehend von den Materialien einen Leserbrief, in dem du für *oder* gegen ein Handy-Verbot Stellung nimmst.

M1 Bilder von enormer Schlagkraft

Sie filmen, wie sie sich prügeln, und sie prügeln sich, um es zu filmen. Auf Schüler-Handys wird alltäglich Gewalt inszeniert und konsumiert.

Es war nur eine kleine Prügelei, mehr Zuschauer drumherum als Schläger im Kreis. Nichts Besonderes einerseits, auf jedem Schulhof der Welt prügeln sich Kinder. Und
5 doch war dies hier etwas Ungewöhnliches, denn diese Prügelei hatte etwas von Filmaufnahmen: Zwei dreschen auf Verabredung los, die Runde johlt, acht nehmen das Geschehen mit dem Handy auf. [...]

Süddeutsche Zeitung, 31. 01. 2007

M2 Makabres „Spiel" mit der Gewalt

Schlägereien werden als Trophäe im Bild festgehalten – Experten schlagen Alarm.

Für die Täter ist es oftmals nur ein Scherz, ein dummer Jungenstreich. Etwas, das sie zum Lachen bringt und cool ist. Doch es ist kein Scherz, kein Spaß. Es ist eine Straftat: Körper-
5 verletzung – gefilmt mit dem Handy.
Happy Slapping, zu Deutsch „fröhliches Einschlagen oder Prügeln", nennen es Jugendliche, wenn sie Mitschüler bedrohen oder angreifen, die Taten mit dem Handy aufnehmen und weiterverbreiten. Als Beweis, als Trophäe. Das Fatale daran: Je mehr Schülerinnen und Schüler ein Videohandy haben, desto mehr wird damit gefilmt – und desto
10 mehr fühlen sich die Jugendlichen animiert, sich für die Kamera in Szene zu setzen. Denn das ist nach Angaben von Experten einer der Hauptgründe für Happy Slapping: der Wunsch, einmal berühmt zu sein. „Viele Jugendliche fühlen sich erst dann wichtig, wenn sie gefilmt werden", sagt Christian Böhm[1]. In einem sonst eher erfolglosen und ereignisarmen Leben seien das seltene Höhepunkte des Erfolgs, so Professor Pfeiffer[2]. „So
15 wie wir Höhepunkte unseres Lebens wie Geburtstage oder Ehrungen fotografieren oder filmen, tun das die Täter bei ihren ‚Höhepunkten' – den Straftaten." Außerdem gebe es ihnen ein Gefühl der Macht, wenn sie die Opfer über die Tat hinaus vorführen könnten. [...]

Abendblatt, 26. Februar 2007

M3 Neue Formen von Gewalt im schulischen Alltag

Von „Cyberbullying" spricht man, wenn mit Hilfe neuester Kommunikationsformen wie E-Mails, Instant Messaging[3], Chatrooms und SMS Mitschüler verleumdet, bedroht und belästigt werden. An deutschen Schulen wird nach einigen Studien mindestens jedes zehnte Kind Opfer von Mobbingattacken.
5 Die Folgen für die Mobbingopfer sind oft schwerwiegend: Das angeknackste Selbstbewusstsein zieht schnell auch den Körper in Mitleidenschaft, das allgemeine Befinden verschlechtert sich, der gequälte Jugendliche wird krank. Zunächst treten Konzentrations- und Gedächtnisstörungen auf, dann folgen seelische Krisen: Die Betroffenen fühlen sich ohnmächtig und wertlos. Weitere Folgen sind häufig Erschöpfungszustände
10 und Angst.

nach: www.gesis.org

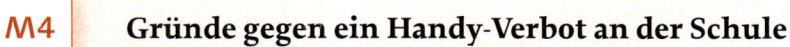

M4   Gründe gegen ein Handy-Verbot an der Schule

Der britische Forscher Graham Barnfield hat das angebliche Problem [Happy Slapping] untersucht und ist zu dem Schluss gekommen: „Es gibt keine zuverlässigen Zahlen dazu. Im Internet kursieren immer dieselben 30 Spots, die Hälfte davon ist gestellt. Ich will hier bestimmt nichts kleinreden, warne aber nachdrücklich vor einer Hysterie." Außerdem
5 sagt Barnfield: „Ich denke nicht, dass durch Happy Slapping neue Gewalt entsteht, sondern dass bestehende sichtbar gemacht wird". Oder anders ausgedrückt: Gewalt gab es immer, nur Kameras gibt es jetzt mehr.

Menschen, die Kamera-Handys für nutzlosen Schnickschnack halten, sind Kulturbanausen. Wer schon mal eins besaß, das ihm dann gestohlen wurde oder sonst wie abhanden kam,
10 weiß: Man ärgert sich den ganzen Tag darüber, welche grandiosen Schnappschüsse einem jetzt verloren gehen. Eigentlich sollte es an Volkshochschulen Vorträge zum Thema „Fotohandys fördern die Kreativität bei Kindern" geben. Stattdessen gibt es nur „Seidenmalerei fördert die Kreativität bei Kindern" und Handy-Verbote.

Handys sind außerdem Notizzettel, Adressbuch und Terminkalender in einem.
15 Ein Handy-Verbot würde die Eltern übrigens härter bestrafen als alle anderen. Die sind nämlich die Einzigen, die den ganzen Tag anrufen, um zu überprüfen, ob ihr Schatz nicht in einer Alcopophölle gelandet ist – gerne auch mit Bild.

SZ jetzt.sueddeutsche.de

M5   Dokumentation gerettet – dem Handy sei Dank!

Küsschen hier, Umarmungen da – es freuten sich alle riesig, als unsere französischen Gastschüler mit einstündiger Verspätung endlich ankamen. Da wir uns vor einem halben Jahr in Frankreich kennen gelernt und prima verstanden hatten, musste der Moment dokumentiert werden. Und dann das: Ausgerechnet Till, unser Foto-Ass, hatte seine Kamera
5 vergessen! Also gar keine Fotos?! Aber wir leben schließlich im 21. Jahrhundert: Mindestens fünf aus der Klasse und etliche Gäste hatten ihre Foto-Handys gezückt, und noch bevor Tills roter Kopf wieder seine normale Farbe angenommen hatte, knipsten sie munter drauflos. [...]

aus einer Schülerzeitung

M6   Aufklärung dank Handy

Der Unfall gestern auf der Reuterstraße konnte dank eines Handy-Videos aufgeklärt und der Schuldige eindeutig festgestellt werden. Eine Gastschülerin hatte das Schulgebäude gefilmt, war auf den Unfall aufmerksam geworden und hatte das Nummernschild des Fahrzeugs noch rechtzeitig erfasst, bevor der Halter Fahrerflucht beging.

Meldung aus einer Tageszeitung

M7   Verbot oder Prävention[4]?

Polizeioberkommissar Christian Peters, Leiter des Präventionsprojektes „Aggas" (Arbeitsgemeinschaft gegen Gewalt an Schulen), äußert: „Es haben leider noch nicht alle Schulen erkannt, welche Gefahren mit dieser neuen Technik einhergehen." Ein Handy-Verbot an der Schule sei zwar grundsätzlich zu begrüßen, wirklichen Nutzen hätte jedoch nur
5 die Präventionsarbeit. „Wir müssen Schüler, Eltern und Lehrer für das Thema sensibilisieren."

www.kn-online.de

M8   Gesetz zum Urheberrecht

§ 22: „Bildnisse dürfen nur mit Einwilligung des Abgebildeten verbreitet oder öffentlich zur Schau gestellt werden."

aus dem Kunsturheberrechtsgesetz

---

1   **Christian Böhm:** Experte für Gewaltprävention
2   **Christian Pfeiffer:** Kriminalforscher
3   **Instant Messaging:** Sofortnachricht
4   **Prävention:** Vorbeugung, hier: Jugendarbeit

A Die Aufgabe verstehen

1 *Hast du die Aufgabe verstanden? Kreuze an, ob die Aussagen zutreffen oder nicht. Lies sie genau.*

Du sollst …	richtig	falsch
a) … in der Schülerzeitung über die Möglichkeiten neuester Foto-Handys informieren.	☐	☐
b) … zu der Frage Stellung nehmen, ob man Handy-Missbrauch unter Strafe stellen sollte.	☐	☐
c) … dich klar für oder gegen ein Verbot von Foto-Handys in der Schule aussprechen.	☐	☐
d) … die Vorteile und Gefahren von Foto-Handys argumentativ gegeneinander abwägen.	☐	☐
e) … in einem Leserbrief die Vorteile oder die Gefahren von Foto-Handys erörtern.	☐	☐
f) … dich in deinem Leserbrief an die „Entscheider" (Politiker, Eltern, Lehrkräfte) richten.	☐	☐
g) … eine Sprache verwenden, die deine Mitschülerinnen und Mitschüler anspricht.	☐	☐
h) … dabei möglichst alle Argumente der vorliegenden Materialien berücksichtigen.	☐	☐
i) … Argumente und Beispiele aus den Texten verwenden, die deine Position stützen.	☐	☐

B Erstes Textverständnis – Stoff sammeln

Die eigene Meinung formulieren

1 *Wie denkst du spontan über ein (Foto-)Handy-Verbot in der Schule? Notiere in einem Satz deine Ansicht.*

Ich bin der Auffassung, dass …

Argumente erkennen, sortieren und ergänzen

2 *Lies die Materialien nun sorgfältig und „aktiv". Markiere dazu in den Texten die **Vorzüge** und **Gefahren** von Foto-Handys mit zwei verschiedenen Farben, um sie später besser unterscheiden zu können.*

3 *a) Trage die Argumente aus den Texten, die **Vorzüge** von Foto-Handys nennen, in die folgende Tabelle ein.*
*b) Argumente wirken überzeugender, wenn sie mit **Beispielen** belegt werden. Ergänze in der Tabelle jeweils Beispiele für eine sinnvolle Verwendung des Handys in der Schule (in Stichworten).*

Vorzüge von Foto-Handys (= Argumente *gegen* ein Handyverbot)	Belege (Beispiele, Zitate, Zahlen)	Nr.

4 *Fallen dir weitere Argumente und Belege ein, die du **gegen ein Handyverbot** anführen kannst? Ergänze sie.*

5 a) Trage die Argumente, die Gefahren von Foto-Handys anführen, in die nächste Tabelle ein.

b) Ergänze jeweils Beispiele für diese Gefahren, die das Handy in der Schule darstellt (Stichworte).

Gefahren von Foto-Handys (= Argumente *für* ein Handyverbot)	Belege (Beispiele, Zitate, Zahlen)	Nr.

6 Gibt es weitere Argumente oder Belege aus deiner Beobachtung oder eigenen Erfahrung, die **für ein Verbot** von Foto-Handys in der Schule sprechen? Füge sie in der Tabelle hinzu.

C Übungen

Aussagen anderer wiedergeben

1 Aussagen von Fachleuten sind starke Argumente. Du kannst sie wörtlich zitieren, eleganter ist es aber, sie in indirekter Rede wiederzugeben. Formuliere die folgenden Aussagen mit Hilfe des unten stehenden Beispiels um:

> Der britische Forscher Graham Barnfield sagt: „Es **gibt** keine verlässlichen Zahl dazu. Ich **will** hier bestimmt nichts kleinreden, [ich] **warne** aber nachdrücklich vor einer Hysterie."
>
> Der britische Forscher Graham Barnfield sagt, es **gebe** dazu keine verlässlichen Zahlen. Er **wolle** hier bestimmt nichts kleinreden, [er] **warne** aber nachdrücklich vor einer Hysterie.

a) Barnfield fügt hinzu: „Ich denke nicht, dass durch Happy Slapping neue Gewalt entsteht, sondern dass bestehende sichtbar gemacht wird."

_____

b) Der Leiter des Präventionsprojektes betont: „Wir müssen Schüler, Eltern und Lehrer für das Thema sensibilisieren."

_____

c) „Viele Jugendliche fühlen sich erst dann wichtig, wenn sie gefilmt werden", sagt Christian Böhm.

_____

2 Formuliere die Regeln zum Gebrauch des Konjunktivs in indirekter Rede mit Hilfe des Tipps in deinem Heft mit eigenen Worten. Überprüfe deine Lösungen.

TIPP

Indirekte Rede
- ☐ Der Normalfall: Konjunktiv I.
- ☐ Falls Konjunktiv I = Indikativ Präsens → Konjunktiv II.
- ☐ Falls Konjunktiv II = Indikativ Präteritum oder falls Konjunktiv II veraltet → *würde + Infinitiv*

Wiederholungen vermeiden und Zusammenhänge zum Ausdruck bringen

3 a) Im folgenden Textauszug werden drei Worte sehr oft wiederholt. Markiere sie (in allen Formen).
b) Ersetze die Wiederholungen durch inhaltsgleiche Begriffe oder Pronomen (z. B. der, dieser, jener).

> (1) Foto-Handys sind zurzeit sehr umstritten. (2) Immer häufiger werden Foto-Handys missbraucht.
>
> (3) Foto-Handys werden neuerdings verwendet, um Prügeleien zu filmen oder zu fotografieren.
>
> (4) Die Prügeleien werden manchmal nur inszeniert. (5) Oft werden echte Prügeleien angezettelt.
>
> (6) Es soll alles möglichst echt wirken. (7) Ein Mitschüler wird auf dem Schulhof echt verprügelt und
>
> anschließend als Opfer zur Schau gestellt. (8) Die Aufnahmen von der Prügelei werden dann an andere
>
> Handys gesendet oder ins Internet gestellt.

4 Konjunktionen und andere Formen der Satzverknüpfung machen deutlich, in welchem logischen Verhältnis eine Aussage zu einer anderen steht. Je klarer du diese Zusammenhänge zum Ausdruck bringst, desto schlüssiger und überzeugender ist deine Argumentation.
a) Verbinde die sprachlichen Verknüpfungen in der Tabelle mit dem logischen Verhältnis, das sie ausdrücken.
b) Prüfe, in welchem logischen Verhältnis die Beispielsätze oben zueinander stehen, und ordne sie richtig zu.

Logisches Verhältnis:	Sprachliche Verknüpfungen:	Besteht zwischen Satz …
Beispiel	dennoch / trotzdem allerdings / zwar … aber obwohl / obgleich	(1) und (2) (6) und (7)
Begründung	So kann es vorkommen zum Beispiel / beispielsweise So wird etwa …	(4) und (5)
Einschränkung/Gegensatz	weil / da daher / deswegen / denn aus diesem Grund	(7) und (8) (2) und (3)

5 Überarbeite die Sätze in deinem Heft. Vermeide dabei Wiederholungen und verknüpfe die Aussagen schlüssig.

Den richtigen Ton treffen

6 Entscheide und begründe mit Hilfe des Tipps rechts: Welcher Text passt eher in einen Leserbrief, der sich an Jugendliche wendet?

TIPP

Jugendliche gezielt ansprechen
- ☐ bewusst und an wenigen Stellen
- ☐ sachlich und ohne emotionale Ausbrüche
- ☐ ohne primitive oder vulgäre Ausfälle

A Das habt ihr doch bestimmt auch schon mal erlebt: Ihr habt euch verabredet, aber euer Date taucht leider nicht auf. Es ist kalt und bevor ihr festfriert, wüsstet ihr gerne, ob sich das Warten lohnt. Wozu hat man ein Handy? Schon hämmert ihr eure Frage in die Tasten und die Welt ist wieder in Ordnung.

B Sie genießen ein Konzert und würden danach gerne abgeholt werden? Mit einem Handy kann man schnell und unauffällig – z. B. per SMS – mit jemandem Kontakt aufnehmen, auch in Situationen, in denen man nicht telefonieren kann oder möchte. So kommen Sie immer gut nach Hause – oder wo auch immer Sie sonst noch hin möchten.

Text _____ passt besser in einen Leserbrief einer Schülerzeitung, …

D Den Schreibplan erstellen

Der Leserbrief: Die äußere Form wahren

1 *Damit ein Leserbrief veröffentlicht wird, solltest du auch formale Anforderungen beachten. Kreuze an.*

	richtig	falsch
a) Der Kopf des Briefes enthält Absender- und Empfängeranschrift sowie das aktuelle Datum.	☐	☐
b) Anredepronomen muss ich alle großschreiben, auch wenn ich meine Adressaten „duze".	☐	☐
c) Wenn ich anonym bleiben möchte, darf ich meine Unterschrift am Ende weglassen.	☐	☐
d) Die Grußformel am Schluss sollte zum Beispiel heißen: Mit freundlichen Grüßen.	☐	☐

Einleitung: Den Leser in das Thema einführen

2 *Damit man weiß, worauf sich deine Meinungsäußerung bezieht, solltest du zu Beginn – möglichst kurz – das Thema bzw. den Anlass deines Briefes darstellen. Kreuze an, was du in diese Einführung aufnehmen würdest.*

a) ☐ Definition Happy Slapping / Cyberbullying
c) ☐ den aktuellen Anlass für die Diskussion
b) ☐ eine Vorstellung der genannten Experten
d) ☐ die rasante Entwicklung der Handy-Technik

Hauptteil: Argumente gewichten, sortieren und formulieren

3 *Welches der folgenden Argumente für ein Handy-Verbot überzeugt dich eher? Begründe kurz dein Urteil.*

> **A** Es bedeutet einen massiven Angriff auf die Würde des Opfers, Fotos von einem „Happy Slapping" zu veröffentlichen.

> **B** Das Gesetz verbietet es, Fotos zu veröffentlichen, wenn der Fotografierte nicht aus freiem Willen zugestimmt hat.

Ich finde Argument _____ überzeugender, weil _____ .

4 *Am überzeugendsten wirkt dein Leserbrief, wenn du mit dem schwächsten Argument beginnst, in „aufsteigender Reihenfolge" fortfährst und dein stärkstes Argument zuletzt nennst. Bringe folgende Argumente für Foto-Handys in eine aufsteigende Reihenfolge, indem du sie in der linken Tabellenspalte entsprechend nummerierst.*

Nr.	*Gegen ein Foto-Handy-Verbot spricht:*
_____	a) Man kann Ergebnisse der Gruppenarbeit fotografieren und den Arbeitsprozess dokumentieren.
_____	b) Wer heute ein Handy ohne Kamera hat, muss sich mindestens auf dumme Sprüche einstellen.
_____	c) Wenn früher Schulschluss ist oder ein Notfall eintritt, kann man seine Eltern benachrichtigen.

5 *Nummeriere nun die von dir in Teil B gesammelten Argumente **für** bzw. **gegen** ein Foto-Handy-Verbot in den beiden Tabellen auf Seite 22 und 23 jeweils für sich ebenso in aufsteigender Reihenfolge.*

6 *Bringe deine Gewichtung auch sprachlich zum Ausdruck. Wähle dazu aus den folgenden bekräftigenden Wendungen geeignete Formulierungen aus, die eine Steigerung beinhalten. Nummeriere sie entsprechend.*

☐ a) außerdem ist zu beachten	☐ d) darüber hinaus möchte ich betonen	☐ g) daneben ist noch anzumerken
☐ b) eine gewisse Rolle spielt dabei	☐ e) entscheidend ist hierbei	☐ h) erwähnt sei hier auch
☐ c) vor allem ist hervorzuheben	☐ f) besonders wichtig finde ich	☐ i) für mich ist ausschlaggebend

Der Schluss: Die dargestellten Argumente „auf den Punkt bringen"

7 *Im Schlussteil solltest du deine Argumentation abrunden, indem du deine bisherigen Überlegungen auf den Punkt bringst. Entscheide, welche der folgenden Formulierungen für den Schlussteil ganz sicher nicht geeignet ist.*

a) ☐ Nach diesen abwägenden Überlegungen komme ich zu dem Schluss, ...

b) ☐ Zum Schluss noch das wichtigste Argument, das ich bisher noch gar nicht vorgebracht habe: ...

c) ☐ Auf Grund dieser Überlegungen ist für mich nur eine Forderung möglich, nämlich ...

d) ☐ Für mich ergibt sich aus dieser Sachlage der aufrichtige Wunsch / die dringende Warnung, ...

8 *Sollte man Foto-Handys in der Schule verbieten oder nicht? Entscheide dich für eine Position und verfasse auf Basis deiner Vorarbeit einen Leserbrief zu dieser Frage, in dem deine Position klar zu Ausdruck kommt.*

E Den eigenen Text überarbeiten

1 *Der folgende Text hat sicher gute Elemente, aber so ganz gelungen ist er noch nicht.*
a) Markiere und vermerke am Rand, was dir nicht so gut gelungen erscheint.
b) Ergänze jeweils Verbesserungsvorschläge.

> Handys bieten heutzutage immer mehr Möglichkeiten, und die Möglichkeiten will natürlich auch jeder nutzen. Wenn viele ein Fotohandy haben, wird damit natürlich auch viel fotografiert oder gefilmt. Wenn viele bei einer Veranstaltung ein Fotohandy dabei haben, ist klar, dass auf der Veranstaltung natürlich auch viel fotografiert oder gefilmt wird. Man sucht Gelegenheiten, Leute zu fotografieren oder zu filmen, oder man schafft sich Gelegenheiten, Leute zu fotografieren. Das Gesetz über das Urheberrecht am eigenen Bild verbietet es, ein Bild zu veröffentlichen, wenn die Leute nicht zugestimmt haben ...

2 *Prüfe anhand der folgenden Checkliste, an welchen Stellen du deinen Leserbrief noch überarbeiten solltest.*

☑ Checkliste „Leserbrief"

Hast du ...

	➕	➖
☐ ... in der **Einleitung** in das Thema eingeführt bzw. die aufgeworfene Frage genannt?	☐	☐
☐ ... alle **Argumente aus den Materialien** verwendet, die für deine Position sprechen?	☐	☐
☐ ... **eigene Argumente** gefunden und sie in deine Argumentation mit aufgenommen?	☐	☐
☐ ... eigene und fremde Argumente durch **Belege** (Beispiele, Zahlen, Zitate) gestützt?	☐	☐
☐ ... Argumente in **aufsteigender Reihenfolge** gewichtet und dies sprachlich ausgedrückt?	☐	☐
☐ ... einen geeigneten **Schlusssatz** gefunden, der deine Position „auf den Punkt bringt"?	☐	☐
☐ ... für logische Zusammenhänge geeignete **sprachliche Verknüpfungen** gefunden?	☐	☐
☐ ... **Wiederholungen** vermieden und den richtigen „**Ton**" für Jugendliche gefunden?	☐	☐
☐ ... in indirekter Rede jeweils die korrekten **Konjunktiv**-Formen benutzt?	☐	☐
☐ ... deinen Text in Ruhe auf **Rechtschreibungs**- und **Zeichensetzungsfehler** überprüft?	☐	☐

Sollte man Tierversuche ganz und gar abschaffen? – Einen Kommentar verfassen

> **Verfasse einen Kommentar für die Jugendseite einer Lokalzeitung.** Nimm darin zu der Frage Stellung, ob man Tierversuche in Zukunft ganz und gar abschaffen sollte. Beziehe in deine Argumentation sowohl die Informationen aus cen Texten als auch dein eigenes Vorwissen mit ein.

M1 KONTRA

Tierversuche werden oft mit dem medizinischen Fortschritt und den Sicherheitsstandards bei Lebens- und Arzneimitteln gerechtfertigt, die von den Behörden gefordert werden. Dabei ist nach wie vor fragwürdig, ob die durch Tierversuche gewonnen Daten auf Menschen übertragbar sind, da sich der menschliche Körper vom tierischen
5 unterscheidet. So treten auch bei der Einnahme von an Tieren getesteten Medikamenten Nebenwirkungen auf, manchmal sogar sehr schwere, wie kürzlich eine Herzrhythmusstörung.

Verschwiegen wird dabei, dass viele Forschungserkenntnisse und wichtige Medikamente ohne Hilfe von Tierversuchen gewonnen werden: Dazu gehört u.a. der Polio[1]-Impfstoff,
10 dessen Erfinder, der Nobelpreisträger Arthur Kornberg, das Medikament mit der In-vitro-Methode[2] entwickelt hat. Dass Rauchen Krebs erzeugen kann, hat man ohne Tierversuche herausgefunden und sogar die Isolierung des AIDS-Virus ist tierversuchsfrei gelungen.

Ein weiterer Kritikpunkt betrifft die Forschungsliteratur: Veröffentlicht werden nur Er-
15 gebnisse, Erkenntnisse und Erfolge. Viele erfolglose Tierversuche bleiben unbemerkt, sodass Tiere oft mehrfach für den gleichen Nachweis leiden.

In vielen Fällen würde sich bei einer gesundheitsbewussten Lebensweise die Entwicklung von Krankheiten (und Medikamenten) schlicht erübrigen: Hygienestandards würden sicherlich in einigen Ländern zu sinkenden Todesraten oder zur Verminderung von
20 ansteckenden Krankheiten führen. In den Industrieländern wäre der Verzicht auf Fett, Cholesterin, Rauchen, Alkohol und Drogen ein großer Schritt, um bestimmte Krankheiten gar nicht erst zu bekommen. Ethisch bleibt strittig: Dürfen wir über andere Lebewesen einfach verfügen wie über Dinge, nur weil wir so schlecht für unsere eigene Gesundheit sorgen?

Wolf Hase, Mitglied des Tierschutzvereins „Tierfreunde e. V."

1 **Polio(myelitis):** Abkürzung für Kinderlähmung   2 **In-vitro-Methode:** Versuch im Reagenzglas

M2   PRO

Dank der Tierversuche haben wir Menschen hilfreiches und profundes[1] Wissen über die Biologie erlangt, welches wir ohne die Tierversuche nicht hätten. Sie helfen uns, die Vorgänge im menschlichen Körper besser zu verstehen, die bei Tieren ähnlich ablaufen. Dazu gehören z. B. die Vorgänge des Sehens, Abläufe im Gehirn oder in den
5 Nerven. Damit bieten Tierversuche die Chance, auch Störungen dieser Vorgänge, d. h. Krankheiten sowie deren Ursachen und Behandlungsmöglichkeiten zu erforschen.
Die Wirksamkeit und die Verträglichkeit von Medikamenten, Lebensmitteln und auch von Kosmetika werden getestet, damit gesundheitliche Risiken für Menschen verhindert oder gemildert werden können. Schmerzmittel, Antibiotika, Therapien der Krebsbe-
10 handlung oder auch Mittel gegen Bluthochdruck hätten beispielsweise ohne Tierversuche nicht entwickelt werden können. Der Verzicht auf Tierversuche – zu denen es in vielen Fällen keine Alternative gibt – würde also eine drastische Verlangsamung des medizinischen Fortschritts bedeuten. Viele Menschen müssten an Schmerzen leiden oder wären vor dem sicheren Tod nicht zu retten. Wissenschaftler legen mittlerweile ver-
15 stärkt Wert darauf, tierversuchsfreie Methoden zu entwickeln. So werden Versuche an Gewebekulturen[2] im Reagenzglas oder an Computermodellen durchgeführt, welche die Anzahl der Tierversuche zwar erheblich verringern, aber nicht vollständig ersetzen können. Muskelentspannende Medikamente können zum Beispiel an Muskelzellen getestet werden und erfordern keine Tierversuche. Sind Tierversuche unerlässlich, so wird da-
20 rauf geachtet, dass Tiere so wenig wie möglich leiden: Es werden standardmäßig Schmerzmittel verabreicht, sofern diese nicht den Ausgang des Experimentes beeinflussen. Zudem stehen die Tierversuche unter strengen Kontrollen; Personen, die Tierversuche durchführen, werden speziell geschult, ausgebildet und kontrolliert.
Wenn Deutschland in der Medizin und der Biologie mit der internationalen Forschungs-
25 spitze mithalten will, sind Tierversuche notwendig, zumal viele Länder wesentlich geringere Standards und Kontrollen bei Tierversuchen haben. Sollen wir ihnen das Feld – den Fortschritt, die Tiere und die Definition von Standards – zu wesentlich schonungsloseren Bedingungen überlassen? Wir benötigen Tierversuche: Sie schaffen nicht nur medizinischen Fortschritt, sondern auch Sicherheit im Umgang mit Medikamenten,
30 Kosmetika und Lebensmitteln.

Prof. Dr. Hackebein, Grundlagenforscher in der Pharmaindustrie

1 **profund:** umfassend, tiefgreifend   2 **Gewebekultur:** künstlich erzeugte Zellen

M3   Hintergrund:
Gesetzliche Regelungen und Entwicklung

Laut Tierschutzgesetz sind Tierversuche „Eingriffe oder Behandlungen zu Versuchszwecken an Tieren, die mit Schmerzen, Leiden oder Schäden verbunden sind". Seit 1990 gehören Eingriffe am Erbgut dazu. Tierversuche sind „auf ein unerlässliches Maß zu beschränken", das heißt, sie dürfen nur vorgenommen werden, „wenn die zu erwartenden
5 Schmerzen, Leiden oder Schäden im Hinblick auf den Versuchszweck ethisch vertretbar sind" und nicht mehr Tiere (Mäuse, Ratten, Kaninchen, Schweine, Fische) verwendet werden, als für den verfolgten Zweck erforderlich sind. Der Gesetzgeber schreibt in bestimmten Fällen auch Versuche an Wirbeltieren vor, die den Behörden zu melden sind; für alle weiteren Eingriffe sind behördliche Genehmigungen erforderlich.
10 Die Statistik des Bundesministeriums für Ernährung, Landwirtschaft und Verbraucherschutz aus dem Jahr 2005 zeigt, dass die Versuchstierzahlen steigen. Mehr als 2,4 Millionen Wirbeltiere wurden 2005 bundesweit zu Versuchszwecken verwendet, wegen gentechnischer Experimente stieg diese Zahl im Vergleich zum Vorjahr um 6,5 %, d. h. um 600 000 Tiere.

A Die Aufgabe verstehen

1 *a) Hast du die Aufgabe verstanden? Kreuze an, welche Arbeitsschritte dazu gehören und welche nicht.*

Nr.	Du sollst ...		richtig	falsch
	a)	... eine Gliederung erstellen, in der Pro- und Kontra-Argumente Platz finden.	☐	☐
	b)	... nicht auf Gegenargumente eingehen, um deine Position nicht zu schwächen.	☐	☐
	c)	... deine Meinung zum Thema begründet darlegen.	☐	☐
	d)	... beide Texte sorgfältig lesen und als Basis für deine Argumentation nutzen.	☐	☐
	e)	... eigene Argumente und Beispiele ergänzen, die deine Position unterstützen.	☐	☐
	f)	... in deinem Kommentar Jugendliche als Zielgruppe ansprechen.	☐	☐
	g)	... nur Argumente berücksichtigen, die deiner Meinung entsprechen.	☐	☐
	h)	... zentrale Argumente in beiden Texten markieren, sammeln und gewichten.	☐	☐
	i)	... an eine Lokalzeitung einen Leserbrief zum Thema schreiben.	☐	☐
	j)	... die Hintergrundinformationen lesen und in deine Überlegungen einbeziehen.	☐	☐

b) In welcher Reihenfolge würdest du vorgehen? Nummeriere die zur Aufgabe zugehörigen Arbeitsschritte in der linken Spalte entsprechend.

B Erstes Textverständnis – Stoff sammeln

1 *Lies die Hintergrundinformationen zum Thema sorgfältig durch und unterstreiche alle wichtigen Fakten.*

2 *a) Lies nun den **Pro**-Text intensiv. Unterstreiche alle Argumente, die du **für** Tierversuche findest.*
b) Trage diese Argumente aus dem Text stichwortartig in die folgende Tabelle ein.
c) Notiere in der zweiten Spalte Belege aus dem Text, die diese Argumente unterstützen.

Nr.	PRO-Argumente	Belege (Zahlen, Fakten, Zitate, Beispiele)
☐	– Gewinn medizinischer Erkenntnisse	– Vorgänge im Körper können erklärt werden (z. B. die Funktionsweise von Sehvorgang, Gehirn und Nerven)
☐	– Prüfung der Wirksamkeit und Verträglichkeit von Medikamenten, Lebensmitteln, Kosmetika	– Behandlungsrisiken ...
☐	– Alternativen ...	
☐		
☐		
☐		

3 *Fallen dir weitere Argumente und Belege **für** Tierversuche ein? Ergänze sie in der letzten Tabellenzeile.*

4 *Erarbeite ebenso diejenigen Argumente und Belege aus den Materialien, die gegen Tierversuche sprechen.*

Nr.	Kontra-Argumente	Belege (Zahlen, Fakten, Zitate, Beispiele)
	– Erkenntnisse aus Tierversuchen sind nicht immer auf den Menschen übertragbar	– Unterschiede zwischen Tier und Mensch führen zu unerwarteten Nebenwirkungen und Folgeschäden
	– Medikamente können auch ohne Tierversuche erforscht und gewonnen werden	– z. B. …

5 *Fallen dir eigene Argumente und Belege **gegen** Tierversuche ein? Ergänze sie in der letzten Tabellenzeile.*

C Übungen

Argumente gewichten

1 *a) Welches Argument **für** Tierversuche überzeugt dich mehr, welches weniger? Erstelle eine Rangfolge für die Argumente in der Tabelle, indem du sie in der linken Spalte nach ihrer Überzeugungskraft nummerierst (1= stärkstes Argument, 6 = schwächstes Argument).*
*b) Gewichte die Argumente, die **gegen** Tierversuche sprechen, ebenso und nummeriere sie entsprechend.*

Argumente überzeugend formulieren

2 *Um zu überzeugen, musst du deine Gedanken nachvollziehbar verknüpfen. Verbinde die folgenden Teilsätze so miteinander, dass ihr logischer Zusammenhang deutlich wird. Achte dabei auf einen korrekten Satzbau von Haupt- und Nebensätzen.*

a) Tierversuchen verdanken wir wertvolle Erkenntnisse über den Menschen, …		(1) … der Gesetzgeber vorschreibt, standardmäßig Schmerzmittel zu verabreichen.
b) Gesunde Ernährung, sauberes Wasser und ausreichend Bewegung sind viel wichtiger, …	*denn*	(2) … können Tierversuche Menschenleben retten.
c) Durch Tierversuche lassen sich Risiken und Nebenwirkungen verringern, …	*weil* *zumal*	(3) … die meisten Krankheiten lassen sich so leicht und wirkungsvoll im Vorfeld verhindern.
d) Das Leid der Versuchstiere hält sich hierzulande in vertretbaren Grenzen, …	*daher*	(4) … der menschliche Körper und der Körper von Tieren sich in einigen Punkten ähnlich sind.

3 *Formuliere in deinem Heft weitere Zusammenhänge, die für das Thema wichtig sind. Verbinde dazu folgende Schlüsselbegriffe durch Konjunktionen wie:* **sodass, obwohl, dennoch, damit, während, trotzdem** *... zu ganzen Sätzen. Achte bei der Wortstellung darauf, ob die Konjunktionen einen Haupt- oder Nebensatz einleiten.*

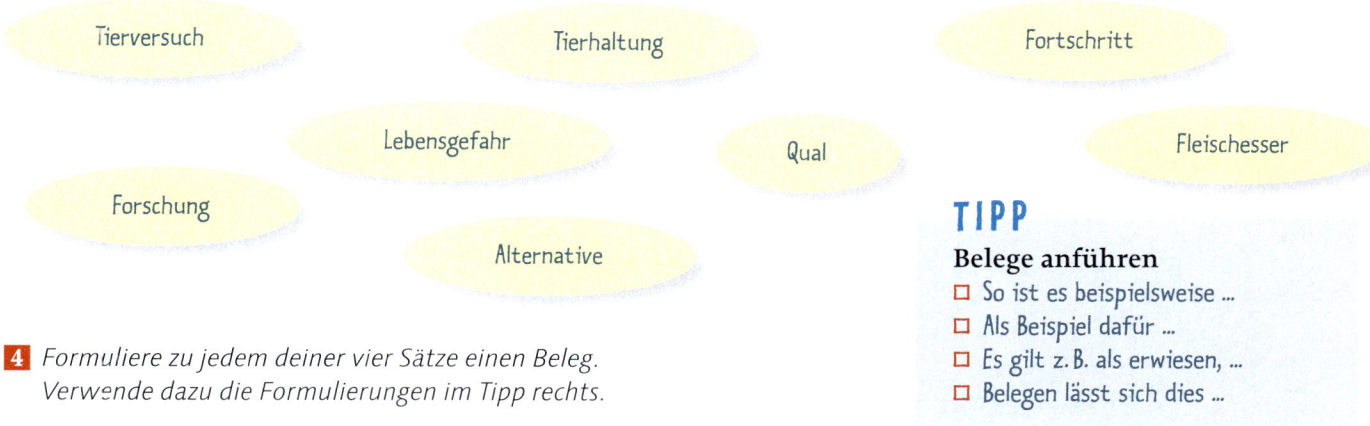

Tierversuch Tierhaltung Fortschritt

Lebensgefahr Qual Fleischesser

Forschung

Alternative

TIPP

Belege anführen

☐ So ist es beispielsweise ...
☐ Als Beispiel dafür ...
☐ Es gilt z. B. als erwiesen, ...
☐ Belegen lässt sich dies ...

4 *Formuliere zu jedem deiner vier Sätze einen Beleg. Verwende dazu die Formulierungen im Tipp rechts.*

Einen Kommentar einleiten

5 *a) In deiner Einleitung solltest du in das strittige Thema einführen (T), deine Meinung klar formulieren (M) und zum Hauptteil überleiten (Ü). Prüfe, ob die folgenden Einleitungen vollständig sind und benote sie (B).*

Einleitungen	T	M	Ü	B
A „Was du nicht willst, das man dir tu, das füge keinem andern zu." – Tiere sind Lebewesen wie wir. Die Vorstellung, dass sie für Forschungszwecke leiden, finde ich grauenvoll. Meiner Ansicht nach gehören Tierversuche verboten. Meinen Sie nicht auch? Vielleicht werden Sie jetzt entgegnen, ...				
B Die Tierversuchszahlen steigen seit Einführung der Genforschung so rasant, dass inzwischen nicht nur Tierschützer die Abschaffung von Tierversuchen fordern. Für mich führt diese Diskussion in ein Dilemma: Einerseits möchte ich nicht, dass Tiere leiden, andererseits möchte ich nicht selbst Versuchskaninchen sein, wenn ich krank werde und Medikamente benötige.				
C Erfolg hat seinen Preis, das gilt auch für medizinischen Fortschritt. Es gibt unzählige Beispiele, die diese These belegen: Tierversuche sind für die Erforschung, Entwicklung und Prüfung von Medikamenten absolut unerlässlich. Natürlich könnte man auch argumentieren: ...				

b) Formuliere nun selbst eine Einleitung, in der du deine Meinung zur Ausgangsfrage deutlich machst.

c) Überprüfe mit Hilfe der Bewertungskriterien (T, M und Ü), ob deine Einleitung vollständig ist.

D Den Schreibplan erstellen

1 *Die* **Gliederung** *eines Kommentars hängt davon ab, welche Position du vertreten willst. Lege sie daher fest: Sollte man Tierversuche ganz und gar abschaffen?*

A ☐ Ich bin der Ansicht, dass man Tierversuche **nicht** abschaffen sollte.

B ☐ Ich bin der Meinung, dass man Tierversuche **ganz** abschaffen sollte.

2 *Der Aufbau eines Kommentars folgt oft dem Sanduhr-Prinzip. Ergänze die Gliederung in der rechten Tabellenspalte mit Hilfe des Tipps. Greife dazu auf die von dir gewichteten Argumente in Teil B zurück.*

Modell: Das Sanduhr-Prinzip	Beispiel für ... B	... A
Einleitung mit Nennung der **eigenen Position:**	Ich spreche mich **gegen** Tierversuche aus.	
These der **Gegenposition:**	– Tierversuche gelten als sinnvoll und notwendig.	
1. **Stärkstes Argument** der Gegenposition: (+ *Beleg*)	– Gewinn medizinischer Erkenntnisse z. B. Erklärung von Körpervorgängen ...	
2. **Mittelstarkes Argument** der Gegenposition: (+ *Beleg*)	...	
3. **Schwächeres Argument** der Gegenposition: (+ *Beleg*)		
These der **eigenen Position:**		
1. **Schwächstes Argument** der eigenen Position: (+ *Beleg*)	...	
2. **Mittelstarkes Argument** der eigenen Position: (+ *Beleg*)	Auch ohne Tierversuche ...	
3. **Stärkstes Argument** der eigenen Position: (+ *Beleg*)	...	
Schlussfolgerung / Fazit:		

3 a) Wie würde deine Gliederung nach dem Sanduhr-Prinzip aussehen, wenn du **für** Tierversuche Position beziehen möchtest? Erstelle das Gliederungsbeispiel für Position A auf einem gesonderten DIN-A4-Blatt.

   b) Welche Veränderungen haben sich im Vergleich zur Tabelle oben ergeben? Nummeriere die Bestandteile in der Spalte rechts so, wie sie deiner neuen Gliederung entsprechen, die **für** Tierversuche Stellung bezieht.

4 Formuliere nun den Kommentar mit Hilfe der Gliederung, die deiner Position entspricht. Beginne mit jedem neuen Gedanken einen neuen Absatz. Verwende für Hauptteil und Schluss die Satzbausteine unten.

Satzbausteine …

… für die **These** der **Gegenposition**:	Oft wird von … die Ansicht vertreten, dass … Natürlich gibt es auch Argumente, die für/gegen … sprechen: …
… für die **Argumentation** der **Gegenposition**:	Argumentiert wird dabei nicht nur …, sondern auch … Darüber hinaus wird in der Regel angeführt, … Schließlich wird oft zu bedenken gegeben, …
… für die **These** der **eigenen Position**:	Ich hingegen vertrete die Auffassung …, denn …
… für die **Argumente** der **eigenen Position**:	Wer so argumentiert, lässt außer Acht, dass … Für wesentlich wichtiger halte ich jedoch, … Entscheidend ist jedoch in meinen Augen, …
… für eine **Schlussfolgerung**:	Nach Abwägung der Argumente komme ich zu dem Schluss … Zu guter Letzt überwiegen meiner Einschätzung nach … Die Gegenüberstellung der Positionen bestätigt, dass …

E Den eigenen Text überarbeiten

1 a) Dieser Schluss eines Schülerkommentars lässt sich sprachlich deutlich verbessern. Markiere Rechtschreib- und Zeichensetzungsfehler und notiere am Rand Überarbeitungsvorschläge für umgangssprachliche Formulierungen.

> Kurz und gut: 'ne Reihe von Argumente gibt's gegen Tierversuchen und so manche die dafür sprechen. Tierquälerei kann man den Befürwortern von tierversuche vorwerfen, aber auch dass durch Tierversuche nicht immer bessere Medikamente, Kosmetika und Nahrungsmittel entsteht. Ach ja, außerdem gibt's auch so andere Methoden. Die beweisen, dass Tierversuche in einer modernen Gesellschaft echt von gestern sind. Schluss aus, spreche ich mich gegen Tierversuche aus.

2 Prüfe mit Hilfe der folgenden Checkliste, an welchen Stellen du deinen Kommentar überarbeiten solltest.

☑ Checkliste „Kommentar"

Hast du …

	➕	➖
☐ …in der **Einleitung** das Thema und deine Meinung benannt und zur Gegenposition übergeleitet?	☐	☐
☐ … im **Hauptteil** die Gliederung nach dem **Sanduhr-Prinzip** durchgehalten?	☐	☐
☐ … dabei erst **Gegenargumente** mit **abnehmender** Wichtigkeit berücksichtigt?	☐	☐
☐ … danach die **eigene Argumentation** nach **zunehmender** Wichtigkeit aufgebaut?	☐	☐
☐ … alle Argumente nach ihrer **Überzeugungskraft** gewichtet und durch **Belege** gestützt?	☐	☐
☐ … einen **Schluss** formuliert (Fazit, Appell, Ausblick), der deine Position unterstreicht?	☐	☐
☐ … deinen Text auf **Rechtschreibungs-**, **Zeichensetzungs-** und **Ausdrucksfehler** überprüft?	☐	☐

Barbara Lehnerer: **Blind –**
Eine Kurzgeschichte fortsetzen

---

1. Setze den Anfang der Kurzgeschichte „Blind" von Barbara Lehnerer fort. Achte dabei darauf, dass …
   – das Verhalten der beiden Hauptfiguren in deiner Fortsetzung gut zum Erzählanfang passt.
   – du die eigentümliche Sichtweise der Ich-Erzählerin in deiner Fortsetzung aufgreifst und weiterentwickelst.
2. Weise nach, dass deine Fortsetzung sich in diesen beiden Punkten schlüssig aus dem Anfang der Geschichte ergibt.

Barbara Lehnerer

Blind   2006

Ich sehe schlecht, obwohl ich keine Brille brauche. Details, die andere beobachten, nehme ich kaum wahr. So weiß ich oft nach zwei, drei Treffen nicht, ob einer graue oder grüne Augen hat. Dagegen bilde ich mir ein, die feinen Töne, jeden Laut zu hören und Schwingungen zu spüren, die andere verbreiten. Ich höre eben gut und schnell und gerne.

5 Die Nacht mit Henri hätte mich beinahe um meine Sicherheit gebracht.

Dabei standen alle Vorzeichen auf Warnung: Jan war frühmorgens schon zu einem Handball-Match gefahren und meine Freundin Marietta hatte Fieber. Ich selbst war lustlos und weiß wirklich nicht, was mich dazu bewegte, an diesem Abend ins Blue Moon zu gehen. Zum ersten Mal allein.

10 Natürlich hätte ich die Versuchung wittern müssen, sobald ich das Blue Moon betrat, weil ich sofort Henri sah. Er stand ein bisschen abseits an der Bar, nur so für sich, mit seinem Bier. Schweigsam. Beobachtend. Wie jeden Freitagabend.

Schon während ich eine Cola bestellte, spürte ich seinen Blick und zwang mich wegzusehen. Am liebsten hätte ich die Augen zugekniffen, um mich auf irgendein Gespräch, auf die Musik,

15 auf etwas, das ganz unverfänglich war, zu konzentrieren. Stattdessen merkte ich, wie mein Blick magnetisch von seinem rechten Turnschuh angezogen wurde, der sich – nicht unharmonisch – in einem seltsamen Anti-Takt zu der Musik bewegte: Tap, tap. Tap, tap. Von einem Moment zum anderen schienen die Parameter[1] verschoben: Die Ohren waren jetzt ausgeschaltet, dafür die Augen wie gebannt. An die Musik, zu der sein Turnschuh wippte, erinnere ich

20 mich nicht, dafür an Form und Farbe noch genau. So kam es, dass ich auch den Satz „Ich heiße Henri." nicht sofort verstand, und erst, als er ihn wiederholte, reagierte: „Ja? Ich bin Dina."

Wahrscheinlich bin ich Henris Schuh gefolgt, nicht ihm – verzaubert von dem Anti-Rhythmus. Es ist nicht meine Art, mit fremden Jungen so einfach mitzugehen, und einen Moment lang dachte ich auch an Jan.

25 Ein paar Minuten später standen wir im Freien.

„Es ist so eine warme Nacht … hast du nicht Lust … fahren wir ein bisschen mit dem Auto rum?"

Wieso nicht?

Ich glaube, viel sprachen wir nicht, als wir die Occamstraße runterliefen. Nur unsere Hände

30 streiften sich: ein-, zweimal, eher wie zufällig. „Das da ist meiner", sagte Henri und deutete auf einen alten Benz, der an der Ecke Occam-, Leopoldstraße parkte. Ein schwarzer Benz, genauso schwarz wie sein Turnschuh und sein Haar.

Er öffnete die Tür für mich und schloss sie wie ein Gentleman, nachdem ich eingestiegen war. Dann lief er um den Wagen rum, stieg selber ein und sah mich von der Seite an, bevor er star-

35 tete. „Das ist das erste Mal, dass du alleine da bist", sagte er. „Stimmt", sagte ich und lächelte ihn an, „es hat sich so ergeben."

Wir kurbelten die Fenster auf und er fuhr pfeifend los. Ich lehnte mich ein Stück hinaus und ließ die Haare wehen. „Die erste warme Nacht in diesem Sommer", rief ich übermütig.

Er nickte und hielt lachend vor einer roten Ampel. Ich weiß noch, wie er sich zu mir hinüber-
40 beugte, weil er im Handschuhfach nach etwas suchte, als mir der Straßenabschnitt vor uns
seltsam dunkel schien. „Ich glaub, du hast kein Licht an", sagte ich gelassen.
Die Ampel schaltete auf Grün. „Verflucht – die Bullen!", hörte ich.
Ich sah ihn an und drehte rasch den Kopf nach hinten, um in Sekundenschnelle festzustellen,
dass uns ein Streifenwagen folgte, dann sah ich, wie der schwarze Turnschuh das Gaspedal
45 durchdrückte. Ein Ruck – ich hielt mich fest und spürte nur, fixiert auf diesen Turnschuh, wie
er in einem Affenzahn die Straße runterdüste, um ein, zwei Ecken bog und weiterraste.
Die Reifen quietschten, als er endlich hielt. „Du spinnst ja", sagte ich verstört.
„Wieso?" Nervös sah er sich um. „Wir haben sie abgehängt! Komm! Beeil dich!"
Er riss die Fahrertüre auf, sprang raus und rannte um den Wagen. „Jetzt mach schon", sagte er,
50 weil ich benommen sitzen blieb und gemächlich anfing, mein Fenster hochzukurbeln. Er öff-
nete die Tür. „Vergiss das jetzt, wir hauen ab." Er griff nach meiner Hand und zog mich raus,
trat ungeduldig gegen die Tür, die scheppernd ins Schloss fiel. Wir rannten, Hand in Hand.
Die Straße mündete in einen kleinen Park, eher eine Grünfläche, umsäumt von dunklen
Büschen. Dort erst, am finsteren Ende dieser Wiese blieben wir stehen und atmeten tief
55 durch. Es war so dunkel, dass ich Henri nur als Silhouette sehen konnte.
„Mit dir kann man ja Pferde stehlen", sagte er lachend. „Die hast du doch bestimmt schon
längst gestohlen." Ich zitterte vor Angst, vor Abenteuer, vor Erregung. „Sonst wärst du eben
nicht getürmt." „Ich weiß nicht, ich hab plötzlich rotgesehen", sagte er verlegen. „Das Ganze
ist total absurd." Er sah sich um. „Ich glaub, hier sind wir sicher, aber … vielleicht
60 wär's trotzdem besser, wir würden noch ein bisschen Liebespärchen spie-
len."
Ich schluckte. Nichts geschah. Wie spielt man Liebespärchen, dachte ich.
Dicht vor mir spürte ich Henri atmen. Er legte einen Arm um mich, dann:
„Pst! Sei still!", als ob ich auch nur einen Laut von mir gegeben hätte. „Ich
65 glaub, ich hab da was gehört!" Ich hörte nichts und sah sie erst, als sie im
Laufschritt aus den Büschen brachen: fünf, sechs Beamte mindestens, mit
Suchscheinwerfern und mit Knarren.
Als sie dann vor uns standen, waren es zwei: gelassen, ohne Waffen.
„Wart ihr das eben?", fragte uns der jüngere. Der Lichtstrahl einer Ta-
70 schenlampe fuhr mir ins Gesicht. Der andere deutete mit einer Kinnbe-
wegung in Richtung Straße, wo Henris Benz mit offenen Fenstern stand.

1 **Parameter:** Kenngröße, Konstante, Bezugsgröße, Variable

A Die Aufgabe verstehen

1 *Lies die Aufgabenstellung sorgfältig durch. Kreuze an, welche Aussage richtig ist und welche nicht.*

Du sollst …	richtig	falsch
a) … den Beginn der Kurzgeschichte genau analysieren.	☐	☐
b) … eine Charakterisierung der beiden Hauptfiguren schreiben.	☐	☐
c) … eine nachvollziehbare Begründung für deine Fortsetzung der Geschichte geben.	☐	☐
d) … das Geschehen aus der Sicht der Polizisten beurteilen.	☐	☐
e) … nachweisen, dass es sich um den Anfang einer Kurzgeschichte handelt.	☐	☐
f) … den Anfang der Geschichte aus einer anderen Perspektive erzählen.	☐	☐
g) … die Beweggründe der Hauptfiguren aufgreifen und bei der Fortsetzung beachten.	☐	☐
h) … die im Text angelegte Erzählperspektive erkennen und weiterführen.	☐	☐
i) … zwei verschiedene Texte schreiben: Fortsetzung und Begründung.	☐	☐

35

B Erstes Textverständnis – Ideen entwickeln

Die Situation klären

1 *Was erfährst du in dem Erzählanfang über die beiden männlichen Figuren Jan und Henri?
Markiere im Text wichtige Informationen mit zwei verschiedenen Farben und notiere dann einige Stichworte.*

Jan: _____

Henri: _____

2 *Drücke mit grafischen Symbolen (Einkreisung zweier Namen, Pfeilen etc.) aus, wie Dina, die Ich-Erzählerin, am Anfang wohl zu Jan und Henri steht.*

Dina

Jan   Henri

Symbolspeicher

Lesererwartungen erkennen und nutzen

3 *An einigen Stellen im Text ahnen erfahrene Leser, wie es weitergehen könnte. Notiere in der folgenden Tabelle, was du an der jeweiligen Textstelle von der weiteren Handlung erwartet hast.*

Zitat aus dem Text (Zeilenangabe)	Was ich an dieser Stelle als Leser erwartet habe:
A „... ins Blue Moon ... zum ersten Mal allein" (Z. 8–9)	Als Frau allein? Dina könnte etwas passieren. ...
B „Natürlich hätte ich die Versuchung wittern müssen." (Z. 10)	
C „... wie mein Blick magnetisch ... angezogen wurde" (Z. 15–16)	
D „Es ist nicht meine Art, mit fremden Jungen so einfach mitzugehen, und einen Moment lang dachte ich auch an Jan." (Z. 23–24)	
E „... ein bisschen Liebespärchen spielen" (Z. 60–61)	
F „... fünf, sechs Beamte mindestens, mit Suchscheinwerfern und mit Knarren." (Z. 66–67)	

C Übungen

Sich in die Erzählerfigur hineinversetzen

1 *Die Erzählerin dieser Geschichte weiß mehr als die Leser; sie enthält den Lesern Informationen vor. Markiere im Text Stellen, an denen sich dieser Eindruck einstellt.*

2 *Kläre, mit welchem Sinnesorgan die Erzählerfigur Dina jeweils das Geschehen wahrnimmt. Fülle dazu zunächst die mittlere Spalte in der folgenden Tabelle aus.*

3 *Trage in der rechten Spalte ein, welche Folgen sich durch den Wechsel der Sinnesorgane für Dina ergeben.*

4 *Überlege zuletzt, welche Sinnesorgane in deiner Fortsetzung der Geschichte im Vordergrund stehen könnten und welche Folgen das für Dinas Verhalten haben könnte. Mache in den letzten beiden Zeilen der Tabelle entsprechende Notizen.*

Zitat	Sinnesorgan	Folgen
„Ich sehe schlecht ..." (Z. 1)		
„Ich höre eben gut und schnell und gern." (Z. 4)		
„... spürte ich seinen Blick und zwang mich wegzusehen." (Z. 13)		Im Bereich des Sehens, den sie nicht beherrscht, gewinnt er Macht über sie.
„Die Ohren waren jetzt ausgeschaltet, dafür die Augen wie gebannt." (Z. 18–19)		

Schlüsse aus wichtigen Textsignalen ziehen

5 *Der Figur Henri werden bestimmte symbolische Farben und Verhaltensweisen zugeordnet. Notiere zu den beiden folgenden Zitaten kurz, welche Vorausdeutungen im Hinblick auf seinen Charakter sich – passend zur Handlung – daraus ableiten lassen.*

6 *Gib dann nach den Pfeilen in Stichworten an, welche Ideen für eine Fortsetzung der Geschichte sich bei der Betrachtung dieser Textstellen aus deinen Vorausdeutungen ergeben.*

> **Zitat: *„in einem seltsamen Anti-Takt zu der Musik"* (Z. 17)**
>
> **Vorausdeutung:** _____
>
> → _____

> **Zitat: *„ein schwarzer Benz, genauso schwarz wie sein Turnschuh und sein Haar"* (Z. 31–32)**
>
> **Vorausdeutung:** _____
>
> → _____

7 In der Geschichte findest du weitere Andeutungen, die Hinweise auf den Fortgang der Handlung geben. Notiere in der folgenden Tabelle, welche Schlüsse du aus diesen Zitaten für deine Fortsetzung ziehst.

Textzitate	Mögliche Fortsetzung der Geschichte
A „Die Nacht mit Henri hätte mich beinahe um meine Sicherheit gebracht." (Z. 5)	
B „... wie er sich zu mir hinüberbeugte, weil er im Handschuhfach nach etwas suchte ..." (Z. 39–40)	

D Den Schreibplan erstellen

Handlungsschritte entwickeln und begründen

1 Wie lässt sich der Text fortsetzen? Kreuze eine oder mehrere der folgenden Möglichkeiten an.

a) ☐ Henris Charakter tritt noch klarer hervor.

b) ☐ Henris Vorgeschichte wird aufgedeckt.

c) ☐ Eine weitere Figur tritt in die Handlung ein.

d) ☐ Die Erzählerin ist nicht länger „blind".

2 Notiere auf einem getrennten DIN-A4-Blatt jeweils passend zu diesen Möglichkeiten deine Ideen für ihre konkrete Umsetzung (z. B. **wer** in die Handlung eingreifen könnte usw.) oder entwickle eine eigene Idee.

3 Entscheide dich nun für einen denkbaren Fortgang der Geschichte und halte ihn stichpunktartig fest.

4 Setze den Text – angenähert an den Stil der Autorin – fort. Der Tipp rechts hilft dir dabei.

Figuren werden anschaulich durch ...

- ☐ ... Rede, Gegenrede und ihre Reaktionen,
- ☐ ... Körperhaltung, Gestik und Mimik,
- ☐ ... ihre Gedanken, Ängste und Wünsche.

5 Begründe deine Entscheidungen. Verwende dafür die Formulierungen im Wortspeicher unten.

Wortspeicher

Die Wahrnehmung der Ich-Erzählerin ... – Anfangs ist ihr diese veränderte Sichtweise ... – Diese Veränderung hat Folgen: ... Ich habe mich in meiner Fortsetzung dafür entschieden ... – Meiner Meinung nach ist dies schlüssig, da ...

E Den eigenen Text überarbeiten

1 Überarbeite deine beiden Texte (Fortsetzung und Begründung) mit Hilfe der folgenden Checkliste.

☑ Checkliste „Kurzgeschichte fortsetzen"

Hast du in der Fortsetzung der Kurzgeschichte ...   ➕   ➖

- ☐ ... das Verhalten der Hauptfiguren und die **Sichtweise der Erzählerin** weiterentwickelt?   ☐   ☐
- ☐ ... den sprachlichen **Stil** des Anfangs aufgenommen und durchgehalten?   ☐   ☐
- ☐ ... ähnlich wie in der Vorlage anschaulich und lebendig ausgestaltet?   ☐   ☐
- ☐ ... das **Erzähltempus** Präteritum (bei Vorzeitigkeit: Plusquamperfekt) durchgehalten?   ☐   ☐

Hast du in der Begründung deiner Fortsetzung ...

- ☐ ... deine Überlegungen durch einen kurzen **Einleitungssatz** eröffnet?   ☐   ☐
- ☐ ... die Sichtweise der Ich-Erzählerin in deinem Text angemessen erklärt?   ☐   ☐
- ☐ ... deine Entscheidung zur Gestaltung der Hauptfiguren schlüssig erläutert?   ☐   ☐
- ☐ ... einen abwechslungsreichen Ausdruck und geeignete **Fachbegriffe** verwendet?   ☐   ☐

Narinder Dhami: Kick it like Beckham –
Einen Tagebucheintrag verfassen

Lies die geschilderte Situation aus Narinder Dhamis Jugendroman
„Kick it like Beckham".
1. Verfasse aus Sicht der Ich-Erzählerin einen Tagebucheintrag, in dem
   Jess über die Situation am Nachmittag reflektiert und anschließend
   auch über ihr Versteckspiel nachdenkt.
2. Begründe die Haltung, die du Jess in ihrem Tagebucheintrag einnehmen lässt. Weise dabei nach, dass der Tagebucheintrag sich
   sprachlich und inhaltlich schlüssig aus dem Textauszug ergibt.

Narinder Dhami

Kick it like Beckham

*Jesminder, genannt Jess, steckt in einem Konflikt: Sie will nur eins – Fußball spielen, genau wie
ihr großes Vorbild David Beckham. Ihre Eltern jedoch haben ganz andere Pläne für sie: Jess soll
einen netten indischen Mann heiraten und Jura studieren. Sooft Jess kann, spielt sie im Park mit
ein paar Jungen Fußball. Ohne Erlaubnis ihrer traditionsbewussten indischen Eltern trainiert sie*
5 *in einer Frauenmannschaft und verliebt sich in ihren Trainer Joe, einen Iren. Um am Training
ihrer Mannschaft teilnehmen zu können, täuscht Jess einen Sommerjob im Supermarkt vor. Auch
ihre Schwester Pinky, deren Hochzeit kurz bevorsteht, weiß noch nichts von Jess' Versteckspiel.*

Ich beeilte mich, nach Hause zu kommen, ließ meine Sporttasche wie üblich unter dem
Busch verschwinden und betrat das Haus. Mum saß auf dem Sofa. Sie nähte, während sie
10 gleichzeitig einen Hindi[1]-Film mit Amitabh Bachchan[2] schaute, ihrem Lieblingsschauspieler. Ich war ziemlich kaputt und am Verhungern.
„Mum", säuselte ich und ließ mich neben ihr aufs Sofa fallen. „Ich hab einen Bärenhun-
ger. Ich musste heute die Mittagspause ausfallen lassen."
Seit ich meinen „Sommerjob" hatte, betüddelte Mum mich noch mehr als sonst. Deshalb
15 hoffte ich, sie würde aufspringen und mir etwas zu essen machen. Zu meiner Verwunde-
rung blickte sie mich jedoch nur erstaunt an.
„Wo ist Pinky?", fragte sie und blickte an mir vorbei zur Haustür. „Sie sollte doch zu
HMV[3] fahren und dich abholen, damit du rechtzeitig da bist, wenn Poli[4] kommt. Sie will
heute für die Festkleider Maß nehmen."
20 Mir drehte sich der Magen um und mein Herz fing wie wild an zu klopfen. Und zwar so
laut, dass ich mich wunderte, dass Mum es nicht hörte. Ich suchte noch verzweifelt nach
einer Notlüge, als sich die Haustür öffnete.
Ich geriet in Panik. Mit aufgerissenen Augen blickte ich zu Pinky, die ziemlich genervt
aussah. Sie bedachte mich mit einem vorwurfsvollen Blick und ich musste schlucken.
25 Würde sie mich verraten?
Flehentlich starrte ich Pinky an, als diese die Haustür hinter sich zumachte. Wenn sie
Mum erzählte, dass ich gar nicht bei HMV arbeitete, säße ich ganz schön in der Tinte.
Nein, bitte streichen: Dann säße ich TOTAL in der Tinte. Wahrscheinlich würde ich den
Rest meines Lebens zu Hausarrest verdonnert werden und dürfte nie mehr einen Fuß ins
30 Freie setzen.
„Pinky, warum hast du deine Schwester nicht wie versprochen von der Arbeit abgeholt?",
fragte Mum, während sie ihre Näharbeit zusammenlegte. „Ich war dort, aber sie sagten,
ich hätte sie knapp verpasst", antwortete Pinky, während sie mich mit Blicken durch-
bohrte.

Ich hatte vor lauter Schrecken die Luft angehalten, die ich nun mit einem tiefen, erleichterten Seufzer ausstieß. Ich war gerettet – zumindest vorläufig.

1 Hindi: eine von vielen indischen Sprachen
2 Amitabh Bachchan: populärer indischer Darsteller
3 HMV: internationaler Elektronikmarkt
4 Poli: Name der Schneiderin für die Hochzeitskleider

A Die Aufgabe verstehen

1 Markiere in den Teilaufgaben zunächst die **Operatoren** und **Schlüsselbegriffe** der Aufgabenstellung. Was sollst du tun?

Du sollst in deinem Text …	richtig	falsch
a) … den Vorfall aus Sicht der älteren Schwester wiedergeben und kommentieren.	☐	☐
b) … dich gedanklich in die jüngere der beiden Schwestern hineinversetzen.	☐	☐
c) … die Hauptfigur grundsätzlich über ihre Situation nachdenken lassen.	☐	☐
d) … die Geschichte zu Ende schreiben und den Ausgang begründen.	☐	☐
e) … das Verhalten der älteren Schwester oder der Mutter gar nicht berücksichtigen.	☐	☐
f) … im Tagebucheintrag direkt und sinnvoll an die Geschichte anknüpfen.	☐	☐
g) … ausführlich begründen, warum die jüngere Schwester ein Tagebuch führt.	☐	☐
h) … Gründe für Stil, Erzählweise und den Inhalt deines Eintrags darstellen.	☐	☐

2 Wie willst du vorgehen? Nummeriere die folgenden Arbeitsschritte in einer sinnvollen Reihenfolge.

☐ Besonderheiten der Darstellung (Wortwahl, Erzählweise …) erkennen, um daran anzuknüpfen (A)

☐ Gefühle, Gedanken und Verhaltensweisen der Hauptfigur sowie der anderen Figuren markieren (B)

☐ den Text intensiv lesen und die Handlungsschritte in Stichpunkten am Rand notieren (C)

☐ den Hintergrund für das Verhalten der Hauptfigur erkennen und nachvollziehen (D)

☐ die inhaltliche und sprachliche Gestaltung deines Tagebucheintrags begründen (E)

☐ festlegen, welche Verhaltensweisen und Gedanken du im Tagebucheintrag aufgreifen möchtest (F)

B Erstes Textverständnis – Ideen entwickeln

1 Was genau hat sich hier ereignet? Ergänze den folgenden Lückentext mit Hilfe des Wortspeichers.

In dem vorliegenden Textauszug aus dem Jugendroman „Kick it like Beckham" von

_____ kommt die _____ Jess von einem heimlichen

Fußballtraining nach Hause, während ihre _____ davon überzeugt ist, dass

sie einen Ferienjob in einem Elektronikmarkt gefunden hat. An diesem Nachmittag fliegt ihr

_____ jedoch beinahe auf. Denn die _____ hatte ihre

ältere Schwester aufgefordert, Jess von der Arbeit abzuholen, und wundert sich, dass die jün-

gere Schwester allein nach Hause kommt. Jess hat zunächst _____, dass

_____ sie verraten wird, doch diese deckt Jess' _____.

Wortspeicher
Geheimnis
Mutter
Pinky
Hauptfigur
Versteckspiel
Angst
Narinder Dhami
Familie

2 *Welche formalen und sprachlichen Mittel solltest du in einem Tagebucheintrag beachten? Kreuze an.*

In einem Tagebucheintrag verwendet man ...

	richtig	falsch			richtig	falsch
a) ... Er-Perspektive.	☐	☐	e) ... Ausrufe und Fragen.		☐	☐
b) ... wörtliche Rede.	☐	☐	f) ... unvollständige Sätze.		☐	☐
c) ... sachliche Sprache.	☐	☐	g) ... indirekte Rede.		☐	☐
d) ... Ich-Perspektive.	☐	☐	h) ... komplexen Satzbau.		☐	☐

C Übungen

1 *a) Welche Gedanken und Gefühle hat Jesminder in der im Textauszug geschilderten Situation?
Markiere sie im Text und sammle die Empfindungen im folgenden Cluster.*

müde, ...

Jess' Gedanken und Gefühle
an diesem Nachmittag

*b) Was könnte Jess **nach** dem Erlebnis durch den Kopf gehen? Ergänze deine Ideen in einer anderen Farbe.*

2 *Jess' Gesamtlage ergibt sich aus unterschiedlichen Gegebenheiten, die nur indirekt angedeutet werden.
Welche Gegebenheiten kommen in den folgenden Sätzen zum Ausdruck? Kreuze die richtige Antwort an.*

(1) „Seit ich meinen ‚Sommerjob' hatte, betüddelte Mum mich noch mehr als sonst." (Z. 15)

a) ☐ Jess' Mutter findet es wichtig, dass ihre Tochter in den Ferien eigenes Geld verdient.

b) ☐ Jess ist von der Fürsorge ihrer Mutter völlig genervt.

c) ☐ Die Mutter möchte nicht, dass Jess in den Ferien arbeitet.

d) ☐ Die Mutter umsorgt Jess besonders fürsorglich, weil sie einen Ferienjob hat.

(2) „Sie [Pinky] bedachte mich mit einem vorwurfsvollen Blick und ich musste schlucken." (Z. 25)

a) ☐ Pinky kann ihre jüngere Schwester nicht leiden, weil sie das Nesthäkchen ist.

b) ☐ Pinky ist wütend, weil sie vergeblich zu dem Elektronikgeschäft gefahren ist.

c) ☐ Jess hat Sorge, dass ihre Schwester sie verraten könnte.

d) ☐ Jess versteht nicht, warum ihre Schwester sie so vorwurfsvoll anschaut.

**(3) „Mum saß auf dem Sofa. Sie nähte, während sie gleichzeitig einen Hindi-Film mit Amitabh Bachchan
schaute, ihrem Lieblingsschauspieler."** (Z. 10–12)

a) ☐ Jess' Mutter sieht immer fern, um abends von ihrer Arbeit abzuschalten.

b) ☐ Der indische Film und das Nähen zeigen die traditionelle Einstellung der Mutter.

c) ☐ Jess möchte ebenfalls gerne einen Film schauen, weil sie so erschöpft ist.

d) ☐ Indische Filme und selbst genähte Hochzeitskleidung sind Jess' große Leidenschaft.

3 *Jess ist ihrer Familie gegenüber nicht ehrlich. Welche der beiden Definitionen trifft deiner Ansicht nach eher auf Jess' Verhalten zu? Beide Zuordnungen sind möglich. Begründe in wenigen Sätzen.*

☐ **Lüge:** Aussage, von der man weiß oder vermutet, dass sie unwahr ist, und die man mit der Absicht äußert, einen Vorteil zu erlangen oder Kritik und Strafe zu entgehen – oft zu Lasten anderer.

☐ **Notlüge:** Sonderform der Lüge, bei der auf Grund einer Notlage die Unwahrheit gesagt wird, z. B. um jemanden nicht zu kränken oder um Schlimmeres zu verhindern.

_____

_____

_____

_____

_____

_____

_____

_____

4 *Hier findest du zwei Möglichkeiten, wie Jess ihren Tagebucheintrag beginnen könnte. Welcher Anfang entspricht ihrer Situation eher? Begründe deine Wahl auch anhand der Besonderheiten der Textsorte.*

A Liebes Tagebuch,

gestern war ein harter Tag für mich. Nach einem anstrengenden Fußballtraining kam ich pünktlich nach Hause. Dort erwartete mich meine Mutter mit der Überraschung, dass meine Schwester bereits unterwegs sei, um mich von der Arbeit abzuholen. Das konnte Pinky aber gar nicht tun, weil ich in Wirklichkeit ja gar keinen Ferienjob habe. Gar nicht auszudenken, was alles hätte passieren können. Und nun mache ich mir Sorgen, dass …

B Liebes Tagebuch,

das war knapp! Gestern wäre beinahe rausgekommen, dass ich jeden Tag Fußball spielen gehe, statt zu arbeiten. Mum hatte mir Pinky vorbeigeschickt, um mich von meinem „Sommerjob" abzuholen. Haha! Ich hab ganz schön die Luft angehalten, als sie zurückkam. Glück gehabt, dass sie mich nicht hat auffliegen lassen … Und ein schlechtes Gewissen habe ich natürlich auch. Ob Mum etwas ahnt? …

_____

_____

_____

_____

5 *Du sollst begründen, dass dein Tagebucheintrag sich auch sprachlich an den Textauszug anschließt. Welche der folgenden Umformulierungen passt gut zu Jess' Tagebucheintrag, welche nicht? Kreuze an.*

„Ich geriet in Panik."

	geeignet	ungeeignet
a) Ich bekam es mit der Angst und fühlte mich zunehmend unwohl in meiner Haut.	☐	☐
b) In mir keimte eine nicht unerhebliche Sorge auf, dass meine ältere Schwester …	☐	☐
c) Mir wurde angst und bange – was sollte ich bloß machen, wenn Pinky …	☐	☐
d) Ich wurde ganz nervös. Ein flaues Gefühl breitete sich in meiner Magengrube aus.	☐	☐

D Den Schreibplan erstellen

1 *Sammle nun in folgender Mind-Map alle Aspekte, die dein Tagebucheintrag enthalten soll.*

```
┌─────────────┐                              ┌─────────────┐
│  ...        │                              │  ...        │
│             │            Jess'             │             │
│             │      Tagebucheintrag         │             │
└─────────────┘                              └─────────────┘
┌─────────────┐                              ┌─────────────────────────────┐
│  ...        │                              │ Jess' Verhältnis zu ihrer   │
│             │                              │ Familie:                    │
└─────────────┘                              └─────────────────────────────┘
```

2 *Überlege dir anhand der Aufgabenstellung, womit du anfangen willst und womit der Tagebucheintrag enden soll. Nummeriere dazu deine Notizen in der entsprechenden Reihenfolge.*

3 *Verfasse nun einen Tagebucheintrag.*

4 *Formuliere nun deine Begründung. Beim Ausformulieren kann dir folgender Wortspeicher helfen:*

Wortspeicher

Für den Inhalt:	Für die Sprache:
In meinem Tagebucheintrag gehe ich davon aus ...	Da dieser Tagebucheintrag aus Sicht von ..., habe ich ...
Im Romanauszug wird auch deutlich, dass ...	In der Originalfassung ... Auch in meinem Text ...
Es scheint mir unrealistisch, wenn ...	Die Formulierung ... nehme ich wieder auf ...
Viel wahrscheinlicher ist meiner Ansicht nach, ...	Als Jugendliche benutzt Jess ... , daher ...
Im Ursprungstext spielen ... eine große Rolle, daher ...	Auffallend sind auch die Bilder, die ...

E Den eigenen Text überarbeiten

1 *Prüfe, ob deine Arbeit **inhaltlich** und **formal** vollständig ist. Verwende dafür folgende Checkliste.*

☑ Checkliste „Tagebucheintrag"

Hast du im Hinblick auf den Inhalt deines Tagebucheintrags ...   ➕   ➖

- ☐ ... die **Situation** bedacht, an die sich der Tagebucheintrag anschließt? ☐ ☐
- ☐ ... **Gefühle** und **Gedanken** zum Ausdruck gebracht, die Jess' Notlage entsprechen? ☐ ☐
- ☐ ... berücksichtigt, in welchem **Konflikt** Jess vermutlich steckt? ☐ ☐

Knüpfst du im Hinblick auf die Sprache an den Romanauszug an, indem du ...

- ☐ ... die Figuren ähnlich sprechen lässt wie im Originaltext? ☐ ☐
- ☐ ... die **Ich-Perspektive** konsequent beibehältst? ☐ ☐
- ☐ ... Merkmale spontaner Sprache (**Ausrufe, Fragen, Auslassungen** ...) nutzt? ☐ ☐

Hast du in deiner Begründung ...

- ☐ ... Jesminders Haltung und Sprache aus dem Originaltext abgeleitet und begründet? ☐ ☐

2 *Korrigiere anschließend in deinem ganzen Aufsatz die Rechtschreibung und Zeichensetzung.*

„Ich hatte richtig Spaß dabei … " – Einen Tagesbericht aus dem Praktikum überarbeiten

Sarah macht ihr Betriebspraktikum in einem Reisebüro und will folgenden Tagesbericht abgeben.
1. Überarbeite Sarahs Tagesbericht in inhaltlicher und sprachlicher Hinsicht, indem du nur die fehlerhaften Sätze verbesserst. Achte vor allem auf das richtige Tempus, eine angemessene Wortwahl und abwechslungsreiche Satzanfänge.
2. Begründe alle Veränderungen, die du in den Sätzen 2 bis 6 vorgenommen hast.

Mein Tagesbericht vom 5. Praktikumstag, 6. Mai 2007

(1) Mein fünfter Praktikumstag begann leider schon eine halbe Stunde vor der Öffnungszeit, also gegen 9.00 Uhr. (2) Herr Borowski, mein Boss, bat mich am Vortag, die Auslage mit den neuen Fernreisekatalogen zu checken und sie zu ordnen, was gar nicht so einfach war. (3) Ich sortiere daher mit der Azubine Lina Müller die Kataloge alphabetisch nach Ländern. (4) Um 9.30 Uhr öffnet dann das Reisebüro. (5) Ich soll wie in den letzten Tagen vor allem gut zuhören und beobachten. (6) Ich langweilte mich ziemlich, denn in den nächsten anderthalb Stunden war kaum was los. (7) Von 11.00 Uhr bis zur Mittagspause durfte ich endlich mit Herrn Borowski zusammen die Kundenberatung mitmachen. (8) Ich sollte Kataloge heraussuchen, Personalien aufnehmen und sie in den PC eingeben. (9) Ich ging von 12.30 bis 13.30 Uhr in die Mittagspause. (10) Ich war beim Bäcker nebenan etwas essen, außerdem kaufte ich mir eine CD. (11) Von 13.30 bis 14.30 Uhr machte ich voll fix die Post fertig. (12) Ich musste insgesamt 83 Tickets, Angebote und so'n Zeugs eintüten und zur Post schleppen. (13) Nach der Kaffeepause bittet mich mein Chef dann, ihm bei den Vorbereitungen für den nächsten Aktionstag mit dem Motto „Afrika" zu helfen. (14) Ich überlege daher mit ihm gemeinsam, wie das Reisebüro typisch afrikanisch zu dekorieren ist und was man dazu braucht. (15) Ich holte mir zuvor voll viele Anregungen aus Prospekten, in denen ich beim Sortieren Bilder von afrikanischen Festen entdeckt hatte. (16) Ich hatte richtig Spaß dabei und mein Boss lobte mich für meine coolen Ideen. (17) Und weil ich so fleißig war, durfte ich schon um 17.30 Uhr nach Hause gehen. Super! Sarah, 9 c

A Die Aufgabe verstehen

1 *Was weißt du über den **Tagesbericht** im Rahmen eines Praktikums?*
Kreuze die richtige Aussage an.

Im Tagesbericht sollst du …

a) ☐ … jede einzelne Tätigkeit der Reihenfolge nach möglichst ausführlich beschreiben.

b) ☐ … alle wesentlichen Arbeiten dieses Tages verständlich und kurz wiedergeben.

c) ☐ … nachvollziehbar begründen, warum dir die Arbeit Spaß gemacht hat (oder nicht).

d) ☐ … knapp deine Meinung zum Tagesablauf äußern, ohne ihn vorher zu beschreiben.

2 *Kreuze an, was du für diese Aufgabenstellung tun sollst.*

Du sollst ...		richtig	falsch
a) ... einen völlig neuen Tagesbericht verfassen.		☐	☐
b) ... alle Fehler im Bericht finden und verbessern.		☐	☐
c) ... über alle Tätigkeiten in einem Reisebüro informieren.		☐	☐
d) ... Umgangssprache und Jugendsprache korrigieren.		☐	☐
e) ... den Satzbau bei der Korrektur nicht berücksichtigen.		☐	☐
f) ... die Zeitformen der Verben prüfen und verbessern.		☐	☐
g) ... begründen, welche Sätze dich besonders ansprechen.		☐	☐
h) ... nur deine Veränderungen in den Sätzen 2–6 begründen.		☐	☐

B Erstes Textverständnis – Stoff sammeln

1 *Wie sah Sarahs Tagesablauf an ihrem fünften Praktikumstag aus? Ergänze die folgende Tabelle.*

Uhrzeit	Tätigkeit
9.00–9.30	– Kataloge sortieren mit der Auszubildenden Lina Müller

2 *Auf welche Fehler sollst du achten? Verbinde die Bezeichnung mit dem fehlerhaften Beispiel.*
Achtung: Manchmal ist mehr als ein Fehler in den Textauszügen enthalten!

Fehler	Beispiel
T: Tempusfehler (Präsens)	Ich ging ... Ich war ... Ich musste ... (Sätze 9, 10, und 12)
A: Umgangs- bzw. Jugendsprache	... mein Boss ... bat mich am Vortag, ... (Satz 2)
Sb: gleiche Satzanfänge	... und so'n Zeugs eintüten und zur Post schleppen. (Satz 12)
T: Tempusfehler (Plusquamperfekt)	Ich sortiere also mit der Azubine ... (Satz 3)

3 *Welcher Satz aus Sarahs Tagesbericht ist ganz überflüssig? Begründe (und streiche ihn im Text durch).*

Satz Nr. ☐ ist überflüssig, weil _____

_____ .

4 *Welche Sätze sind – für sich genommen – korrekt, aber in der Folge dennoch sprachlich ungeschickt?*

Die Sätze Nr. ⬜ , ⬜ und ⬜ sind für sich genommen sprachlich und grammatikalisch korrekt, aber ... _____

_____

_____ .

C Übungen

Sprachliche Merkmale der Textsorte einhalten

1 *Welche besonderen sprachlichen Merkmale gelten für einen Tagesbericht? Kreuze jeweils an.*

Ein Tagesbericht ist gekennzeichnet durch ...

	richtig	falsch			richtig	falsch
a) ... kurze, klare Erläuterungen.	⬜	⬜	f) ... Zahlen, Daten und Fakten.		⬜	⬜
b) ... persönliche Kommentare.	⬜	⬜	g) ... freien Fluss der Gedanken.		⬜	⬜
c) ... einen Spannungsbogen.	⬜	⬜	h) ... die fantasievolle Überschrift.		⬜	⬜
d) ... sachliche Beschreibungen.	⬜	⬜	i) ... Beantwortung der W-Fragen.		⬜	⬜
e) ... viel wörtliche Rede.	⬜	⬜	j) ... eine klare, zeitliche Struktur.		⬜	⬜

Sachlich bleiben und Umgangssprache vermeiden

> **Tagesbericht als informativer Text**
>
> Informative Texte (z. B. Nachrichten, Lexikoneinträge, Berichte) vermitteln wichtige Fakten und Daten zu einem Thema, hier dem Tagesablauf. **Wesentliche Tätigkeiten** werden **in der richtigen Reihenfolge** kurz, **sachlich** und **genau** wiedergegeben. **Wertende Formulierungen** oder Kommentare sind zu streichen.

2 *Lies den Tipp in Ruhe durch. Unterstreiche Ausdrücke aus der Umgangs- bzw. Jugendsprache im Text, notiere sie in der Tabelle unten und ersetze sie durch Standardsprache oder geeignete Umschreibungen.*

Satz Nr.	Umgangs- bzw. Jugendsprache	Standardsprache / Umschreibung
2	checken	
2	Boss	
3	Azubine	
6	...	war es sehr ruhig, es kam wenig Kundschaft
7	... mitmachen	
11		
12		
12		

Satz Nr.	Umgangs- bzw. Jugendsprache	Standardsprache / Umschreibung
...	_____	_____
...	_____	_____
...	_____	_____
...	_____	_____

3 a) *Einige dieser Aussagen sind wertend. Welche Konsequenz hat das für die Überarbeitung? Begründe kurz.*

Aussagen wie z. B. „coolen" oder „Super!" _____

_____.

b) *Welche weiteren wertenden Kommentare und Meinungsäußerungen enthält der Text?*
   Markiere sie so, dass deutlich wird, was bei der Überarbeitung damit zu tun ist.

Unterschiedliche Satzanfänge verwenden

Variiere Satzanfänge,
indem du ...
☐ ... den Satzbau umstellst: *Ich war beim Bäcker **etwas essen**. → Beim Bäcker ... oder: **Etwas essen** war ich ...*
☐ ... Konjunktionen verwendest wie: *zunächst, danach, daraufhin, anschließend, als, während, dazu, dabei ...*

4 a) *Wie sind die Sätze im Bericht oft aufgebaut? Viele Sätze beginnen mit _____ + _____.*
   b) *Variiere den Satzbau mit Hilfe von Konjunktionen. Beachte dabei die Abfolge der Tätigkeiten im Tagesverlauf.*

(1) Ich sollte Kataloge heraussuchen, Personalien aufnehmen und sie in den PC eingeben.
(2) Ich ging von 12.30 bis 13.30 Uhr in die Mittagspause.
(3) Ich erledigte die Post ... Ich musste insgesamt 83 Tickets und Angebote zur Post bringen.

(1) _____

(2) _____

(3) _____

5 *Stelle in den folgenden Beispielen den Satzbau so um, dass sie nicht mit „Ich" + gebeugtes Verb anfangen.*
   a) *Ich hatte mir zuvor Anregungen aus Prospekten geholt, in denen ich Bilder ... entdeckt hatte.*

_____

_____

   b) *Ich überlegte daher mit ihm gemeinsam, wie das Reisebüro ... zu dekorieren ist ...*

_____

_____

6 *Unterstreiche im Bericht alle Satzanfänge, die diesem Baumuster folgen, und kennzeichne den Fehlertyp am Rand;*
   überlege dir ein Symbol, das anzeigt, was hier bei der Überarbeitung zu tun ist, z. B.:

Auf das richtige Tempus achten

Tempusgebrauch bei einem Rückblick

Wenn man von Vergangenem berichtet, verwendet man generell das **Präteritum**.
Um eine vorzeitige Handlung auszudrücken, benutzt man das **Plusquamperfekt**.

7 *Setze die Verben in folgenden Sätzen mit Hilfe des Tipps oben ins Präteritum bzw. Plusquamperfekt.*

a) Ich **arbeite** lieber im Reisebüro, seit man mir mehr Aufgaben **übertragen hat**.

_____

b) Die Kunden, die ins Reisebüro **kommen**, **sind** sehr freundlich zu mir.

_____

c) Ich **will** die Post zügig erledigen, bevor die Schalter **geschlossen sind**.

_____

8 *Begründe den Tempusgebrauch im folgenden Satz. Verwende dabei deine eigenen Worte.*

Nachdem ich aus der Mittagspause gekommen war, sortierte ich die eingegangene Post.

Präteritum wird hier benutzt, weil _____ .

Plusquamperfekt zeigt an, dass _____ .

9 *Unterstreiche in Sarahs Bericht alle Tempusfehler. Notiere jeweils die korrekte Verbform am Rand.*

Überarbeitungen begründen

10 *Verschaffe dir einen Überblick über die Fehler in den Sätzen 2 bis 6, indem du folgende Tabelle ergänzt.*

Nr.	Fehler	Regel / Fehlertyp (Stichwort)	Verbesserungsvorschlag
2	bat mich am Vortag	Tempus: ...	...
2	...		...

11 *Formuliere anschließend eine kurze Begründung für deine Änderungen. Nutze folgende Textbausteine.*

Textbausteine

In Satz ... steht das gebeugte Verb im ..., es muss durch ... ersetzt werden, die Verbform lautet korrekt ...
Die umgangssprachlichen Ausdrücke ... in Satz ... und Satz ... habe ich ersetzt durch die Begriffe ...
Um den Satzbau zu variieren, habe ich den Satzanfang von Satz ... umgestellt, indem ich ...
Da persönliche Kommentare oder Meinungsäußerungen nicht in einen sachlichen Bericht gehören, ...

D Den Schreibplan erstellen

1 *Prüfe zunächst Satz für Satz, ob und welcher der drei Fehlertypen darin vorkommt. Markiere sie jeweils, falls dies noch nicht geschehen ist.*

2 *Schreibe mit Hilfe deiner Vorarbeiten eine überarbeitete Fassung des Berichts. Gehe Satz für Satz vor. Korrekte Sätze müssen **nicht** noch einmal abgeschrieben werden, es reicht der Hinweis: Satz ⬚ ist korrekt.*

3 *Begründe nun alle deine Veränderungen in den Sätzen 2 bis 6 mit Hilfe der Tabelle (Teil C, Aufgabe 10).*

E Den eigenen Text überarbeiten

1 *a) Ein Schüler hat die letzten Sätze des Berichts überarbeitet. Markiere alle Mängel, die dir auffallen.*

(15) Zuvor hatte ich mir massig Anregungen aus Prospekten geholt, in denen ich beim sortieren Bilder von Afrikanischen Feten entdeckt hatte. (16) Das machte viel Spaß und der Meister lobte mich für meine tollen Ideen. (17) Und weil ich so fleissig war, durfte ich schon um 17.30 Uhr nach Hause gehen. Klasse!

b) Welche Fehlertypen sind hier tatsächlich überarbeitet worden, welche noch nicht oder nicht ausreichend?

Überarbeitet wurde(n) ...

Nicht überarbeitet wurde(n) ...

c) Verbessere die verbliebenen Mängel am Rand und formuliere eine kurze Begründung (Stichworte).

2 *Es haben sich (vier) neue Fehler eingeschlichen. Unterstreiche sie und notiere am Rand die Korrektur.*

3 *Prüfe anhand der folgenden Checkliste, inwieweit du deinen eigenen Text noch überarbeiten solltest.*

☑ Checkliste „Textüberarbeitung"

Hast du ...

... im gesamten Text ...	➕	➖	... in der Begründung für Satz 2–6 ...	➕	➖
☐ ... die Fehler gekennzeichnet?	☐	☐	☐ ... **Fachbegriffe** verwendet?	☐	☐
☐ ... alle **Tempusfehler** berichtigt?	☐	☐	☐ ... alle Korrekturen erwähnt?	☐	☐
☐ ... **Satzanfänge** (*Ich + Verb*) variiert?	☐	☐	☐ ... Umgangssprache vermieden?	☐	☐
☐ ... **Umgangssprache** ersetzt?	☐	☐	☐ ... deine Satzanfänge variiert?	☐	☐
☐ ... **Jugendsprache** ersetzt?	☐	☐	☐ ... **keine neuen Fehler** gemacht?	☐	☐

Matthias Horx: Wie wirken sich Computerspiele aus? – Einen medialen Text analysieren

1. Analysiere den folgenden Beitrag aus der Zeitschrift P.M. Magazin. Gehe dabei folgendermaßen vor:
   – Fasse die wesentlichen Aussagen des Textes zusammen und gib die Position des Autors mit eigenen Worten wieder.
   – Stelle den argumentativen Aufbau des Textes sowie auffällige sprachliche Mittel dar, mit denen der Autor seine Meinung zum Ausdruck bringt.
2. Nimm Stellung, inwieweit du mit Matthias Horx' Bewertung von Computerspielen übereinstimmst. Beziehe in deine Überlegungen auch eigene Beobachtungen und Erfahrungen mit ein.

Matthias Horx

Wie wirken sich Computerspiele auf unsere Kultur und Gesellschaft aus?

Fördern sie den sozialen Zusammenhalt – oder führen sie zur Vereinzelung der Menschen? Wie groß ist die Gefahr von Realitätsverlust und Sucht? Dieses Thema ist sehr umstritten und wird seit einiger Zeit wieder verstärkt diskutiert.

Immer wenn ein neues Medium entsteht, zieht die Kulturkritik in den Krieg: Im
5 19. Jahrhundert wurden Romane gebrandmarkt[1], weil „solch törichte Fantasien die Sitten verderben und der Jugend böse Wünsche einpflanzen". Zum Beispiel das Medium Film stand von seinem Anbeginn unter dem Verdacht, „Unschuld und Jungfräulichkeit zu attackieren, junge Menschen zu einem Leben in Sünde und Verwirrung anzuleiten" (so urteilte die New Yorker Gesellschaft zur Vermeidung von Gewalt gegen Kinder im
10 Jahre 1909). Woran liegt es, dass Computerspiele von allen Medien heute vielleicht den schlechtesten Leumund[2] haben?

Eine Untersuchung der Universität Oklahoma hat zwar gezeigt, dass zwei Drittel aller körperlichen Auseinandersetzungen in den Schulen von regelmäßigen Videospielern initiiert wurden (nur vier Prozent von Nichtspielern) – was aber auch dadurch erklär-
15 bar ist, dass nur 15 Prozent der Schüler gar nicht spielten, die Kinder mit problematischem Familienhintergrund hingegen besonders viel. Spiele „produzieren" also keine Gewalt, können aber unter bestimmten Umständen Verwahrlosungs- und Entfremdungstendenzen[3] verstärken.

Ein weiterer Vorwurf: Computerspiele „verschwenden" enorm viel Zeit. Gerade hier
20 läuft die Kritik ins Leere: Computerspiele sind gerade deshalb so beliebt, weil sie eben, anders als Fernsehen, nicht passiv sind. Sie stimulieren[4] das Hirn auf denselben Ebenen, auf denen uns auch stark motivierte, kreative Wissensarbeit in Flow[5] versetzt.

Steven Johnson, der Autor des Buches „Everything Bad is good for You" (Warum das Schlechte in Wirklichkeit gut für uns ist), schildert Videospiele als typische Beispiele
25 für den „Mephisto[6]-Effekt". Sie sind eigentlich nicht gemacht, um pädagogisch zu wirken – aber sie wirken erstaunlich intelligenzsteigernd. Viele Spiele sind inzwischen enorm komplex, vielschichtig, herausfordernd – „Brainware" vom Feinsten. Allein die Handbücher für „World of Warcraft" sind gewaltige Schinken mit unendlichen Tabellen, Details, Statistiken. Die Spieler trainieren das Denken in Zusammenhängen,
30 das strategische Simulationsvermögen, üben das Multitasking ein, das wir in der modernen, vom Wissenswandel geprägten Arbeitswelt brauchen: viele Dinge zu koordinieren und dabei die Übersicht zu behalten. Spielkids, das zeigen Studien, sind deutlich besser in Symbolverarbeitung, Orientierungssinn und Verknüpfung von Sinn-Inhalten.

35 Welche Eigenschaften entwickeln die Spieler?

Sozialkompetenz: Multiplayer-Spiele[7] sind keineswegs „vereinsamend", sondern das genaue Gegenteil: ein unvergleichliches soziales Erlebnis. Spieler sind deshalb unglaubliche Sozialtiere, die schnell Freundschaften entwickeln und Allianzen bilden können. Humor, Aufgeschlossenheit und Schlagfertigkeit spielen eine große Rolle.

40 *Koordination:* Eine Studie der Universität von Rochester hat herausgefunden, dass die Fähigkeit zur Bildverarbeitung schon bei einer Spielzeit von zehn Stunden enorm gesteigert wird. Ebenso verbessern sich das räumliche Vorstellungsvermögen und die Hirn-Hand-Koordination der Spieler.

Flexibilität: Gamer wissen, dass es immer auch einen anderen Weg gibt, den nächsten Le-
45 vel zu erreichen oder ein Problem zu lösen, wenn die eine Strategie keinen Erfolg hat.

Wettbewerbslust: Spieler sind kompetitiv[8], weil sie wissen und bejahen, dass jeder versucht, das Spiel zu gewinnen. Anerkennung von persönlichem Ehrgeiz ist für sie Teil des Lebens.

Selbstvertrauen: Die „Generation Game" akzeptiert nicht so leicht Autoritäten. Kein Wun-
50 der, wenn man jeden Abend die Welt retten, gewaltige Monster besiegen und ganze Universen meistern kann! Computerkids haben die grundlegende Erfahrung gemacht, etwas bewirken zu können.

Angesichts dieser fünf Eigenschaften wird schnell klar, dass Gamer die idealen Bewohner der globalen Welt des 21. Jahrhunderts sind. Ihre „Skills" sind angepasst an ständigen
55 Wandel, komplexe Systeme, kompetitive Umwelten und große Eigenverantwortung. Genau das machen wir, die Gestrigen, ihnen zum Vorwurf.

Computerspiele haben einen langen Weg hinter sich, in den 30 Jahren ihrer Existenz hat sich technisch wie inhaltlich so viel getan wie in kaum einem anderen Medium der Geschichte. Von den Pingpong-Spielen der frühen 1980er Jahre bis zu den unglaublichen
60 Cyberwelten unserer Tage sind es gewaltige Schritte. Und was vor uns liegt, wird noch viel, viel spektakulärer …

Quelle: P.M. Magazin 6/2007

1 **gebrandmarkt:** verdammt, beschuldigt	5 **Flow:** Schaffensrausch
2 **Leumund:** Ruf, Ansehen, Nachrede	6 **Mephisto:** Gestalt, die Böses will, aber Gutes schafft
3 **Entfremdung:** Kontaktverlust zur Welt/zu Mitmenschen	7 **Multiplayer-Spiele:** Spiele für mehrere Spieler
4 **stimulieren:** anregen, beleben, reizen	8 **kompetitiv:** ehrgeizig, wettbewerbslustig

A Die Aufgabe verstehen

1 a) *Was sollst du tun? Lies die Aufgabenstellung genau und markiere darin Operatoren und Schlüsselbegriffe.*
b) *Vervollständige anschließend folgenden Lückentext. Versuche es zunächst ohne die Hilfe des Wortspeichers.*

Ich soll zunächst die **Kerngedanken** des vorliegenden Artikels kurz _____ und die

Haltung des Verfassers in meinen eigenen Worten _____.

Anschließend soll ich die **Argumentationsstruktur** des Textes _____. Dabei soll

ich **auffällige sprachliche Gestaltungsmittel** _____ und _____

_____, wie sie die Position des Autors kennzeichnen bzw. unterstützen.

Zum Schluss soll ich mich mit der **Bewertung** von Computerspielen _____, die der

Autor im Text zum Ausdruck bringt. Dabei soll ich nicht nur im Text genannte (Gegen-)Argumente, sondern auch

eigene Erlebnisse oder Beobachtungen _____.

Wortspeicher
erklären – beschreiben – benennen – wiedergeben – berücksichtigen – auseinandersetzen – zusammenfassen

2 *Der Artikel weist einige Fremdwörter auf, deren Bedeutung sich aus dem Zusammenhang erschließt. Finde folgende Begriffe im Text, ergänze die Zeilenangaben und ordne ihnen die passenden Definitionen zu.*

a) Z. _____ : Brainware	1. Niveau, Schwierigkeitsstufe, Leistungsstand
b) Z. _____ : Flexibilität	2. Bündnis, Pakt, Verbindung
c) Z. _____ : Multitasking	3. Bestehen, Dasein, Gegenwart
d) Z. _____ : Skills	4. Gehirngymnastik, Denksport, intellektuelle Herausforderung
e) Z. _____ : Existenz	5. Fähigkeiten, Kompetenzen, Umgangsformen
f) Z. _____ : Allianz	6. Beweglichkeit, Anpassungsfähigkeit, Reaktionsvermögen
g) Z. _____ : Level	7. Fähigkeit, mehrere Aufgaben zugleich zu bewältigen

B Erstes Textverständnis

1 *Welche Kernaussagen macht der Artikel zum Thema „Auswirkung von Computerspielen auf Kultur und Gesellschaft"? Markiere die betreffenden Aussagen und notiere am Rand jeweils einen zusammenfassenden Stichpunkt.*

Texte gezielt auswerten
☐ **Markiere** nur einzelne Wörter oder Formulierungen.
☐ **Notiere** zentrale Aspekte als Schlagwort am Rand.
☐ **Fasse** die Kernaussagen stichpunktartig zusammen.

2 *Entscheide: Welche der folgenden **Kernaussagen** lassen sich aus dem Text entnehmen, welche nicht?*

	richtig	falsch
a) Die Geschichte lehrt: Neue Medien werden erst begeistert gefeiert und dann heftig kritisiert.	☐	☐
b) Computerspiele haben heutzutage von allen bekannten Medien den schlechtesten Ruf.	☐	☐
c) Der Autor stellt in Frage, ob Computerspiele tatsächlich zu mehr Gewalt an Schulen führen.	☐	☐
d) Computerspiele lähmen das Gehirn und verringern dauerhaft das Leistungsvermögen.	☐	☐
e) Steven Johnson zeigt an Beispielen auf, dass Computerspiele intelligenzsteigernd wirken.	☐	☐
f) Multiplayer-Gamer verlieren sehr schnell den Kontakt zur Realität und vereinsamen dann.	☐	☐
g) Computerkids trainieren nebenbei Fähigkeiten, die sie gut für die globalisierte Welt rüsten.	☐	☐

3 *Der Text ist gedanklich in **Sinnabschnitte** gegliedert. Fasse sie stichpunktartig zu einer Zwischenüberschrift zusammen.*

(1) Z. 1–3: <u>Einleitung: Stand der Diskussion, strittige Fragen</u>

(2) Z. 4–11: <u>Neue Medien stehen am Anfang oft ...</u>

(3) Z. 12–18: <u>Widerlegung der häufigsten Kritikpunkte: ...</u>

_____

(4) Z. _____ : _____

(5) Z. 23–24: _____

_____

(6) Z. _____ : _____

(7) Z. 53–61: _____

C Übungen

Den argumentativen Aufbau erkennen und beschreiben

1 *Der Artikel greift die Position von Steven Johnson aus dessen Buch „Everything Bad is good for You" auf. Mache dir Johnsons Kernaussagen klar, indem du folgende Grafik mit Hilfe des Wortspeichers ergänzt:*

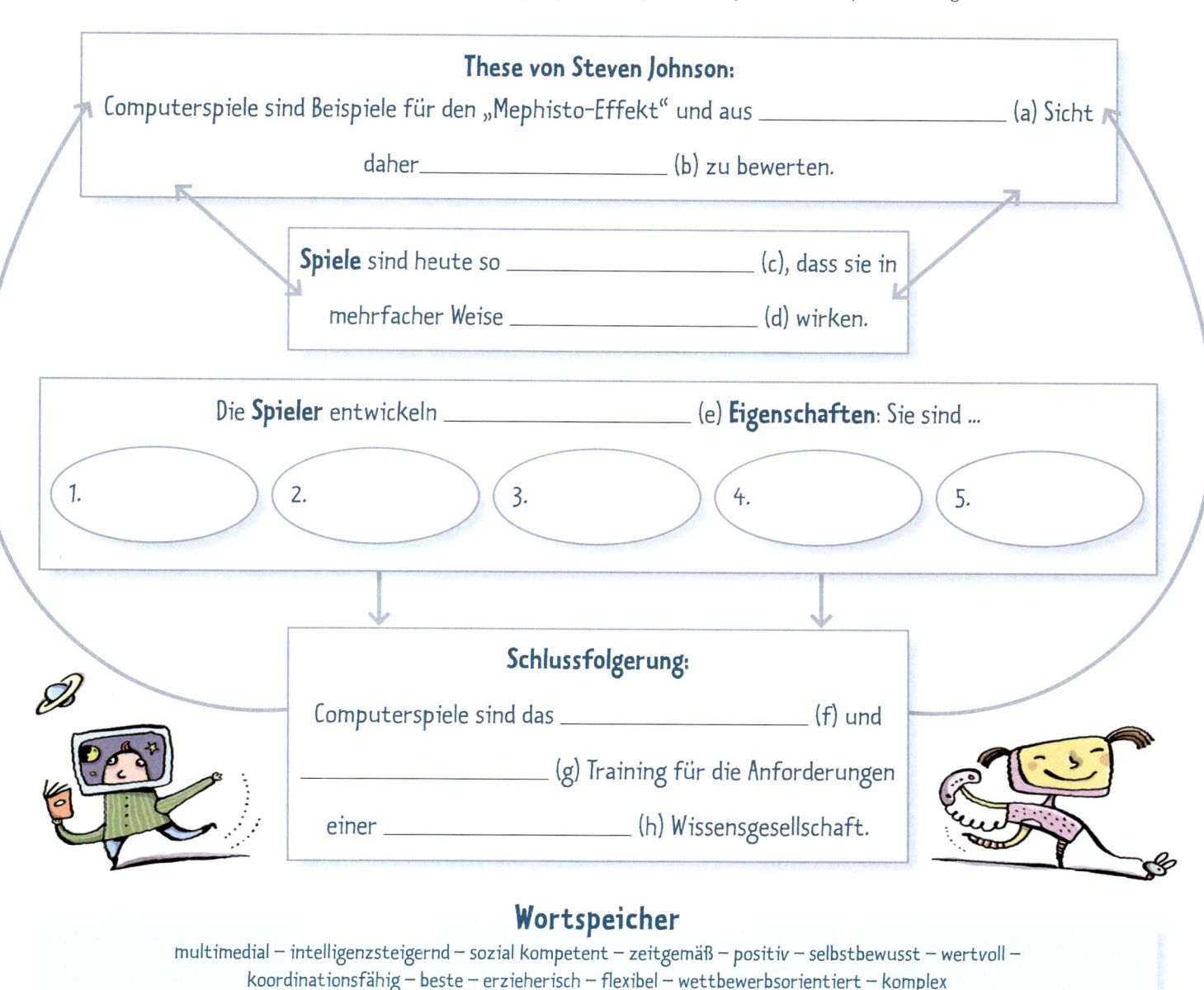

These von Steven Johnson:

Computerspiele sind Beispiele für den „Mephisto-Effekt" und aus _____ (a) Sicht

daher _____ (b) zu bewerten.

Spiele sind heute so _____ (c), dass sie in

mehrfacher Weise _____ (d) wirken.

Die **Spieler** entwickeln _____ (e) **Eigenschaften**: Sie sind ...

1.   2.   3.   4.   5.

Schlussfolgerung:

Computerspiele sind das _____ (f) und

_____ (g) Training für die Anforderungen

einer _____ (h) Wissensgesellschaft.

Wortspeicher

multimedial – intelligenzsteigernd – sozial kompetent – zeitgemäß – positiv – selbstbewusst – wertvoll – koordinationsfähig – beste – erzieherisch – flexibel – wettbewerbsorientiert – komplex

2 *Im Artikel werden verschiedene Thesen genannt, die Computerspiele positiv bewerten. Finde zu den folgenden Thesen die im Text genannten Begründungen und ergänze sie mit deinen eigenen Worten.*
Bsp. Dem Text zufolge ist ein Computerspiel keine „passive Unterhaltung", sondern aktiv und sinnvoll genutzte Zeit, weil das Gehirn dadurch angeregt und die Kreativität herausgefordert wird. (vgl. Z. 21 f.)

a) Der Autor behauptet, dass komplexe Spiele sich förderlich auf die Intelligenz auswirken, denn ...

_____ (vgl. Z. _____).

b) Computerspieler, so urteilt Horx, sind geübt darin, Verbündete zu suchen und Freunde zu finden, da ... _____

_____ (vgl. Z. _____).

c) Eine weitere These ist, dass es Gamern leichtfällt, komplexe Probleme zu lösen, denn ... _____

_____ (vgl. Z. ____).

d) Zudem – so argumentiert der Autor – entwickeln Spieler einen gesunden Ehrgeiz, weil ... _____

_____ (vgl. Z. ____).

e) Außerdem wird die These vertreten, dass Computerspieler selbstbewusster sind als Nichtspieler, weil ... _____

_____ (vgl. Z. ____).

f) Der Autor folgert, dass Computerspieler durch ihre Fähigkeiten bestens auf die Herausforderungen der globali-

sierten Welt vorbereitet sind, da ... _____

_____ (vgl. Z. ____).

3 *Matthias Horx bezieht in diesem Text mit seiner Darstellung eine Position, die Widerspruch herausfordert. Welche Gegenargumente hat er bereits berücksichtigt (und entkräftet)? Markiere sie farbig und notiere sie hier.*

1. Gegenargument: Computerspiele fördern Gewaltbereitschaft und Aggressivität _____

2. Gegenargument: _____

3. Gegenargument: _____

4 *Trage in deine Skizze auf S. 75 ein, wo die Gegenargumente entkräftet werden. Welche Wirkung wird so erzielt?*

a) ☐ Die Gegenargumente erhalten sehr viel Gewicht, weil sie noch vor Horx' eigener Argumentation stehen.

b) ☐ Der Autor nimmt seinen Gegnern viel Wind aus den Segeln, indem er ihre Argumente sofort widerlegt.

Sprachliche Mittel und ihre Wirkung untersuchen

5 *Welche sprachlichen Mittel nutzt der Autor, um die positive Wirkung von Computerspielen zu betonen? Ordne die folgenden Fachbegriffe den Beispielen zu. Entscheide dann, welche Wirkung sie haben.*

Sprachliche Mittel	Beispiel aus dem Text (Zeilenangabe)	Wirkung: Sie sollen ...
a) Personifikationen	(1) ... Tabellen, Details, Statistiken (Z. 28–29)	(A) ... Dinge vermenschlichen.
b) Metaphern	(2) Woran liegt es, dass ...? (Z. 10–11)	(B) ... das Leserinteresse lenken.
c) Aufzählungen	(3) ... den schlechtesten Leumund (Z. 10–11)	(C) ... etwas veranschaulichen.
d) Anglizismen	(4) ... gebrandmarkt (Z. 5)	(D) ... Jugendliche ansprechen.
e) Leitfragen	(5) ... das strategische Simulationsvermögen (Z. 30)	(E) ... die Wirkung steigern.
f) Übertreibungen	(6) ... unvergleichliches soziales Erlebnis (Z. 37)	(F) ... Kompetenz signalisieren.
g) Fachbegriffe	(7) ... Spielkids (Z. 32)	(G) ... den Leser beeindrucken.
h) Steigerungsformen	(8) ... Film stand unter Verdacht (Z. 6–7)	(H) ... Vielfalt aufzeigen.

6 *Lege für jedes sprachliche Mittel eine Farbe fest und markiere mindestens ein weiteres Beispiel im Text.*

Einen eigenen Standpunkt entwickeln

7 Lege auf einem gesonderten DIN-A4-Blatt zwei getrennte Mind-Maps an. Trage darin zunächst jeweils die Argumente zusammen, die dem Text zufolge für bzw. gegen Computerspiele sprechen.

8 Beziehe nun deine Erfahrungen und Beobachtungen mit ein: Fallen dir weitere Argumente ein, die für oder gegen Computerspiele sprechen? Ergänze sie in einer anderen Farbe deiner Wahl.

Spieler sitzen nur noch am PC → kein Interesse mehr

an Freunden/Familie (Bsp. kleiner Bruder)

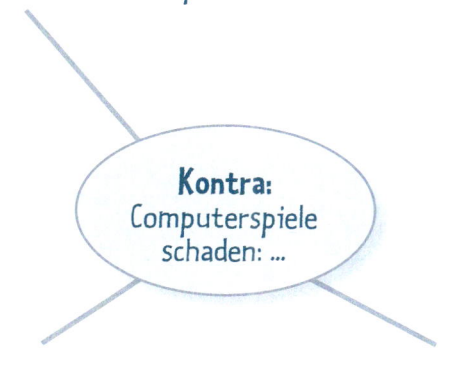

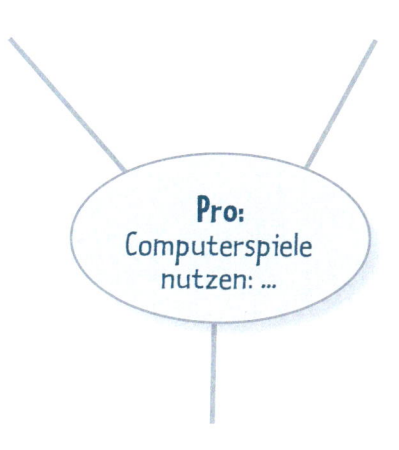

Fortschritte machen stolz →

Selbstvertrauen steigt

9 Die folgenden Aussagen sollen dir helfen, einen eigenen Standpunkt zu entwickeln. Welcher Aussage kannst du dich am ehesten anschließen? Begründe deine Wahl kurz oder formuliere einen eigenen Standpunkt.

„Computerkids sitzen doch nur noch vor dem PC. Früher habe ich mit meinem Bruder oft zusammen draußen gespielt. Jetzt ist er sogar aus dem Fußballverein ausgetreten. Er hat schon eckige Augen und setzt Speck an vom ewigen Herumsitzen, das kann nicht gesund sein." **(Lena,** 13)

„Uns Lehrkräften fällt auf, dass sich Schülerinnen und Schüler, die zu Hause ständig am Computer sitzen, schlechter konzentrieren können. Bilder, Bücher oder Filme motivieren nicht mehr, alte Medien langweilen sie. Leider macht sich das auch an den Noten bemerkbar." **(Herr Schmidt**, 46)

„Das ganze Gerede über die Gefahren von Computer- und Videospielen finde ich sehr einseitig. Thriller oder Krimis für Erwachsene sind Kulturgut, Spiele für Jugendliche werden verboten, weil sie die Kultur gefährden. Sicher gibt es brutale Spiele, aber nur vom Spielen wird niemand zum Amokläufer. Ich baue eben so meinen Frust ab, andere prügeln sich. Ist das etwa besser?" **(Jan**, 15)

„Mit der ersten Spielkonsole konnte ich endlich wieder mitreden, vorher war ich in der Clique abgemeldet! Früher sind wir ins Kino gegangen, heute treffe ich mich mit Freunden zum Rollenspiel. Mir macht es Spaß, in eine andere Haut zu schlüpfen – und für die Theater-AG bin ich zu schüchtern." **(Saskia**, 14)

10 Lege fest, auf welche Argumente aus deinen Mind-Maps du in deiner Stellungnahme eingehen willst. Gewichte sie dann nach ihrer Überzeugungskraft, indem du sie entsprechend nummerierst.

D Den Schreibplan erstellen

1 *Eine vollständige Einleitung enthält neben den Angaben zum Text, Thema und Kernaussage des Textes, d. h. hier die Position des Autors. Prüfe, ob die Informationen vollständig sind, und ergänze den Lückentext.*

Der vorliegende Artikel mit dem Titel „Wie wirken sich Computerspiele auf unsere Kultur und Gesellschaft aus?"

aus dem P.M. Magazin vom Juni 2007 thematisiert _____

_____. Der Autor _____

widerlegt darin die weit verbreitete Ansicht, _____

_____. Dabei greift der Verfasser

hauptsächlich auf die Thesen Steven Johnsons zurück, der behauptet, _____

_____.

2 *Lege für die folgenden Gliederungspunkte aus Hauptteil und Schluss eine sinnvolle Reihenfolge fest.*

☐ Stellungnahme auf Grundlage des Artikels und eigener Beobachtungen (a)

☐ Auffällige sprachliche Mittel und deren Wirkung (b)

☐ Folgerung, Ausblick, Warnung, Appell (oder Ähnliches) (c)

☐ Argumentativer Aufbau des Artikels (d)

☐ Überleitung zur persönlichen Stellungnahme (e)

☐ Zusammenfassung: Kernaussagen des Textes (f)

3 *Fasse zunächst die Kernaussagen des Textes zusammen. Greife dafür auf deine Ergebnisse aus den Aufgaben 1 und 2 im Teil C zurück.*

4 *Stelle nun anknüpfend an deine Vorarbeiten in Aufgabe 3 und 4 im Teil C die Sinnabschnitte und den Argumentationsaufbau des Artikels dar. Der folgende Wortspeicher kann dir weiterhelfen:*

Eingeleitet wird der Text durch einen kurzen Vorspann, in dem …
Der Verfasser eröffnet seine Argumentation mit der These, dass neue Medien …
Als Belege für diese Behauptung führt der Autor Beispiele an, wie etwa …
Noch vor der Darstellung der eigenen Position wird Kritik vorweggenommen: …
Im vierten Abschnitt entkräftet er weitere oft genannte Gegenargumente …
Im Anschluss daran präsentiert Matthias Horx seine zentrale These, …
Er beruft sich dabei auf Steven Johnson, der in seinem Buch …
Stephen Johnsons Behauptung stützt der Verfasser durch mehrere Argumente, nämlich …
Dabei geht er erneut auf ein häufig vorgebrachtes Gegenargument ein, …
Matthias Horx beendet seine Argumentation mit der Schlussfolgerung …
Es folgt abschließend ein Ausblick in die Zukunft, in dem der Autor …

5 *Stelle nun auffällige sprachliche Mittel dar und zeige, wie sie die Haltung des Verfassers unterstützen. Verwende dafür deine Ergebnisse aus Aufgabe 5 und 6 im Teil C.*

6 Welche eigene Position passt zu den folgenden Beispielen für die Gestaltung des Schlusses? Ordne zu.

(1) Ich teile die im Artikel dargestellte Bewertung von Computerspielen ohne jede Einschränkung.

(2) Die Bewertung des Autors im Text teile ich grundsätzlich, sehe aber auch einige Einschränkungen.

(3) Matthias Horx' Bewertung stimme ich nicht zu, denn meiner Ansicht nach überwiegen negative Folgen.

Ansicht Nr.:	Ansicht Nr.:	Ansicht Nr.:
A … Steven Johnson – und mit ihm der Verfasser des Textes – äußert sich sehr positiv über Computerspiele. Sicher gibt es schlagkräftige Gegenargumente, die viel bekannter sind als die Thesen, die Matthias Horx hier zitiert. Computerspiele werden meiner Meinung nach zu Recht kritisiert, weil sie z. B. eine Gefahr für soziale Kontakte und schulische Leistungen darstellen. Positive Seiten gehen in diesen Darstellungen oft unter; hier werden sie daher umso stärker betont. Wenn die bekannte Kritik ergänzt wird, kann ich daher zustimmen.	**B** … Ob Computerspiele sich negativ auf unsere Kultur und Gesellschaft auswirken, fällt mir schwer zu beurteilen. Der Artikel insgesamt legt zwar den Schluss nahe, dass einzig und allein Computerspiele wertvolle Fähigkeiten ermöglichen, aber viele der angeführten Argumente sind leicht zu entkräften. Die Schattenseite (Amoklauf, Spielsucht, Zappelkids) wird verschwiegen. Aber diese Phänomene werden noch mehr zunehmen, besonders, je „spektakulärer" die Spiele sind. Und diese Nachteile lassen wenig Gutes ahnen, finde ich.	**C** … Zusammenfassend kann man sagen, dass Computerspiele an sich nicht schädlich sind, sondern – wie im Artikel erläutert – viele gute Seiten haben. Kritisch zu sehen ist allerdings übermäßiger Konsum: Leider fällt es einigen Spielbegeisterten schwer, ein gesundes Maß zu finden. Dies ist jedoch keine Schwäche der Spiele, sondern der Spieler, ihrer Eltern, Freunde oder anderer Mitmenschen. Ich bin überzeugt, dass in den meisten Fällen ein klares Wort, klare Regeln und Konsequenz reichen – und dazu will ich uns alle ermuntern.

7 Bearbeite nun alle Teilaspekte der Aufgabenstellung in einem zusammenhängenden Aufsatz.

E Den eigenen Text überarbeiten

1 Im folgenden Schülerbeispiel werden sprachliche Mittel untersucht. Wie kann man ihn inhaltlich verbessern? Notiere am Rand Verbesserungsvorschläge, achte dabei auf die Wirkung der sprachlichen Mittel und Textbelege.

> … Im Text von Matthias Horx finden sich viele Fachbegriffe und Anglizismen.
>
> Zahlreich vorhanden sind auch alle Formen der Steigerung und Übertreibungen.
>
> Mit den starken Metaphern, die der Autor zu Beginn des Textes gegen die
>
> „Kulturkritik" ins Feld führt, gelingt es ihm, fachliche Kompetenz zu zeigen,
>
> „Computerkids" in ihrer Sprache anzusprechen und die Vorzüge von PC-Spielen
>
> mit anschaulichen Bildern zu betonen.

2 Überprüfe deinen Aufsatz zuletzt mit Hilfe der folgenden Checkliste und überarbeite ihn gegebenenfalls.

☑ Checkliste „Sachtextanalyse"

Hast du …   ➕ ➖

- ☐ … deine Analyse mit einem vollständigen und sinnvollen **Einleitungssatz** begonnen? ☐ ☐
- ☐ … im **Hauptteil** wesentliche Aussagen des Textes kurz und präzise zusammengefasst? ☐ ☐
- ☐ … die **Position des Autors** in deiner Zusammenfassung ausdrücklich und klar benannt? ☐ ☐
- ☐ … den **Argumentationsaufbau** des Textes untersucht und beschrieben? ☐ ☐
- ☐ … **sprachliche Mittel** richtig benannt (Fachbegriff?) und deren **Wirkung** analysiert? ☐ ☐
- ☐ … im **Schluss deine Meinung** zur Position des Autors dargestellt und begründet? ☐ ☐
- ☐ … deine Analyse durch **Absätze** in Einleitung, Hauptteil und Schluss gegliedert? ☐ ☐
- ☐ … deinen Aufsatz auf **Rechtschreib- und Zeichensetzungsfehler** hin überprüft? ☐ ☐

Streiten Mädchen anders als Jungen? – Einen Sachtext analysieren

Mechthild Dörfler / Tim Rohrmann

Himmelstürme und Liebesblätter –

Konfliktverhalten von Mädchen und Jungen unter der Lupe

[1] Streiten Mädchen anders als Jungen? Der siebenjährige Niklas meint: „Also, Mädchen sagen erst zwei, drei Schimpfwörter, die Jungen hauen gleich los." Und die gleichaltrige Elena antwortet, dass Mädchen „erst mal nachdenken". Bevor sie … ? Schade – das konnte oder mochte Elena nicht sagen.

5 Untersuchungen zum geschlechtstypischen Verhalten zeigen, dass Mädchen in Konfliktsituationen eher unterstützend, helfend und verständnisvoll reagieren und versuchen, Konflikte zu mildern. Dabei haben sie vor allem die Beziehungsebene im Blick. Jungen reagieren dagegen schneller, direkter, strenger und heftiger und wählen häufiger konfrontative Wege. Sie bringen eher ihre Forderungen und Rechte zum Aus-

10 druck. Niklas' Beschreibung deckt sich mit dem, was viele Erzieherinnen berichten: Jungen sind laut und körperlich aggressiv und manche Jungen nehmen wenig Rücksicht auf Schwächere. Neben diesen negativen Beurteilungen loben Erzieherinnen aber auch die Stärke und Durchsetzungsfähigkeit der Jungen und ihre klare und direkte Art. Von Mädchen berichten Erzieherinnen, dass sie ihre Konflikte meistens ver-

15 bal lösen, dabei aber oft verletzend und herabsetzend sein können. Positive Beschreibungen für aggressives Verhalten von Mädchen finden sie kaum. Dafür fehlt nie das Wort „zickig" – meist mit einem abwertenden Unterton, gefolgt von „petzen", „hinterhältig" oder „nachtragend". Aggressives Verhalten von Mädchen wird also oft negativ bewertet, obwohl gleichzeitig kritisiert wird, dass sich die Mädchen zu wenig durch-

20 setzen und oft kleiner machen, als sie sind. Wie sieht dies im Alltag aus? Zwei Szenen aus einer Kindertagesstätte:

[2] *Lisa (6) hat mit zwei Freundinnen einen Berg aus Sand seitlich der Rutschburg aufgeschüttet. Da entdeckt sie Carmela (6) und Tatjana (5), die geradewegs auf ihren Berg zulaufen. Carmela stellt – allerdings vorsichtig – ihren Fuß auf den Berg. Es kommt zum Kon-*

25 *flikt. Im weiteren Verlauf geht Lisa fort, um sich bei der Erzieherin zu beschweren. Sie kehrt mit den Worten „Ich hab's gesagt. Ihr sollt' aufhören!" zurück. Carmela ruft daraufhin: „Lisa, wenn ich jetzt mitmachen darf, dann mach ich das auch net." Und tatsächlich erlaubt Lisa ihr mitzuspielen. Carmela bringt sofort eine neue Idee ins Spiel ein. Inspiriert von den Zweigen eines Baumes, die den Turm überragen, schlägt sie vor: „Genau! Ich geb' euch Liebesblätter."*

30 *Ein verführerisches Angebot, von dem sich alle anstecken lassen.*

[3] Was ist hier passiert? Lisa und Carmela greifen in diesem Konflikt auf viele Muster zurück, die typischerweise Mädchen zugeschrieben werden. Auf die Provokation von Carmela „verpetzt" Lisa Carmela bei einer Erzieherin. Mit einer „Anordnung" im Gepäck kehrt sie zurück. Damit ist der Konflikt „öffentlich" und Carmela muss sich

35 etwas anderes einfallen lassen. Offensichtlich möchte Carmela gerne mitspielen. Sie verliert ihr Ziel nicht aus den Augen. Schließlich „erpresst" sie Lisa, indem sie die

„Wenn-dann-Strategie" anwendet. Und sie ist erfolgreich damit. Theoretisch hätte Carmela auch einfach fragen können, ob sie mitspielen kann. Doch sie wählt den offensiveren Weg und signalisiert Lisa damit unmissverständlich, „mit wem sie es zu tun
40 hat". Dieses konfrontative Vorgehen bringt schnell die „Fakten" auf den Tisch: Wer hat hier welche Position? Am Ende kommt es dann zum „lady-agreement" und der vorangegangene Machtkampf wird mit Liebesblättern besänftigt.

4 *Zwei Jungengruppen bauen jeweils zu dritt nebeneinander im Sandbereich. Jan-Marius (5) und Joschka (6) sind die Spielführer. Sie schaffen mit großen Lkws Sand herbei, den jede*
45 *Gruppe zu einem Sandberg aufschüttet. Der Berg von Joschka ist sehr dunkel, der andere ist hell. Jan-Marius möchte auch den „guten braunen Sand". Als er jedoch eine Fuhre holt, schimpft Joschka. Es kommt zum Konflikt. Joschka revanchiert sich und holt „seinen" Sand zurück. Nach Scheingefechten und Verfolgungsjagden kommt es zu einem unausgesprochenen „Waffenstillstand". Wenig später flackert der Konflikt erneut auf, ausgelöst durch Joschkas an die Nach-*
50 *bargruppe gerichteten Ausruf: „Unser Berg ist größer!" Jan-Marius nimmt die Herausforderung an. Er dringt gefährlich nah ins „gegnerische" Feld. Seine Spielfreunde folgen ihm. Einen Augenblick lang beobachtet Joschka mit angespannter Geste, wie alle in der Nähe seines Berges stehen. Dann kommt die überraschende Wende. Joschka bietet an: „Ihr dürft mitspielen, wenn ihr wollt." Nach seinen Anweisungen wird ein großer Berg gebaut: „Er wird bis in' Himmel.*
55 *Und dann bauen wir 'ne Treppe, gehen hoch und gucken." Alle Jungen schauen in den Himmel hinauf und freuen sich.*

5 Hier wird nicht über Beziehungen verhandelt, sondern es werden Fakten geschaffen: Jan-Marius nimmt sich einfach den Sand, den er haben will, Joschka holt ihn sich zurück. Der Konflikt wird als Anlass für kämpferisches Spiel genutzt, das eigene
60 „Revier" wird verteidigt. Die Grenze zwischen Spaß und Ernst ist Teil des Spieles. Schon die Art und Weise, wie diese Jungen im Sand spielten, ist typisch für Jungen. Im Mittelpunkt der Szene steht eine klassische „männliche" Konkurrenzsituation: Wer hat den besten Sand, wer ist schneller, wer baut den größeren Berg? Auch die Drohgebärden und Scheingefechte sind typisch für Auseinandersetzungen in Jungengruppen. Josch-
65 ka spielt hierbei eine besondere Rolle, ist sozusagen anerkannter Spielführer. Aber was bewegt ihn, der Situation solch eine Wende zu geben? Scheut er den Konflikt oder fürchtet er gar um sein Werk? Es hat den Anschein, dass es ihm am „Spiel mit dem Feuer" gelegen ist, aber nicht am tatsächlichen Kampf. Durch seine neue Spielidee entsteht eine neue Situation, gibt er dem Spiel eine neue Wendung: durch das Engage-
70 ment und „Know-how" der vorherigen „Gegner" und ein gemeinsames Ziel.

6 Auf den ersten Blick gibt es viele Ähnlichkeiten: Es geht um Sandberge, Stolz und Konkurrenz. Beide Streitszenen münden in einem gemeinsamen Spiel, insofern ähneln sich die Verläufe. Doch geschlechtstypische Unterschiede zeigen sich beim genauen Blick auf die Spielideen und -inhalte sowie in den Verhaltensweisen, die die
75 Kinder im Konflikt einsetzen. Und auch wenn der Himmel eine herausragende Rolle bekommt, ist er mit unterschiedlichen Bedeutungen besetzt. Bei dem Wunsch der Jungen, den Berg in den Himmel hinaufwachsen zu lassen, schwingen Größenfantasien mit. Im Gegensatz dazu fallen bei den Mädchen „Liebesblätter" vom Himmel herab und übermitteln die Botschaft von Harmonie.
80 Ist also Carmela ein typisches Mädchen, Joschka ein typischer Junge? Nicht unbedingt. Carmela gilt in der Einrichtung als „Powergirl", die sich durchzusetzen weiß und die Konfrontation nicht scheut. Joschka ist jemand, der gut vermitteln und sich in vielen Konflikten auch verbal auseinandersetzen kann. „Typisches" Verhalten von Mädchen oder Jungen hängt mit konkreten Situationen zusammen – und damit, ob wir es als
85 solches wahrnehmen. Mädchen und Jungen sind keine passiven Wesen, die nur stereotype Erwartungen übernehmen oder Vorbilder imitieren. Sie entwerfen eigene Ziele für ihr Handeln und entscheiden selbst, was für ein Mädchen oder Junge sie sein wollen. Dabei experimentieren sie, probieren Neues aus und greifen auf vertraute Muster zurück – **auch** auf „geschlechtstypische". *Theorie und Praxis der Sozialpädagogik, Heft 6/2000*

A Die Aufgabe verstehen

1 *Markiere in der Aufgabenstellung die Operatoren und weitere Schlüsselbegriffe.*

2 *a) Welche der folgenden Arbeitsschritte sind für die Lösung der Aufgabenstellung geeignet, welche nicht? Kreuze in den beiden rechten Spalten an.*

Nr.	Du sollst …	geeignet	ungeeignet
	a) … deine Meinung zum Verhalten streitsüchtiger Jungen und Mädchen darlegen.	☐	☐
	b) … zum Text inhaltlich Stellung nehmen und eigene Erfahrungen einbeziehen.	☐	☐
	c) … Gemeinsamkeiten im Streitverhalten der Geschlechter herausfinden.	☐	☐
	d) … den Aufbau des Textes erkennen und beschreiben.	☐	☐
	e) … deinen letzten richtigen Streit wie im Artikel anschaulich nacherzählen.	☐	☐
	f) … sprachliche Mittel im Text erkennen und ihre Wirkung benennen.	☐	☐
	g) … den Artikel gründlich lesen, um ihn dann kurz im Präsens zusammenzufassen.	☐	☐
	h) … „typische" Unterschiede in der Streitkultur erkennen und beschreiben.	☐	☐
	i) … den Artikel kurz überfliegen und z. B. Schlüsselbegriffe markieren.	☐	☐

b) Nummeriere die geeigneten Arbeitsschritte in der linken Spalte in einer zweckmäßigen Reihenfolge.

B Erstes Textverständnis

Wichtige Aspekte des Textes begreifen

1 *Streiten Mädchen deiner Erfahrung nach anders als Jungen? Notiere kurz deine eigene Einschätzung.*

_____

_____

2 *a) Verschaffe dir einen ersten Überblick über den Text, indem du am Rand notierst, an welchen Stellen es um Jungen, um Mädchen oder sogar um beide Geschlechter geht.*
b) Welche typischen Verhaltensweisen zeigen Jungen bzw. Mädchen im Streit? Fasse zentrale Aussagen der jeweiligen Abschnitte in einem Satz zusammen!

3 a) *Der Text ist bereits in sechs Abschnitte gegliedert. Ordne jedem Teilabschnitt eine der folgenden Überschriften zu, die zum Inhalt passt, und ergänze in Klammern die Zeilenangaben des jeweiligen Abschnittes.*

_____ (A) Ein Streit zwischen Mädchen (Z._____)

_____ (B) Gemeinsame Ziele beenden den Streit (Z._____)

_____ (C) Ausnahmen bestätigen die Regel? (Z._____)

_____ (D) Mädchen sind einfühlsam, Jungen kämpferisch (Z._____)

_____ (E) Ein Streit zwischen Jungen (Z._____)

_____ (F) Mit Erpressung und Besänftigung zur Versöhnung (Z._____)

b) *Fasse jeden Sinnabschnitt des Textes in ein bis zwei Sätzen in deinem Heft zusammen.*

4 a) *Wie ist der Text gedanklich und argumentativ insgesamt aufgebaut? Ergänze das Flussdiagramm mit Hilfe des Wortspeichers.*

Zweiteilige Überschrift: konkretes Textbeispiel – allgemeines Thema
↓
1. Einleitung: Typische Vorurteile zum Streitverhalten von Mädchen und Jungen
↓
2. Beispiel 1: _____
↓
_____
↓
_____
↓
_____
↓
_____

Wortspeicher

Erklärung und Analyse von Beispiel 1

Beispiel 2: Streitverhalten von Jungen

Vergleich der Beobachtungs-ergebnisse und Abgleich mit Vorurteilen

Beispiel 1: Streitverhalten von Mädchen

Erklärung und Analyse von Beispiel 2

b) *Welche der folgenden Grafiken entspricht dem Textaufbau am ehesten? Begründe kurz deine Wahl.*

A   B   C   D

Begründung: _____

_____

_____

_____

c) Welche Parallelen lassen sich im Textaufbau erkennen?

_____

_____

_____

C Übungen

Den Inhalt untersuchen: Wesentliche Thesen erkennen

1 *Welche Verhaltensweisen sagt man Jungen bzw. Mädchen nach und wie verhalten sie sich tatsächlich? Welche Schlussfolgerungen ziehen die Autoren daraus? Übertrage die Tabelle in dein Heft und ergänze sie.*

Geschlecht	„Vorurteil"	tatsächliches Verhalten	Schlussfolgerung
Mädchen	_____	_____	_____
Jungen	_____	_____	_____

Gemeinsamkeiten und Unterschiede beschreiben

2 *Welche Aussagen zum Streitverhalten von Mädchen bzw. Jungen lassen sich aus dem Text entnehmen? Ergänze den Lückentext mit den fehlenden Wörtern aus dem Wortspeicher rechts.*

Wortspeicher
Spielidee
Konflikten
Verhaltensweisen
Situationen
Fachzeitschrift
Praxis
Parallelen
Handgreiflichkeiten
Strategien
Konkurrenz
Konfliktverhalten
Verlauf
Machtkampfes
Ziel

In dem Artikel „Himmelstürme und Liebesblätter" aus der _____

„Theorie und _____ der Sozialpädagogik" untersuchen die Autoren

das _____ von Mädchen und Jungen im Kindesalter genauer. An

zwei ausgewählten _____ wird dargestellt, wie Mädchen und

Jungen mit _____ umgehen. Die Autoren gehen dabei sowohl auf

Unterschiede als auch auf _____ zwischen den Geschlechtern ein:

Während die Beweggründe (Stolz und _____) und der

_____ des Streites ähnlich sind, greifen die Mädchen teils auf „ty-

pisch weibliche" _____ wie Petzen zurück. Auch bei den Jungen

kommt es zu „typischem" Revierverhalten und kleineren _____, die Lösung des Konflikts ist hin-

gegen erstaunlich „unmännlich": Der Spielführer lenkt ein. Während die Jungen ein neues, gemeinsames

_____ eint, glättet bei den Mädchen eine neue _____die Wogen des „un-

weiblichen" _____. Auch Erpressung wissen beide Geschlechter zu nutzen. Nicht deren

_____ sind also stereotyp, sondern unsere Wahrnehmung.

Sprachliche Mittel erkennen und ihre Wirkung untersuchen

3 *a) Erkläre folgende Begriffe aus dem Textzusammenhang:* **Was ist offenbar gemeint mit …**

(A) … Konfrontation? _____   (C) … sich revanchieren? _____

(B) … lady-agreement? _____   (D) … Know-how? _____

b) Markiere weitere Fachbegriffe und Anglizismen im Text und notiere jeweils die Erklärung am Rand.
c) Welche Wirkung hat es, wenn in einem Text viele Fachbegriffe (u. a. aus dem Englischen) verwendet werden?
Notiere Stichpunkte:

_____

4 *Obwohl der Text einer Fachzeitschrift entnommen ist, wirkt er unterhaltsam und allgemein verständlich.*
Finde heraus, welche sprachlichen Mittel dazu beitragen, dass der Text lebendig und verständlich bleibt.
Ordne dazu den sprachlichen Mitteln je ein weiteres Beispiel aus dem Text zu. Notiere auch die Zeilenangaben.

Sprachliche Mittel	Beispiele aus dem Text
wörtliche Rede	„‚Wenn-dann-Strategie‘“ (Z. 37)
Ellipsen	„‚Spiel mit dem Feuer‘“ (Z. 67–68)
Leitfragen	„Scheingefechte und Verfolgungsjagden“ (Z. 48)
Parallelismen	„Sandberge, Stolz und Konkurrenz“ (Z. 71–72)
Metaphern	„Offensichtlich möchte Carmela gerne mitspielen.“ (Z. 35)
Aufzählungen	„Was ist hier passiert?“ (Z. 31)
Parataxen	„Zwei Szenen aus einer Kindertagesstätte:“ (Z. 20–21)
Begriffe aus dem Wortfeld „Kämpfen“/„Krieg führen“	„Carmela gilt als ‚Powergirl‘ … Joschka ist jemand, der …“ (Z. 81–83)
	„‚Unser Berg ist größer!‘“ (Z. 50)

5 *Neben den Leitfragen enthält der Text Scheinfragen, auf die keine Antworten erwartet werden bzw. bei denen die Antworten bekannt sind. Finde Beispiele für solche rhetorischen Fragen und markiere sie farbig.*

Textaussagen selbstständig bewerten

6 *Notiere in der skizzierten Mind-Map, wie sich Jungen und Mädchen nach deinen Erfahrungen in Konfliktsituationen verhalten. Notiere in der Mitte die Verhaltensweisen, die auf Mädchen und Jungen zutreffen.*

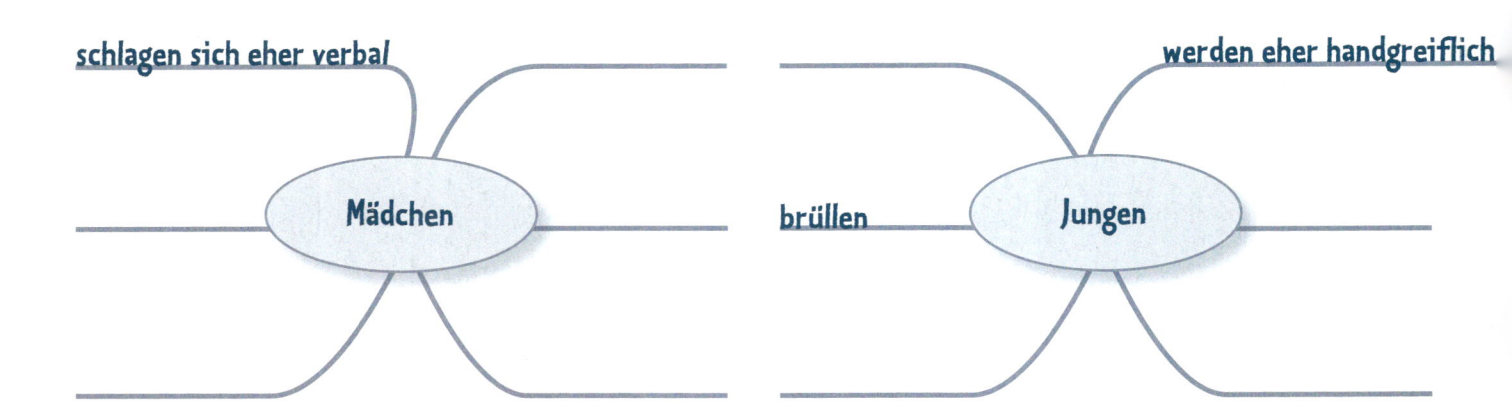

D Den Schreibplan erstellen

1 *Welche Informationen gehören in eine vollständige Einleitung? Ergänze die fehlenden Fakten.*

Der in der Fachzeitschrift _____ vom Juni _____ erschie-

nene Artikel mit dem Titel „_____" von _____

_____ und _____ beschäftigt sich mit dem Thema _____

_____. Die Autoren vertreten darin die Position, dass _____

_____.

2 *a) Erstelle eine Gliederung für den Hauptteil, indem du die folgenden Zwischenüberschriften nummerierst.*

☐ den gedanklichen Aufbau des Artikels beschreiben (A)   ☐ den Inhalt des Textes kurz wiedergeben (C)

☐ die sprachlichen Mittel und ihre Wirkung erläutern (B)   ☐ einzelne Thesen der Autoren darlegen (D)

b) Hältst du es für sinnvoll, weitere Überschriften zu ergänzen? Dann füge sie an entsprechender Stelle ein.

3 *Setze dich im Schlussteil mit der von den Autoren vertretenen Meinung auseinander.*
Beziehe auch eigene Erfahrungen in deine Überlegungen mit ein. Du kannst folgende Textbausteine verwenden.

> Mechthild Dörfler und Tim Rohrmann zeigen in ihrem Artikel an einigen Beispielen, dass ...
> Die beiden Autoren weisen in diesem Zusammenhang darauf hin ...
> Meiner Ansicht nach verhalten sich Mädchen und Jungen in Konfliktsituationen ...
> Aus eigener Erfahrung kann ich ergänzend hinzufügen, dass ...

4 *Verfasse nun einen vollständigen Aufsatz mit Einleitung, Hauptteil und Schluss in deinem Heft.*

E Den Text überarbeiten

1 *Eine Hauptfehlerquelle bei der Textanalyse sind* **Zitierfehler.** *Lies dir den folgenden Tipp sorgfältig durch und verbessere mit seiner Hilfe die zwei Textbeispiele. Korrigiere in die Texte hinein.*

Richtig zitieren

- **ganz wörtlich:** Der Text ist so lebendig, weil viel wörtliche Rede verwendet wird. So beginnt der Text z. B. mit der Aussage: „Also, Mädchen sagen erst … Schimpfwörter, die Jungen hauen gleich los." (Z. 1–2).
- **in indirekter Rede:** Die Autoren betonen, dass Carmela *den offensiveren Weg wähle* und damit unmissverständlich *signalisiere,* mit wem sie es zu tun habe (Z. 38–40).
- **durch Umschreibung:** Nach Auffassung der Autoren ist nicht das Verhalten der Kinder „typisch", sondern unsere Wahrnehmung durch Rollenklischees beeinflusst (vgl. Z. 84–85).

A Durch die vielen bildreichen Ausdrücke wie z. B. Liebesblätter oder Himmelstürme wird der Text auch für

Laien leicht verständlich. Die wörtliche Rede macht den Text lebendig und die vielen Beispiele sind sehr

anschaulich. So sagt Joschka beispielsweise in dem Konfliktbeispiel für männliches Verhalten, dass ihr

mitspielen dürft, wenn ihr wollt. Am Ende fügt er an, dass er bis in den Himmel gehen wird. (vgl. Z. ____).

VORSICHT FEHLER!

B Auf den ersten Blick gibt es viele Ähnlichkeiten zwischen den geschilderten Szenen" (Z. ____)

so lautet das zusammenfassende Fazit der Autoren. Dennoch weisen sie auch auf die Unterschiede im

Streitverhalten von Mädchen und Jungen hin: Bei dem Wunsch der Jungen, den Berg in den Himmel hinauf

wachsen zu lassen, schwingen Größenfantasien mit. Im Gegensatz dazu fallen bei den Mädchen „Liebes-

blätter" vom Himmel herab und übermitteln die „Botschaft von Harmonie (Z. ____).

2 *Prüfe mit Hilfe der folgenden Checkliste, an welchen Stellen du deinen Aufsatz noch überarbeiten solltest.*

☑ Checkliste „Sachtextanalyse"

Hast du …   ➕   ➖

- … in der **Einleitung** Autoren, Textquelle, Titel und Thema des Artikels benannt?
- … den Inhalt und **die wesentlichen Aussagen** des Artikels kurz wiedergegeben?
- … den gedanklichen **Aufbau** des Textes abschnittsweise beschrieben?
- … **sprachliche Mittel** und deren **Aufgabe** benannt und mit Zitaten belegt?
- … die **Auffassung der Autoren** dargestellt und dazu **Stellung genommen**?
- … deine eigene Meinung durch **eigene Erfahrungen** und Beispiele untermauert?
- … Inhaltsangabe und Analyse im **Präsens** (Vorzeitigkeit: Perfekt) verfasst?
- … Rechtschreibung und Zeichensetzung auf ihre Richtigkeit überprüft?

Botho Strauß: Drüben –
Eine Kurzgeschichte analysieren und interpretieren

Analysiere und interpretiere die Kurzgeschichte „Drüben" von Botho Strauß. Löse dabei folgende Teilaufgaben:
1. Fasse den Inhalt kurz zusammen.
2. Beschreibe und deute die Lebenssituation der Hauptfigur, indem du darstellst,
   – wo sich die Figur aufhält und wie sie sich im Vergleich zu anderen in ihrem Lebensraum bewegt,
   – womit sie sich – auch gedanklich – beschäftigt und was dies über ihr Lebensgefühl aussagt,
   – warum bestimmte Gedankenspiele der Hauptfigur im Konjunktiv wiedergegeben werden.
3. Nimm kurz Stellung zu der Frage, ob die hier dargestellte Lebenssituation deinen Beobachtungen entspricht.

Botho Strauß

Drüben   1987

Hinter dem Fenster sitzt sie, es ist Sonntagnachmittag und sie erwartet Tochter und Schwiegersohn zum Kaffee. Der Tisch ist seit Langem für drei Personen gedeckt, die Obsttorte steht unter einer silbernen Glocke. Die alte Frau hat sich nach dem Mittagsschlaf umgezogen. Sie trägt jetzt ein russischgrünes Kostüm mit weißer Schluppenblu-
5   se. Sie hat ein Ohrgehänge mit Rubinen angelegt und die Fingernägel matt lackiert. Sie sitzt neben der aufgezogenen Gardine im guten Zimmer, ihrem „Salon", und wartet. Seit bald vierzig Jahren lebt sie in dieser Wohnung im obersten Stockwerk eines alten, ehemaligen Badehotels. Die Zimmer sind alle niedrig und klein und liegen an einem dunklen Flur. Sie blickt durch ihr Fenster auf den Kurgarten und den lehmfarbenen
10 Fluss, der träg durch den Ort zieht und ihn in zwei einander zugewandte Häuserzeilen teilt, in ein stilles, erwartungsloses Gegenüber von Schatten- und Sonnenseite. Auf der Straße vor dem Haus bewegt sich nur zäh der dichte Ausflugsverkehr. Sie hält ihren Kopf aufgestützt und ein Finger liegt auf den lautlos sprechenden Lippen. Nun wird sie doch ein wenig unruhig. Sie steht auf, rückt auf dem Tisch die Gedecke zurecht, faltet
15 die Servietten neu, füllt die Kaffeesahne auf. Sie setzt sich wieder, legt die Hände lose in den Schoß. Wahrscheinlich sind sie in einen Stau geraten ...
Sie kommt in Gedanken und muss sich ablenken. Aus der Truhe holt sie die Häkeldecke, setzt die Brille auf. Doch das Warten ist stärker, es fordert, dass man sich still verhält, damit nichts Schlimmes passiert ist. Sie legt die angefangene Decke beiseite
20 und blickt wieder hinaus auf den Fluss.
Am anderen Ufer, ihr gerade gegenüber, steht eine behäbige Gründerzeitvilla, etwas unförmig geworden, durch etliche Erweiterungsbauten. In früherer Zeit der Ruhesitz eines berühmten Wagner[1]-Sängers, stand sie lange baufällig und leer, bis vor wenigen Jahren ein Altersheim darin eingerichtet wurde.
25 Hier hat sie sich ein Zimmer ausgesucht, schon vorsorglich einen Platz reserviert, für später einmal. Sie meint, von dort werde sie dann – später einmal! – auf das Haus hinübersehen, in dem sie mehr als ihr halbes Leben zugebracht hat, auf die Fenster der vierten Etage zurückblicken, in der sie mit ihrer Mutter, ihrem Mann, den aufwachsenden Kindern so lange gewohnt hat. Sie würde sich auch bemühen, die Menschen, die
30 nach ihr dort einzögen, kennen zu lernen und einen Kontakt zu ihnen zu finden. Aber das hat alles noch eine Weile Zeit. Später einmal, wenn sie die Treppen nicht mehr wird steigen können. Drüben gibt es einen Aufzug.
Vor dem Balkonzimmer, das sie sich ausgesucht hat, sind meist die Rollläden heruntergelassen. Hin und wieder tritt eine schrullige Person im Bademantel heraus und schlägt
35 mit einem Tuch in der Luft herum. Es sieht aus, als wolle sie ein Insekt oder üblen Rauch vertreiben. Jedoch, sobald sie ins Zimmer zurücktritt und die Tür hinter sich verschlossen hat, wirft sie erst recht die Arme hoch und gebärdet sich mit Entrüstung

gegen das lästige Draußen. „Geh weg, du helle, falsche Welt!", so schimpfen die Arme. Früher zogen auf dem Fluss viele Lastkähne vorbei.

40 Sie sind jetzt über eine Stunde zu spät. Die alte Frau kann sich nicht mehr in Geduld fassen. Es könnte ihnen schließlich etwas zugestoßen sein. So weit ist der Weg doch nicht, selbst bei zähem Verkehr, sie müssten längst hier sein.

Aber sie haben sich gar nicht auf den Weg gemacht zu ihr. Die Tochter und ihr Mann haben die Einladung bei der Mutter einfach vergessen. Sie sind unter Mittag ein Stück

45 ins Land hinausgefahren, haben Freunde besucht und sitzen nun zusammen in einem Gartenrestaurant bei Kaffee und Kuchen. Die Freunde haben noch zu einem Umtrunk in die Wochenendhütte eingeladen, da fällt es nun doch der Tochter ein, siedend heiß, sagt man wohl, dass sie bei der Mutter erwartet werden. So wie die Stimmung aber ist hier draußen, endlich aufgeräumt und unbeschwert, und endlich Sonne!, da sträubt

50 sich bei ihr alles, jetzt noch aufzubrechen, nach Haus zu fahren und sich zur Mutter in die stickige Wohnung zu setzen. Ihrem Mann ist es noch weniger recht und so wird er zum Telefon geschickt, um eine Ausrede zu finden und abzusagen.

Die alte Frau sucht unterdessen in allen Zimmern nach ihrem Portemonnaie. Aus irgendeinem Grund fiel ihr plötzlich ein, dass sie der Tochter noch zwanzig Mark[2] mit-

55 geben muss für den Glaser. Da klingelt das Telefon. Der Schwiegersohn spricht von auswärts und entschuldigt sich. Sie seien gerade dabei, sich eine Eigentumswohnung anzusehen. Die Frau sagt ein wenig ungewiss: „Na, dann beeilt euch mal nicht." Der Mann setzt nun vorsichtig nach und meint, sie möge nicht länger warten, es würde heute wohl nichts mehr mit dem Kaffee ... „Ach so", sagt die Alte still und sie verab-

60 schieden sich.

Sie steht eine Weile auf dem dunklen Flur. Sie stützt beide Arme in die Hüfte und blickt auf den Läufer. Das Portemonnaie ist noch im Einkaufsbeutel!

Tatsächlich findet sie es dort, nimmt zwanzig Mark heraus und legt sie unter den Kristallaschenbecher auf dem Garderobentisch. Dann geht sie langsam zurück in den „Sa-

65 lon" und steht vor dem gedeckten Tisch. Jetzt ist es zu spät zum Kaffeetrinken. Sie räumt die Teller und Tassen, die Bestecke und Servietten zusammen und stellt sie in den Schrank. Dann setzt sie sich an den Tisch auf ihren Platz, ein wenig schräg, die Beine zur Seite gestellt. Sie stützt den Ellenbogen auf und legt wieder den Finger zwischen die flüsternden Lippen.

1 **Wagner:** Richard Wagner, Komponist (1813–1883)   2 **zwanzig Mark:** etwa 10 Euro

A Die Aufgabe verstehen

1 *Achte in der Aufgabenstellung auf die Operatoren. Überlege, welche Teilaufgaben zu bearbeiten sind.*

Du sollst ...	richtig	falsch
a) ... an dem Text die Merkmale einer Kurzgeschichte nachweisen.	☐	☐
b) ... die Biografien beider Frauen nacherzählen und deren Charakter beurteilen.	☐	☐
c) ... die Aufgaben so bearbeiten, dass ein geschlossener Aufsatz entsteht.	☐	☐
d) ... darstellen, in welcher Lebenssituation die Hauptfigur sich befindet.	☐	☐
e) ... stilistische Auffälligkeiten (z. B. Wortwahl, Perspektivwechsel) ganz vernachlässigen.	☐	☐
f) ... deuten, wo die Figuren leben und wie sie (noch) am Leben teilnehmen.	☐	☐
g) ... herausarbeiten, welche sozialen Kontakte die alte Frau hat.	☐	☐
h) ... eine kurze Inhaltsangabe im Präsens verfassen.	☐	☐
i) ... den Wechsel zwischen Indikativ und Konjunktiv beachten und deuten.	☐	☐
j) ... deine Deutungsansätze auf keinen Fall mit geeigneten Zitaten belegen.	☐	☐

B Erstes Textverständnis – Ideen entwickeln

Titel, Anfang und Ende als Zugänge zum Text nutzen

1 *Welche Assoziationen hast du zur Überschrift und zum ersten Satz der Geschichte? Notiere sie.*

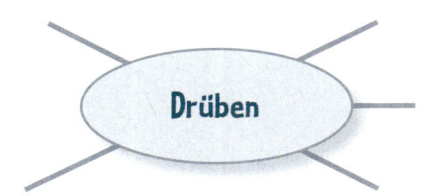

2 *Der Text endet mit einem Bild: „... **und legte wieder den Finger zwischen die flüsternden Lippen.**"*
Notiere hier kurz die Gedanken, die dir zu den letzten Worten der Geschichte einfallen.

_____

_____

Handlungsabläufe nachvollziehen

3 *Vollziehe die einzelnen Tätigkeiten der wartenden Mutter im folgenden Flussdiagramm nach.*

4 *Skizziere ebenso den Bewegungsablauf der „schrulligen Person" im Altersheim gegenüber.*

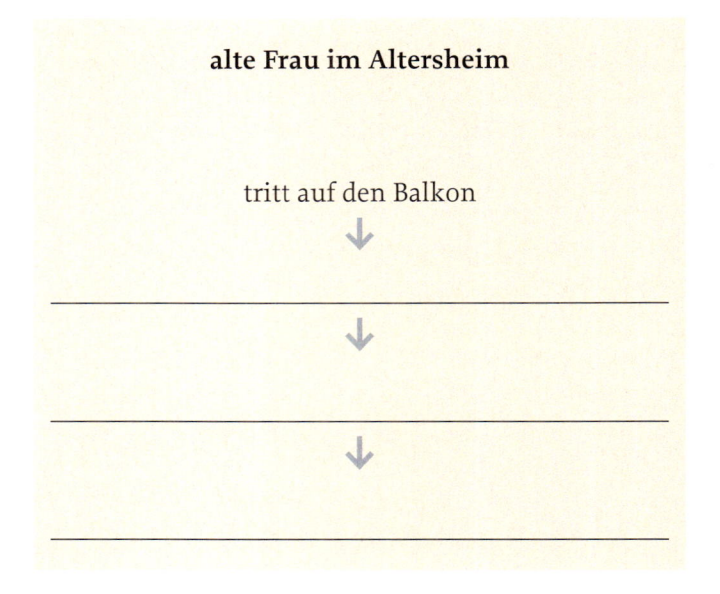

Hauptfigur

deckt den Tisch

↓

wartet auf Tochter

↓

_____

↓

_____

↓

_____

5 *Notiere, inwiefern dieses Verhalten – auch im Hinblick auf das **Ergebnis** – vergleichbar ist. Setze die Aussage fort.*

Die „schrullige Person" im Altersheim gegenüber wirkt wie ein Spiegelbild ...

_____

_____

_____

Die Hauptfigur verstehen

6 a) *Womit beschäftigt sich die alte Mutter, während sie wartet – auch gedanklich? Markiere die Arten von Zeitvertreib und die Themen, über die sie nachdenkt, mit unterschiedlichen Farben und notiere am Rand Stichpunkte.*

b) *Für wie wahrscheinlich hältst du es angesichts ihres sonstigen Verhaltens, dass die Frau ihre Zukunftsfantasien in die Tat umsetzt? Begründe deine Annahme kurz.*

7 *Wie deutest du in diesem Zusammenhang, dass die Gedankenspiele der alten Frau im Konjunktiv stehen und die Erzählung anschließend in Z. 43 abrupt wieder in den Indikativ wechselt („Aber sie haben sich gar nicht auf den Weg gemacht …")? Streiche die falsche Antwort.*

a) *Der Konjunktiv deutet an, dass die Sehnsucht der alten Frau nach Kontakt sich vermutlich nicht so einfach verwirklichen lassen wird, wie sie es sich in ihrer Fantasie ausmalt.*

b) *Der Konjunktiv zeigt vor allem, dass die alte Frau realistische Pläne schmiedet, die sie sofort umsetzen will.*

c) *Der plötzliche Indikativ deutet an, dass die harte Realität ihrer Einsamkeit ganz anders aussieht.*

d) *Die Wünsche der Frau stehen im Konjunktiv, weil sie es schon jetzt, wo sie sich noch bewegen kann, nicht schafft, aus eigenem Antrieb zu anderen Menschen Kontakt aufzunehmen.*

8 *Nutze unterschiedliche Randmarkierungen, um Textstellen zu kennzeichnen, an denen die wartende Mutter als* **bewegungslos** *bzw. in* **Bewegung** *dargestellt wird, z. B.:*

Räumliche Bezüge klären und deuten

9 *Welche Orte spielen eine Rolle? Zeichne in der folgenden Skizze alle Orte ein, die genannt werden, und drücke Entfernungen durch unterschiedliche Abstände von der alten Frau aus.*

10 *Notiere alle Figuren, die sich an diesen Orten befinden, und markiere den Handlungsspielraum, den sie für sich beanspruchen (Aktionsradius), indem du entsprechend große Kreise um sie ziehst.*

11 *Drücke durch Pfeile aus, welchen Blickwinkel die Frau tatsächlich hat und welche Perspektive sie in ihren Vorstellungen einnimmt. Notiere unten, wie du es deutest, dass sie diese Sicht heute schon „wählt".*

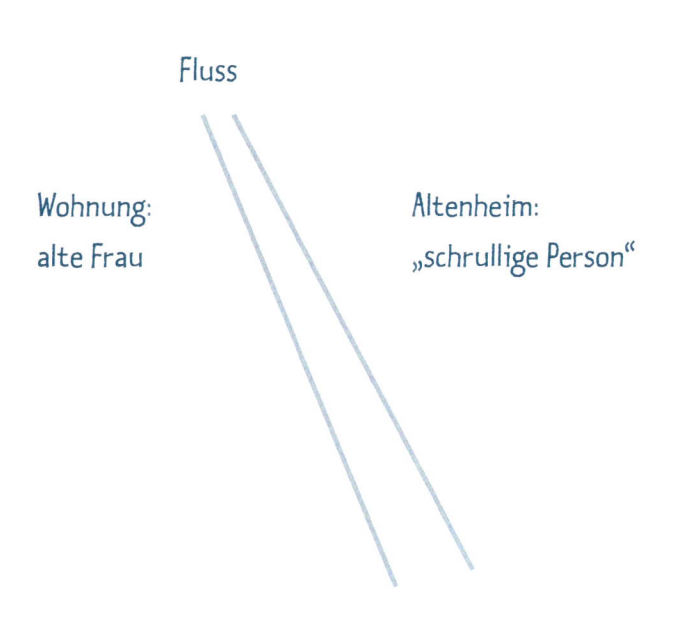

C Übungen

Die Lebenssituation der Hauptfigur klären

1 *Entwickle nun zur Lebenssituation der alten Frau Deutungsansätze, indem du …*
a) … zunächst in der linken Spalte passende Zitate zu den Überschriften ergänzt.
b) … für die Zeilen 3, 4 und 5 links selbst Überschriften formulierst, die zu den Textzitaten passen.
c) … zuletzt jeweils rechts Interpretationsansätze zu den links aufgeführten Umständen notierst.

Lebensumstände, die der Erzähler mitteilt	Deutungsansätze dafür (Stichworte)
(1) Im Zentrum der Geschichte steht das Warten – Z. 1: „sitzt sie … und sie erwartet Tochter und …" – Z. 5–6: „Sie sitzt neben der aufgezogenen Gardine und wartet." – Z. 15: – Z. ____: – Z. ____:	– fühlt sich/ist zum Warten verurteilt – erstarrt, unbeweglich geworden; beobachtet nur – einsam …
(2) Ein weiteres wichtiges Thema ist Kontakt/losigkeit: – Z. 29–30: „…sich auch bemühen, … kennen zu lernen und einen Kontakt zu ihnen zu finden." – Z. 33–34: „meist die Rollläden heruntergelassen" – Z. 36–37: „Tür hinter sich verschlossen" – Z. 45: „haben Freunde besucht und sitzen nun zusammen"	
(3) Diejenigen, die der alten Frau am nächsten stehen, sind _____. – Z. 41–42: „So weit ist der Weg doch nicht, selbst bei zähem Verkehr, …" – Z. 44–45: „sind … ein Stück ins Land hinausgefahren" – Z. 55–56: „Der Schwiegersohn spricht von auswärts"	
(4) _____ – Z. 11: „ein stilles, erwartungsloses Gegenüber" – Z. 18–19: „es fordert, dass man sich still verhält, damit nichts Schlimmes passiert ist." – Z. 60: „sagt die Alte still"	
(5) _____. – Z. 13: „ein Finger liegt auf den lautlos sprechenden Lippen" – Z. 68–69: „den Finger zwischen die flüsternden Lippen."	– hat keinen Gesprächspartner – spricht deshalb …
(6) Der Erzähler verwendet Hell-Dunkel-Kontraste: – Z. 8–9: „Die Zimmer … liegen an einem dunklen Flur" – Z. 11: „Gegenüber von Schatten- und Sonnenseite" – Z. 38: „Geh weg, du helle, falsche Welt!" – Z. 49: „hier draußen, endlich aufgeräumt und unbeschwert, und endlich Sonne!" – Z. ____:	

2 *Wie lassen sich diese und andere Lebensumstände deuten? Lies zunächst die jeweilige offene Frage und entscheide dann, welcher der folgenden Interpretationsvorschläge (Thesen) eindeutig falsch ist.*

I. Frage: Wie bewegt sich die wartende Mutter im Vergleich zu anderen Figuren im Text und was sagt dieser Aktionsradius über das Leben der alten Frau aus?

I. These:

a) Die alte Frau verharrt selbst meistens bewegungslos und sieht den Bewegungen anderer zu; das macht deutlich, dass in ihrem Leben nichts Entscheidendes mehr passiert.

b) Die Bewegungen der alten Frau zeigen, dass sie ungeduldig wird und bald ihre Wohnung verlassen wird, um zu ihrer Tochter zu fahren.

c) Selbst in dem kleinen Radius ihrer Wohnung bewegt sich die alte Frau kaum; das zeigt, dass sich ihre Lebensmöglichkeiten immer mehr einengen.

d) Die längeren Phasen der Bewegungslosigkeit deuten an, dass sie ihrem Lebensende entgegensieht.

3 *Formuliere nun davon ausgehend selbst einige Deutungsansätze zu den folgenden Fragen.*

II. Frage: Warum kreist die alte Frau in Gedanken oft um Vergangenheit und Zukunft?

II. These: _____

_____

_____

_____

III. Frage: Was könnte der Fluss symbolisieren, der „träg durch den Ort zieht" (Z. 10)?

III. These: _____

_____

_____

_____

IV. Frage: Die alte Frau deckt den Tisch und deckt ihn wieder ab, ohne dass gegessen worden ist.
Wie könnte man das deuten?

IV. These: _____

_____

_____

_____

V. Frage: Wie lassen sich die heftigen Bewegungen der anderen alten Dame im Altersheim deuten, die die Hauptfigur beobachtet?

V. These: _____

_____

_____

_____

Interpretationsansätze formulieren

4 a) *Deine Interpretationsansätze musst du später zu einem geschlossenen Aufsatz zusammenfassen. Wähle zur Übung und Vorbereitung zwei deiner obigen Thesen aus und entfalte sie zur Übung mit Hilfe der Textbausteine rechts. Arbeite in deinem Heft.*

b) *Fallen dir beim Schreiben weitere hilfreiche Formulierungen ein? Markiere sie dir für später.*

> Auffällig in der Kurzgeschichte ist das Wortfeld …
> So heißt es z. B. in Zeile … , dass …
> Diese Textstelle lässt erkennen, dass die alte Frau …
> An anderer Stelle teilt der Erzähler mit, dass …
> Als Leser hat man den Eindruck, dass …
> Insgesamt stellt der Text die alte Frau als … dar, …
> Ihre Lebenssituation ist vor allem geprägt von …
> Dies zeigt sich z. B. auch darin, dass …
> Sie ist an einem Punkt angelangt, an dem sie …

D Den Schreibplan erstellen

Untersuchungsaspekte ordnen

1 *Erarbeite nun eine Gliederung, indem du die in der Aufgabenstellung genannten Aspekte, die in der Interpretation vorkommen sollen, auf den Hauptästen der Mind-Map unten notierst.*

2 *Ordne ihnen jeweils deine erarbeiteten Deutungsansätze (Aufgabe 1 aus Teil C) und selbst formulierten Thesen (Aufgabe 2 und 3 aus Teil C) zu.*

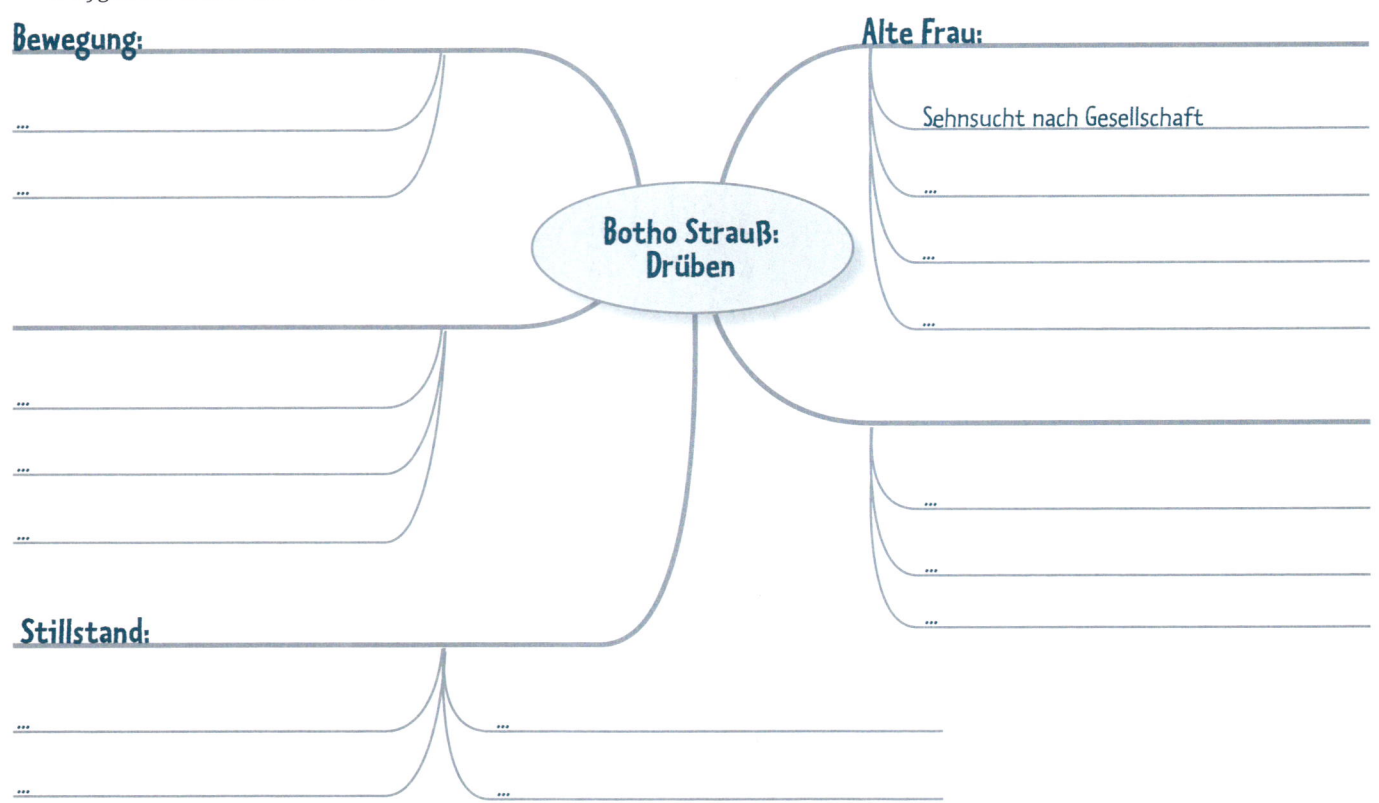

Bewegung:

Alte Frau:

Sehnsucht nach Gesellschaft

Stillstand:

Botho Strauß: Drüben

Den Gesamtaufsatz planen und verfassen

3 *Notiere hier in Stichworten die Informationen, die in die **Einleitung** deines Interpretationsaufsatzes gehören.*

4 Beginne nun auf einem gesonderten Blatt deinen Interpretationsaufsatz mit dem **Einleitungssatz**.

5 Schreibe anschließend eine kurze **Inhaltsangabe**; versprachliche dafür das Flussdiagramm von Seite 60.

6 Nutze die Mind-Map so auf Seite 64, um den **Hauptteil** deines Aufsatzes, die **Interpretation** der Kurzgeschichte, zu verfassen. Formuliere alle deine Deutungsansätze aus Teil C mit Hilfe der Textbausteine auf Seite 64 aus.

7 Beende deinen Aufsatz mit einer **Stellungnahme**, verwende dafür z. B. folgende Formulierungen:

Die Geschichte hat mich bei genauerer Betrachtung ziemlich beeindruckt, weil …

Mich verwundert diese negative Sicht auf das Älterwerden, denn in meinem Umfeld …

Die Darstellung der Situation älterer Menschen ist Botho Strauß gut gelungen, weil …

Mir erscheint das Bild vom Alter zu einseitig: Meine Großmutter blühte erst richtig auf, …

E Den eigenen Text überarbeiten

1 Zu einer guten Interpretation gehört, dass du korrekt zitierst. Verbessere die Formulierungen im folgenden Textauszug mit Hilfe des Tipps.

VORSICHT FEHLER!

Anfangs sitzt die Frau (Z. 1) „hinter dem Fenster und wartet auf ihre Tochter. Dann kann die alte Frau ihre Lage nicht mehr ertragen, Z. 17: „muss sich ablenken". Sie denkt über ihre Zukunft nach: „Sie würde sich auch bemühen, die Menschen […] kennen zu lernen". Z. 29 ist ein Konjunktiv, der zeigt, dass sie sich gedanklich aus der Realität hinausbewegt hat.

TIPP

Zitieren

☐ Kennzeichne wörtlich übernommene Wörter, Sätze usw. durch Anführungszeichen. *Z. B.: Der Text beginnt mit den Worten: „Hinter dem Fenster sitzt sie"* (Z. 1).

☐ Markiere Auslassungen in längeren Zitaten durch Klammern und Auslassungspunkte: *„Sie sitzt […] und wartet"* (Z. 5–6).

☐ Gib nach den abschließenden Anführungszeichen in Klammern die Zeile oder bei Gedichten den Vers an, in der das Zitat steht.

2 Überprüfe nun alle deine Textzitate anhand der Regeln im Tipp. Hast du sinnvoll und korrekt zitiert?

3 Prüfe mit Hilfe der Checkliste, an welchen Stellen du deinen Aufsatz noch überarbeiten solltest.

☑ Checkliste „Interpretationsaufsatz"

Hast du …

	➕	➖
☐ … in der **Einleitung** Angaben zu Textsorte, Autor, Titel und Thema gemacht?	☐	☐
☐ … in der **Inhaltsangabe** alle Handlungsschritte präzise wiedergegeben?	☐	☐
☐ … im **Hauptteil** alle Deutungsaspekte der Aufgabenstellung bearbeitet?	☐	☐
☐ … deine Deutungsansätze klar formuliert und nachvollziehbar begründet?	☐	☐
☐ … alle wesentlichen Aussagen mit geeigneten **Textbelegen** gestützt?	☐	☐
☐ … zu allen wörtlichen Zitaten die **Zeilenangaben** hinzugefügt?	☐	☐
☐ … am **Schluss** deinen Gesamteindruck der Geschichte formuliert?	☐	☐
☐ … deinen Aufsatz insgesamt sinnvoll gegliedert und übersichtlich gestaltet?	☐	☐
☐ … dich angemessen ausgedrückt und Wortwiederholungen vermieden?	☐	☐
☐ … für deine Analyse geeignete **Fachbegriffe** benutzt, wo es sinnvoll ist?	☐	☐
☐ … in der Textanalyse durchgehend das **Präsens** (Vorzeitigkeit: Perfekt) verwendet?	☐	☐
☐ … deine **Rechtschreibung und Zeichensetzung** gründlich überprüft?	☐	☐

Joseph von Eichendorff: Sehnsucht – Ein Gedicht analysieren und interpretieren

Analysiere und interpretiere das Gedicht „*Sehnsucht*" von Joseph von Eichendorff.

1. Stelle dar, wie sich das Motiv der Sehnsucht im Text strophenweise entfaltet.
2. Untersuche formale und sprachliche Mittel in ihrer Wirkung.
3. Weise nach, dass Eichendorffs Gedicht das Lebensgefühl der Romantik widerspiegelt, und stelle kurz dar, inwieweit du dieses Lebensgefühl in der heutigen Zeit noch nachvollziehen kannst.

Joseph von Eichendorff

Sehnsucht (um 1837)

Vöglein in den sonn'gen Tagen!
Lüfte blau, die mich verführen!
Könnt ich bunte Flügel rühren,
Über Berg und Wald sie schlagen!

5 Ach! es spricht des Frühlings Schöne,
Und die Vögel singen:
Sind die Farben denn nicht Töne,
Und die Töne bunte Schwingen?

Vöglein, ja, ich lass das Zagen!
10 Winde sanft die Segel rühren,
Und ich lasse mich entführen,
Ach! wohin? mag ich nicht fragen.

INFO

Romantik (1795–1840)

Bestimmendes Lebensgefühl der Dichtung der Romantik ist die **Sehnsucht** (z. B. nach der Ferne). Dem realen Alltag werden **Fantasie** und **Traum** entgegengestellt, Symbol für diese „andere Welt" ist oft die Farbe Blau. Auch die **Verzauberung** des Menschen beim Wandeln durch die Natur (rauschende Wälder, dramatische Wolkenformationen, zwitschernde Vögel, mächtige Gebirge und idyllische Täler) ist ein typisches Motiv romantischer Dichtung. Die Gedichte **Joseph von Eichendorffs (1788–1857)** gelten als Inbegriff romantischen Lebensgefühls und wurden von berühmten Komponisten immer wieder als Volkslieder vertont.

A Die Aufgabe verstehen

1 *Welche inhaltlichen und formalen Aspekte sind beim Analysieren und Interpretieren von Lyrik wichtig? Kreuze sie an.*

a) ☐ äußere Form

b) ☐ Charakter der Figuren

c) ☐ zeitgeschichtlicher Hintergrund

d) ☐ Erzählerfigur

e) ☐ sprachliche Mittel und deren Wirkung

f) ☐ inhaltlicher Aufbau

g) ☐ lyrisches Ich

h) ☐ Ort und Zeit

i) ☐ Handlungsverlauf

j) ☐ Überschrift

k) ☐ Erzählperspektive

l) ☐ Zeichensetzung

2 *Hier findest du wichtige Arbeitsschritte. In welcher Reihenfolge würdest du sie bearbeiten?*
a) Welche Arbeitsschritte gehören zu den Vorarbeiten? Markiere sie in der ersten Spalte mit einem V.
b) Nummeriere die übrigen Schritte in der Reihenfolge, die dir sinnvoll und arbeitssparend erscheint.
c) Schreibe in der rechten Spalte, zu welchem Teil deiner Analyse (Einleitung – Hauptteil – Schluss) die jeweiligen Arbeitsschritte gehören.

☐ – einen Bezug zur Epoche der Romantik herstellen (A)

☐ – die Gliederung des Aufsatzes erarbeiten (B)

☐ – ein zusammenfassendes Fazit formulieren (C)

☐ – den Inhalt und Aufbau des Gedichtes erfassen (D)

☐ – Form und Inhalt des Textes aufeinander beziehen (E)

☐ – sprachliche Mittel und deren mögliche Wirkung untersuchen (F)

☐ – Strophen, Versform und Reimschema untersuchen (G)

☐ – Motive bzw. zentrale Bildbereiche nennen und deuten (H)

☐ – in einem Satz das Thema des Gedichts benennen (I)

☐ – den eigenen Text sorgfältig durchlesen und überarbeiten (J)

☐ – das Gedicht laut lesen und den ersten Eindruck notieren (K)

☐ – kurz zum Lebensgefühl der Romantik Stellung nehmen (L)

B Erstes Textverständnis

Der erste Eindruck

1 *Lies das Gedicht **laut**. Wie klingt es, wie wirkt es auf dich? Notiere kurz deinen ersten Eindruck.*

_____

_____

2 *Welche Adjektive geben die Stimmung des lyrischen Ichs **am Textende** gut wieder, welche nicht?*

	trifft zu	trifft nicht zu		trifft zu	trifft nicht zu
a) verzweifelt	☐	☐	d) zuversichtlich	☐	☐
b) begeistert	☐	☐	e) unentschlossen	☐	☐
c) gleichgültig	☐	☐	f) sehnsüchtig	☐	☐

3 *Welches dieser **Adjektive** beschreibt die Stimmung **am Anfang des Textes** am ehesten?* _____

Inhalt und Aufbau erfassen

4 *Beschreibe in einem Satz die **Situation,** in der sich das lyrische Ich offenbar befindet. Gehe dabei vom **Titel** des Gedichts aus.*

_____

5 *Ordne die Aussagen den einzelnen Strophen zu.*

In Strophe 1 ...	... a) äußert das lyrisch Ich die Sehnsucht nach Weite und Ferne.
	... b) fühlt sich das lyrische Ich noch in Distanz zur Natur.
	... c) gibt das lyrische Ich seine abwartende Haltung auf.
In Strophe 2 ...	... d) gibt das lyrische Ich seiner Sehnsucht nach.
	... e) nimmt das lyrisch Ich die optischen Reize des Frühlings wahr.
In Strophe 3 ...	... f) verbinden sich optische und akustische Reize.

C Übungen

Die äußere Form beschreiben

1 *Ergänze die folgenden Angaben:*

Das Gedicht hat _____ Strophen, eine Strophe besteht immer aus _____ Versen.

2 *Kreuze jeweils die richtige Antwort an.*

Reimschema
- ☐ Paarreim: aabb
- ☐ Kreuzreim: abab
- ☐ Umarmender Reim: abba
- ☐ Verschränkter Reim: abcabc

*a) **Das Reimschema des Gedichts lautet ...***

1) ☐ ... abba (in jeder Strophe). 　　3) ☐ ... abba cdcd effe.

2) ☐ ... abab (in jeder Strophe). 　　4) ☐ ... abba cdcd abba.

b) Es handelt sich folglich in der ersten und dritten Strophe um einen _____

und in der mittleren Strophe um einen _____.

*c) **In dem Gedicht „Sehnsucht" ...***

Metrum
- ☐ Jambus: xx́ xx́ xx́ xx́
- ☐ Trochäus: x́x x́x x́x x́x
- ☐ Daktylus: x́xx x́xx x́xx
- ☐ Anapäst: xxx́ xxx́ xxx́

a) ☐ ... findet sich als Metrum durchgängig ein Anapäst.

b) ☐ ... beginnen alle Verse mit einem Trochäus.

c) ☐ ... wechselt das Versmaß von Strophe zu Strophe.

d) ☐ ... wird als Versfuß durchgehend der Jambus benutzt.

d) Welche der folgenden Aussagen trifft zu, welche nicht? Kreuze an.

Der Rhythmus des Gedichts – verstärkt durch die Interpunktion – wirkt insgesamt eher ...

	trifft zu	trifft nicht zu			trifft zu	trifft nicht zu
a) ... dynamisch.	☐	☐		d) ... gleichmäßig.	☐	☐
b) ... aggressiv.	☐	☐		e) ... lebhaft.	☐	☐
c) ... unruhig.	☐	☐		f) ... eintönig.	☐	☐

Einzelne Inhaltsaspekte untersuchen (z. B. das Motiv der Sehnsucht)

3 *a) Das Sehnsuchtsmotiv wird außer im Titel durch drei verwandte Bildbereiche entfaltet. Suche die passenden Textstellen heraus:*

1. Lüfte – blau: *Die laue Frühlingsluft und der **blaue** Himmel (V. 1–2) wecken im lyrischen Ich die Sehnsucht ...*

2. Vogel – fliegen: _____

3. Wind – Segel: _____

b) Erläutere die Wirkung der bildlichen Aussagen zusammenfassend in wenigen Sätzen. Setze in deinem Heft fort:
Die Sehnsucht des lyrischen Ichs kommt in drei zentralen Motiven zum Ausdruck: ...

Einzelne sprachliche Aspekte untersuchen

4 *a) Kennst du wichtige lyrische Fachbegriffe? Ordne dem Fachbegriff jeweils die richtige Erklärung durch Verbindungslinien zu.*

Fachbegriff	Erklärung
1. Inversion	a) „Vermenschlichung" von leblosen Gegenständen
2. Interjektion	b) Frage, auf die man keine Antwort erwartet
3. Personifikation	c) Übertragung der Bedeutung aus einem anderen Bildbereich
4. Ellipse	d) Ausruf, Empfindungswort (z. B. *Oh weh!*)
5. Anapher	e) Wiederholung des Anfangskonsonanten von Wörtern
6. rhetorische Frage	f) Umkehrung der geläufigen Wortstellung im Satz
7. Metapher	g) Wiederholung eines oder mehrerer Wörter am Satz-/Versanfang
8. Chiasmus	h) unvollständiger Satz (Auslassungen, die leicht ergänzbar sind)
9. Alliteration	i) Überkreuzstellung

b) Wähle für jedes dieser stilistischen Mittel eine Farbe und markiere Beispiele dafür im Text. Achtung: Eines der Merkmale spielt im Gedicht keine Rolle.

5 *Gedichte sind Texte, in denen die Sprache in besonderer Form „verdichtet" ist. Dabei können Satzbau und Wortstellung auch eine wichtige Rolle spielen. Finde zunächst heraus, um welche Satzart es sich in den Versen handelt, und ordne anschließend der Satzart die jeweilige Funktion mit Pfeilen zu.*

Vers	Satzart	Funktion im Gedicht
1 + 2	Aussagesatz	Verstärkung der Aussage durch eine rhetorische Frage (A)
3 + 4	Fragesatz	Bekräftigung der Aussage durch ein Ausrufezeichen (B)
7 + 8	Wunschsatz	Ausdruck der Begeisterung über die Natur (C)
9	Ausrufe	Betonung der Sehnsucht des lyrischen Ichs (D)

6 *Für welche Strophe(n) sind die Aussagen jeweils zutreffend? Kreuze an.*

Das lyrische Ich ...	Strophe 1	Strophe 2	Strophe 3
a) ... ist als Sprecher erkennbar.	☐	☐	☐
b) ... ist als Sprecher nicht erkennbar.	☐	☐	☐
c) ... spricht die Natur (Tierwelt) direkt an.	☐	☐	☐
d) ... bringt seine Empfindungen deutlich zum Ausdruck.	☐	☐	☐
e) ... äußert seine Sehnsucht in Wunschform (im Konjunktiv).	☐	☐	☐
f) ... äußert seine Handlungsabsicht (im Indikativ).	☐	☐	☐

7 *In welchen sprachlichen Merkmalen spiegelt sich die sehnsüchtige Haltung des lyrischen Ichs wider? Welche der beiden folgenden zusammenfassenden Aussagen ist eher zutreffend?*

(A) Sowohl die Interjektionen (Vers 5, 9 und 12) als auch die syntaktischen Strukturen, insbesondere die Ellipse zu Beginn und die rhetorische Frage im Zentrum des Textes, unterstreichen die Sehnsucht des lyrischen Ichs.

(B) Die Anaphern in Vers 6, 8 und 11 spiegeln in Kombination mit der eindrucksvollen Metaphorik (v. a. im Vers 2) und dem klaren Satzbau die vollkommene innere Ruhe des lyrischen Ichs wider, das seine Sehnsucht erfüllt weiß.

Den Epochenzusammenhang klären

8 *Was weißt du – auch aus dem Unterricht – über die Epoche der Romantik? Kreuze jeweils an.*

	richtig	falsch
a) Die romantischen Dichter schufen in ihren Werken eine Gegenwelt zum Alltag, oft durch eine idyllisch verklärte Natur.	☐	☐
b) Romantische Gedichte bilden vor allem unerfreuliche Lebenserfahrungen aus dem harten Alltag der Dichter und einfachen Leute ab.	☐	☐
c) Sehnsucht (z. B. nach einem geliebten Menschen oder Orten, die es häufig gar nicht gab) war das Modegefühl der Epoche.	☐	☐
d) Romantische Gedichte haben Appellcharakter und fordern oft zu politischem Handeln auf.	☐	☐

Inhaltliche und sprachliche Ergebnisse miteinander verknüpfen

9 *Setze die Textbefunde in Bezug zum Epochenkontext. Welche Aussage ist richtig, welche falsch?*

Eichendorffs Gedicht „Sehnsucht" drückt ein typisches Lebensgefühl der Romantik aus, ...

	richtig	falsch
a) ... indem die Begeisterung des lyrischen Ichs in elliptischen Ausrufen deutlich wird.	☐	☐
b) ... indem durch zahlreiche Ausrufe die Leser mehrfach direkt angesprochen werden.	☐	☐
c) ... da typische romantische Motive (Vögel im Wald, Segel, Fliegen) entfaltet werden.	☐	☐
d) ... indem sich optische und akustische Sinneseindrücke überlagern und mischen.	☐	☐
e) ... da die Umwelt durch Adjektive und Attribute genau und detailliert beschrieben wird.	☐	☐
f) ... indem das lyrische Ich sein Fernweh als Wunsch (Konjunktiv!) zum Ausdruck bringt.	☐	☐
g) ... weil das lyrische Ich sich, bildlich gesprochen, gern von den Winden treiben ließe.	☐	☐
h) ... da die Frage in Vers 12 die Sorge um die eigene Zukunft noch unterstreicht.	☐	☐

D Den Schreibplan erstellen

1 *Welche Informationen muss ein einleitender Satz für den Leser enthalten? Formuliere aus deinen Notizen zu Inhalt und Aufbau (S. 68) einen informativen Einstieg.*

2 *Überlege dir nun, wie du den Hauptteil gliedern möchtest. Nimm dazu deine vorläufige Gliederung aus Teil A und überarbeite bzw. ergänze sie durch deine Teilergebnisse aus den Übungen im Teil C.*

3 *Entwirf ein Flussdiagramm als Gliederung deiner Arbeit. Arbeite in deinem Heft.*

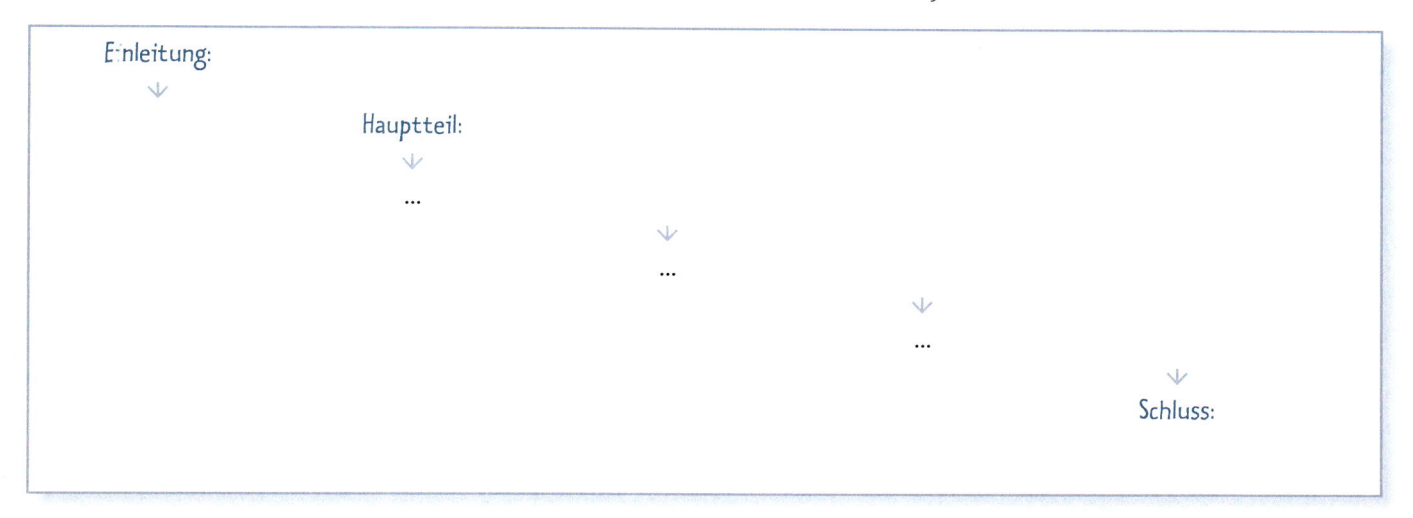

4 *Bearbeite nun auf der Grundlage deiner Vorarbeiten die Aufgabenstellung.*

E Den eigenen Text überarbeiten

1 *a) Überarbeite den folgenden Text. Unterstreiche dazu zunächst alle fehlerhaften Zitate.*
b) Markiere dann alle misslungenen Äußerungen zur Wirkung formaler und sprachlicher Mittel.

In seinem Gedicht „Die Sehnsucht" schildert Joseph v. Eichendorff die Sehnsuchtsgefühle eines Menschen angesichts des Frühlings. Auffällig ist, dass das lyrische Ich in der mittleren Strophe nicht mehr in Erscheinung tritt und erst in der letzten Strophe wieder aus sich herauskommt, woraus man schließen kann, dass sich das lyrische Ich zwischenzeitlich von der Natur abwendet. Dazu passt, dass die erste und die letzte Strophe einen umarmenden Reim aufweisen, die zweite jedoch einen Kreuzreim, was die Wirkung des Abwendens von der Natur noch unterstreicht. Das Motiv der ersehnten „bunten Flügel" und das Bild vom „Segel im Wind" stehen im übertragenen Sinn für die Flucht vor dem langweiligen Leben als Dichter. Durch den stark hypothetischen Satzbau (Vögel! Ja, ich lass das Zagen, Vers 8) kommen die Gefühle des lyrischen Ichs besonders gut zum Ausdruck. Verstärkt wird dies durch die gefühlsbetonten Interjektionen. Dass es sich bei dem Gedicht Sehnsucht" von Joseph v. Eichendorff um einen typischen Text der Romantik handelt, wird besonders an den Satzstrukturen deutlich. Das Epochengefühl der Romantik kommt auch in der Metaphorik zum Ausdruck, z. B. wenn „Winde sanft die Segel rühren (V. 10).

2 *Korrigiere diesen Text auf einem gesonderten DIN-A4-Blatt.*

3 *Korrigiere deinen eigenen Aufsatz, indem du besonders auf diese Fehlerschwerpunkte achtest.*

Ausziehen = Erwachsen werden – Informationen entnehmen, in Beziehung setzen und bewerten

1. Stelle die zentralen Aussagen der Materialien M1 bis M4 zum Thema „Bedeutet zu Hause ausziehen, erwachsen zu werden?" nacheinander knapp und präzise dar.
2. Vergleiche die Aussagen von M1 und M4 im Hinblick auf die Ausgangsfrage.
3. Nimm auf der Grundlage aller Materialien abschließend Stellung zu der Frage „Bedeutet zu Hause ausziehen, erwachsen zu werden?". Beziehe dich dabei auch auf eigene Beobachtungen und Erfahrungen.

M1 **Generation Nesthocker: Zu viel Fürsorge, zu wenig Streit**

Jeder zweite junge Erwachsene lebt auffallend lange bei den Eltern. Die Zeit zwischen Jugend und Erwachsensein verlängert sich damit, die Betroffenen entwickeln sich langsamer.

In den Siebzigerjahren war es üblich, sich möglichst schnell eine eigene Wohnung zu
5 nehmen. Mehr als 90 Prozent der jungen Frauen zogen mit 20, junge Männer spätestens mit 21 Jahren von zu Hause aus. Heute hat sich der Zeitpunkt für 50 Prozent der jungen Erwachsenen um rund zehn Jahre nach hinten verschoben. Zwischen Jugend und Erwachsensein zeichnet sich damit eine neue Phase ab, ein Entwicklungsstopp oder eine Warteschleife im psychischen Reifungsprozess. Das sind die Resultate einer Studie, die
10 Inge Seiffge-Krenke über einen Zeitraum von 14 Jahren leitete und in deren Rahmen sie 200 Familien regelmäßig befragte.

Die Hauptursachen für die verzögerte Reife sind einerseits äußere Gegebenheiten, wie eine längere Ausbildungszeit, aber auch der Mangel an Arbeitsplätzen und damit an Geld. Ohne finanzielle Basis lässt sich der Traum von der eigenen Wohnung aber nicht
15 verwirklichen. Mit ein Grund sind auch psychische Bedingungen innerhalb der Familie. Zum einen erhalten junge Menschen oft eine ihrem Alter unangemessene Unterstützung von den Eltern: das Hotel-Mama-Phänomen. Wer zu Hause rundum wie ein kleines Kind verwöhnt wird, bleibt gerne und entwickelt sich damit nicht weiter. Außerdem vermeiden viele Familien Konflikte, die aber für die psychische Reifung eines Menschen
20 dringend notwendig sind. Fehlen diese Konflikte, wird ein junger Mensch nicht selbstständig, erklärt Inge Seiffge-Krenke. Der Entschluss, auszuziehen und erwachsen zu werden, fällt also schneller, wenn die Eltern weniger verwöhnen und nicht jedem Streit aus dem Wege gehen.

focus online, 03/2007

M2 **Fehlt die Spannung zwischen den Generationen?**

Die 15. Shell-Jugendstudie, die gerade in Berlin vorgestellt wurde, befasst sich detailliert mit den Perspektiven, den Werten und Befindlichkeiten der 15- bis 25-Jährigen. Die notwendige Spannung zwischen den Generationen sei fast verschwunden, sagt Professor Hurrelmann[1] (Leiter der Studie). 70 Prozent der Jugendlichen würden zum
5 Beispiel ihre Kinder so erziehen wollen, wie die eigenen Eltern dies getan hätten. „Das klingt harmonisch, ist aber eigentlich zutiefst beunruhigend."

Erschwerend komme noch die auffällige „Juvenalisierung"[2] des Erwachsenenalters hinzu, sprich: Eltern werden ihren Kindern immer ähnlicher. „Die Tochter kommt mit einer provokanten Frisur nach Hause, und die Mutter fragt nach der Adresse des Friseurs, statt
10 sich aufzuregen. Wie soll sich das Mädchen da abgrenzen? Wie soll sie sagen: Das bin ich, und ich bin jemand anderer als ihr?"

Die Alten rücken den Jungen dermaßen auf den Pelz, dass die kaum noch Luft zum Atmen haben. Um sich aus dieser Umklammerung zu befreien, müssten die Jüngeren in
einer vollkommen unverhältnismäßigen Weise auf die Pauke hauen. Das tun sie nicht,
dafür sind die Konflikte mit den Eltern wieder zu gering, die wirtschaftlichen Verhältnisse zu schwierig, das „Hotel Mama" zu bequem.   *DIE ZEIT, 21. 09. 2006*

1 **Hurrelmann:** Erziehungswissenschaftler   2 **Juvenalisierung:** Verjüngung

M3 Shell-Jugendstudie 2006

„Würdest du deine Kinder so erziehen, wie du selbst erzogen bist?"

	1985	2000	2002	2006
genau so	12 %	12 %	13 %	15 %
ungefähr so	41 %	60 %	57 %	56 %
anders	37 %	20 %	22 %	20 %
ganz anders	11 %	8 %	7 %	7 %

M4 „Ich bin weder bequem, noch unselbstständig!"

*Im Rahmen einer Untersuchung zum Auszugsverhalten junger Erwachsener wird die
Studentin Nicole M. (23 Jahre) befragt.*

Interviewer: *Sie leben also noch zu Hause?*
Nicole M.: Ja, sehr gern sogar! Und nun kommen Sie mir bloß nicht mit dem pauschalen
Vorwurf, dass man bequem das „Hotel Mama" ausnutzt, wenn man in meinem Alter
noch zu Hause wohnt. Mithilfe im Haushalt ist für mich selbstverständlich.

5 **Interviewer:** *Dann ist vermutlich vor allem das fehlende Geld Grund dafür, dass Sie noch keine
eigene Wohnung haben?*
Nicole M.: Natürlich auch. Mein Bruder macht seine Ausbildung in einem anderen
Bundesland – das kostet meine Eltern ganz schön viel Geld. Ich studiere hier in meinem
Heimatort, da ist ein Auszug nicht nötig. Außerdem fühle ich mich zu Hause bei meiner
10 Familie ganz einfach wohl!

Interviewer: *Es gibt Psychologen, die eine räumliche Trennung, also eine Ablösung junger Menschen von ihren Eltern, für sehr wichtig halten, weil …*
Nicole M.: … weil man sonst nicht selbstständig wird? Ich kann's wirklich nicht mehr
hören! Meine Eltern und ich haben eine sehr gleichberechtigte und partnerschaftliche
15 Beziehung – ich fühle mich in jeder Hinsicht eigenverantwortlich und frei. Ich kenne
Leute, die schon mit 18 Jahren ausgezogen sind und noch immer die Wäsche nach Hause
bringen, den Papierkram vom Papi erledigen lassen und dreimal täglich Mami anrufen.
Und überhaupt, was heißt schon „Ablösung"? Ich will mich gar nicht abgelöst fühlen,
weil ich so lange wie es geht, Vater und Mutter um mich haben möchte. Ich finde es
20 schön so!

Interviewer: *Worin sehen Sie – abgesehen vom finanziellen Aspekt – die Hauptgründe dafür,
dass junge Menschen heute deutlich später ausziehen als früher?*
Nicole M.: Ich denke, dass wir heute im Ganzen etwas verunsicherter sind als die jungen
Leute früher. Die Sorge um einen Ausbildungsplatz, die hohen Arbeitslosenzahlen, die
25 ganzen Reformen und Wertediskussionen – da bietet mir meine Familie schon einen
Rückhalt und ein Gefühl der Sicherheit.

A Die Aufgabe verstehen

1 a) *Markiere zunächst die Schlüsselbegriffe und Operatoren in der Aufgabenstellung.*
b) *Blättere nicht zurück, erinnere dich: Was sollst du in der Klassenarbeit tun? Kreuze an.*

Du sollst ...	richtig	falsch
a) ... aus den Materialien M1–M4 eines auswählen und zusammenfassen.	☐	☐
b) ... abschließend deine Meinung zur Ausgangsfrage darstellen und begründen.	☐	☐
c) ... die wesentlichen Inhalte der vier Materialien kurz zusammenfassen.	☐	☐
d) ... ausschließlich zu den Aussagen der Texte Stellung nehmen.	☐	☐
e) ... keine Argumente aus den Materialien für deine Stellungnahme nutzen.	☐	☐
f) ... deine Erfahrungen zum Thema in der Stellungnahme berücksichtigen.	☐	☐
g) ... die Kernaussagen von M1 und M4 zueinander in Beziehung setzen.	☐	☐
h) ... der Tabelle M3 in deinem Aufsatz keinerlei Beachtung schenken.	☐	☐

B Erstes Textverständnis – Stoff sammeln

Die gemeinsame Problemstellung erkennen

1 *Welche der folgenden Aussagen fasst die gemeinsame Problemstellung **aller** vier Materialien treffend zusammen? Kreuze die richtige Aussage an.*

Die vier Materialien nähern sich von verschiedenen Seiten dem Thema an, dass ...

a) ☐ ... junge Menschen heutzutage unreif sind, weil sie später aus dem Elternhaus ausziehen.

b) ☐ ... zwischen den Generationen wieder mehr kritische Auseinandersetzung notwendig wäre.

c) ☐ ... junge Menschen sich aus verschiedenen Gründen von ihrem Elternhaus später ablösen.

d) ☐ ... im Vergleich zu früher zwischen den Generationen ein besseres Verhältnis herrscht.

Unterschiede und Gemeinsamkeiten der Materialien erkennen

2 *Die Materialien haben verschiedene inhaltliche und argumentative Schwerpunkte. Verbinde M1, M2, M3 und M4 durch Pfeile mit dazu passenden Aussagen (Doppelungen sind möglich).*

In dem Material ...

M1	... wird das lange Wohnen im Elternhaus grundsätzlich eher positiv bewertet. **(A)**
M2	... zeigt sich, dass mehr Kinder den elterlichen Erziehungsstil akzeptieren als 1985. **(B)**
M3	... wird behauptet, dass es in heutigen Familien deutlich zu wenig Konflikte gibt. **(C)**
M4	... wird der späte Auszug von zu Hause überwiegend als problematisch bewertet. **(D)**

C Übungen

Die Kernaussagen der Texte zusammentragen

1 *Betrachte nun die Texte genauer. Lies sie dazu sorgfältig durch und markiere in jedem Text höchstens vier Schlüsselwörter. Notiere am Rand wenige Stichpunkte, die das jeweilige Material erfassen. Trage dessen Kernaussage in die folgende Liste ein:*

M1: _____   M2: _____   M4: _____

_____   _____   _____

_____   _____   _____

_____   _____   _____

_____   _____   _____

_____   _____   _____

Eine Tabelle auswerten

2 *Markiere in der Tabelle M3 die Zahlen, aus denen sich folgende Aussagen ergeben:*

a) Etwa 70 Prozent der Jugendlichen würden ihre Kinder ähnlich oder ebenso erziehen wollen, wie ihre eigenen Eltern dies getan haben.

b) 48 Prozent der Jugendlichen stimmen mit der Erziehung ihrer Eltern so wenig überein, dass sie ihre Kinder teilweise oder ganz anders erziehen würden.

3 *Ergänze den folgenden Satz mit Hilfe der Zahlen aus der Tabelle:*

War _____ knapp die Hälfte der Kinder nicht mit der eigenen Erziehung einverstanden, sind es 2006 nur

noch _____ Prozent.

Die Materialien vergleichen

4 *Worüber gibt das Material jeweils Aufschluss? Kreuze an. (Mehrere Kreuze pro Zeile sind möglich).*

M1 M2 M3 M4

☐ ☐ ☐ ☐   a) Ein wichtiger Grund, länger zu Hause zu wohnen, ist Geldmangel.

☐ ☐ ☐ ☐   b) Eltern gestalten ihren Kindern das Leben zu Hause zu bequem.

☐ ☐ ☐ ☐   c) Weil Eltern heute anders erziehen als früher, gibt es weniger Streit.

☐ ☐ ☐ ☐   d) Eltern werden Kindern immer ähnlicher – und umgekehrt auch.

☐ ☐ ☐ ☐   e) Konflikte sind wichtig für die Persönlichkeitsentwicklung des Kindes.

☐ ☐ ☐ ☐   f) Die Unterstützung durch das Elternhaus ist heute besonders wichtig.

☐ ☐ ☐ ☐   g) Ein später Auszug aus dem Elternhaus verzögert den Reifungsprozess.

☐ ☐ ☐ ☐   h) Der Auszug aus dem Elternhaus garantiert keine Selbstständigkeit.

Einen eigenen Standpunkt entwickeln

5 Wie stehst du selbst zu der Frage „*Bedeutet zu Hause ausziehen, erwachsen zu werden?*"
Markiere durch ein Kreuz auf der folgenden Skala deine persönliche Position.

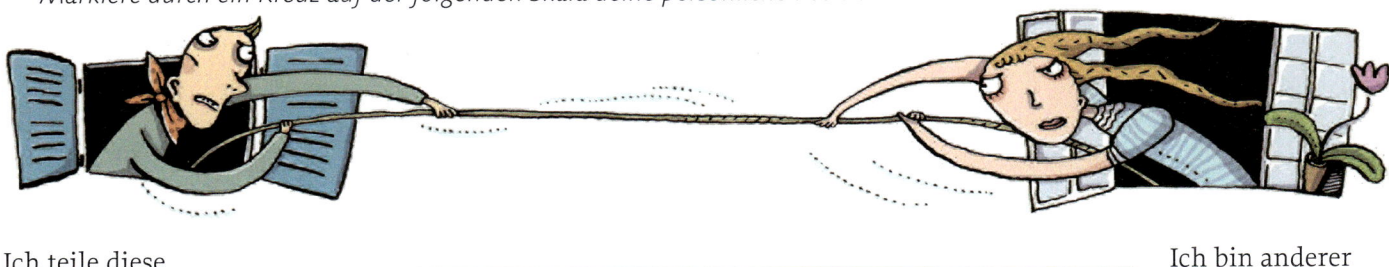

Ich teile diese
Meinung. _____ Ich bin anderer
Ansicht.

6 *Überlege, warum du so entschieden hast. Was verbindest du mit der Vorstellung, nicht mehr bei deinen Eltern zu*
wohnen? Sammle Gedanken und Beobachtungen dazu in der folgenden Mind-Map.

Angst vor ...

...

Spaß an der Unabhängigkeit:

selbst einkaufen ...

Zu Hause ausziehen heißt ...

Argumente sammeln, ordnen und gewichten

7 *a) Markiere in der Mind-Map diejenigen Argumente, die für bzw. gegen einen Auszug sprechen, die aus deiner Sicht*
am stärksten sind.
b) Ergänze deine Mind-Map gegebenenfalls um Argumente, die in den Materialien genannt wurden, sofern sie zum
Thema gehören und dir wichtig erscheinen. Greife dazu auf deine Vorarbeiten zurück.

8 *Übertrage die drei überzeugendsten Pro- und Kontra-Argumente in folgende Tabelle (Stichworte).*

Ausgangsfrage: Bedeutet von zu Hause ausziehen, erwachsen zu werden?

Pro-Argumente	Kontra-Argumente
( )	( )
( )	( )
( )	( )

9 *Gewichte nun die Pro- und Kontra-Argumente jeweils nach ihrer Überzeugungskraft, indem du sie entsprechend*
durchnummerierst. Nenne das stärkste Argument auf jeder Seite zuletzt.

D Den Schreibplan erstellen

Die Materialien auswerten

1 *Lege fest, welche Teile der Aufgabenstellung du in Einleitung, Hauptteil und Schluss bearbeiten möchtest. Notiere hier einige Stichpunkte, damit du nichts vergisst.*

Einleitung: <u>Einstieg ins Thema formulieren, ...</u>

Hauptteil: _____

_____

_____

Schluss: _____

2 *Formuliere in deinem Heft eine **vollständige Einleitung**, in der du das übergreifende Thema (vgl. Teil B, Aufgabe 1) sowie Titel und Quellen der Materialien nennst. Orientiere dich an den Beispielen.*

> A   Es ist zu beobachten, dass Kinder heute im Gegensatz zu früher später ... Die Frage, mit wie viel Jahren ein junger Mensch auf eigenen Beinen ... Mit dieser Thematik beschäftigen sich die vorgegebenen Materialien aus verschiedenen Perspektiven: ...

> B   „Garantieren die eigenen vier Wände den Schritt in die Selbstständigkeit?" Mit dieser Frage setzen sich die vorliegenden Materialien auseinander ... Einige wichtige Aspekte zu diesem Thema finden sich ... Eine gegensätzliche Sicht kann man ... entnehmen: ...

3 *Die Aufgabenstellung verlangt, dass du im **Hauptteil** deines Textes die zentralen Aussagen aller vier Materialien (vgl. Teil B, Aufgabe 2 und Teil C, Aufgabe 1) darstellst. Du kannst z. B. so beginnen:*

<u>Die Materialien M1, M2 und M3 setzen bei aller Übereinstimmung unterschiedliche Schwerpunkte:</u>

<u>Im Focus-Artikel (M1) ...</u>

_____

_____

_____

4 *Vergleiche dann im Sinne der Aufgabe M1 und M4 (vgl. Teil C, Aufgabe 1 und 2). So kannst du fortfahren:*

<u>Im Gegensatz dazu argumentiert die Studentin (M4) ...</u>

_____

<u>Sie betont im Interview außerdem, dass ...</u>

_____

_____

Zur Ausgangsfrage Stellung nehmen

5 *Begründe nun deine Ansicht mit Hilfe deiner Vorarbeiten (Teil C, Aufgabe 5 – 9). Beschränke dich auf diejenigen Aspekte aus den Materialien bzw. Argumente, die für dich entscheidend sind, und stütze sie durch Belege oder Beispiele aus deinem Umfeld. Der folgende Wortspeicher hilft dir, deine Argumente gedanklich sinnvoll zu verknüpfen. Arbeite in deinem Heft.*

Wortspeicher

Für einen frühen Auszug spricht, dass ...

So kenne ich etliche Beispiele ...

Als weiteres Argument lässt sich anführen, ...

Andererseits zeigt die Erfahrung, dass ...

Es besteht kein Zweifel daran, dass ...

Dennoch habe ich mehrfach beobachtet, ...

Besonders stichhaltig ist für mich das Argument ...

TIPP

Du kannst deinen Standpunkt stützen, indem du Gegenargumente bedenkst und entkräftest z. B.: *Eine eigene Wohnung wird häufig als sicheres Zeichen der Selbstständigkeit angesehen. Tatsächlich aber ...*
Weitere Formulierungen dafür sind: *Zwar – aber...; jedoch, allerdings, dennoch, obwohl usw.*

6 *Beende deine Stellungnahme mit einem **Schlusssatz**, in dem du deine Position zusammenfasst und gegebenenfalls einen Ausblick, einen Wunsch, eine Warnung oder Ähnliches formulierst. Welche der folgenden Alternativen gehört auf keinen Fall in den Schluss einer Argumentation? Streiche sie durch.*

a) Nach Abwägung der Pro- und Kontra-Argumente komme ich daher zu dem Ergebnis, dass ...

b) Zu guter Letzt möchte ich noch ein neues wichtiges Argument in die Waagschale werfen: ...

c) Auf den Punkt gebracht, ließe sich aus dieser Gegenüberstellung die Empfehlung ableiten ...

d) Mein Fazit aus den genannten Argumenten lautet folglich, dass ich davor warnen möchte ...

E Den eigenen Text überarbeiten

1 *Prüfe mit Hilfe der folgenden Checkliste, an welchen Stellen du deinen Text überarbeiten solltest.*

✔ Checkliste

Inhalt und Aufbau

	➕	➖
☐ Formulierst du in deiner **Einleitung** das übergreifende Thema aller Materialien?	☐	☐
☐ Hast du im **Hauptteil** die Kernaussagen aller Materialien kurz zusammengefasst?	☐	☐
☐ Machst du dabei die **Gemeinsamkeiten** zwischen M1, M2 und M3 deutlich?	☐	☐
☐ Stellst du die Gemeinsamkeiten den Aussagen gegenüber, die in M4 getroffen werden?	☐	☐
☐ Begründest du deine **Meinung** zuletzt auch mit Erfahrungen aus deinem Umfeld?	☐	☐
☐ Stärkst du deine Position, indem du die wesentlichen **Gegenargumente** entkräftest?	☐	☐
☐ Argumentierst du überzeugend, indem du dein stärkstes Argument zuletzt nennst?	☐	☐
☐ Formulierst du einen geeigneten **Schlusssatz** (z. B. Ausblick, Wunsch oder Fazit)?	☐	☐

Sprache

	➕	➖
☐ Sind deine Textauswertung und Stellungnahme durchgängig im **Präsens** verfasst?	☐	☐
☐ Verknüpfst du Argumente und Gegenargumente abwechslungsreich?	☐	☐
☐ Stützt du deine Argumente durch **Beispiele**, **Belege** oder **Zitate** aus den Materialien?	☐	☐
☐ Hast du deinen Text auf **Rechtschreib- und Zeichensetzungsfehler** geprüft?	☐	☐

Sebastian Moll: **Sinnlos dreht sich nur der Mensch – Aufgabenformate trainieren**

In diesem Kapitel kannst du verschiedene **Aufgabenformate** üben, die im 1. Teil der zentralen Prüfung der Klasse 10 vorkommen können. Alle diese Aufgabenformate (Auswahl-, Einsetz-, Richtig-Falsch-, Zuordnungs- oder Kurzantwortaufgaben) prüfen, wie genau und sorgfältig du den zu Grunde liegenden Text gelesen hast. Lies daher so intensiv (vgl. Umschlagklappe 4), dass du anschließend weißt, in welchem Textabschnitt du eine Information schnell nachprüfen kannst; denn du hast für die Lösung aller Aufgaben in der Prüfung nur 30 Minuten Zeit. Da sich die Aufgaben des ersten Teils der zentralen Prüfung auf den Unterrichtsstoff der Klassen 5 bis 10 beziehen, kann es nicht schaden, auch fachlich gut vorbereitet zu sein.

> Lies den Text „Sinnlos dreht sich nur der Mensch" von Sebastian Moll intensiv und bearbeite dann die Aufgaben dazu auf den Seiten 89–95.

Der folgende Text handelt vom modernen Sechstagerennen in Berlin im Vergleich zu dessen Anfängen zu Beginn des 20. Jahrhunderts. Damals berichtete Egon Erwin Kisch als „rasender Reporter" begeistert über das sportliche Großereignis, das Medien und Menschen in Bann schlug. Viele Künstler und Schriftsteller zeigten sich von den Leistungen der Radsportler fasziniert, wie zum Beispiel der amerikanische Schriftsteller Ernest Hemingway. Heutzutage beschäftigen die Reporter auch andere Überlegungen.

Sebastian Moll

Sinnlos dreht sich nur der Mensch   (2001)

[1] Im Januar wird es wieder rundgehen auf den Sechstagebahnen. Auch wenn heute Sixdays nicht mehr wie in den Anfangstagen volle sechs Tage und Nächte dauern, so sind die meisten Profis dennoch voll beschäftigt. Showspektakel, Sport oder Doping? Ein Blick in die spannenden Anfänge Ende des 19. Jahrhunderts und die Goldenen Zwan-
5 zigerjahre des 20. Jahrhunderts zeigt, dass dies durchaus keine neuen Fragen sind, sondern so alt wie die Faszination, über die Ernest Hemingway schrieb: „Ich habe einige Geschichten über Radrennen begonnen. Aber ich werde nie eine schreiben können, die so gut sein kann wie die Rennen selbst."

[2] Ein Schwindel erregender Irrsinn, das war offenbar für den „rasenden Reporter"
10 Egon Erwin Kisch das zehnte Berliner Sechstagerennen 1923: „Sechs Tage und sechs Nächte lang schauen die dreizehn Fahrer nicht nach rechts und nicht nach links, sondern nur nach vorn, sie streben vorwärts, aber sind immer auf dem gleichen Fleck, immer in dem Oval der Rennbahn, auf den Längsseiten oder auf den fast senkrecht aufsteigenden Kurven, unheimlich übereinander, manchmal an der Spitze des Schwarmes,
15 manchmal am Ende und manchmal – und dann brüllt das Publikum: ‚Hipp, hipp!' – um einige Meter weiter; wenn aber einer eine Runde oder zwei voraus hat, ist er wieder dort, wo er war, er klebt wieder in dem Schwarm der dreizehn. So bleiben alle auf demselben Platz, während sie vorwärtshasten, während sie in rasanter Geschwindigkeit Strecken zurücklegen, die ebenso lang sind wie die Diagonalen Europas."

20 [3] Der Taumel der Zwanzigerjahre war auf seinem Höhepunkt: Die erste Phase der Hochindustrialisierung[1] war abgeschlossen und die Technisierung und Verstädterung hatte die Lebenswelt der Menschen von Grund auf verändert. Alles war schneller geworden: Autos, Luftschiffe, Eisenbahnen vergrößerten den Bewegungsradius und verkleinerten die erfahrbare Welt, moderne Formen der Massenkommunikation, Tageszei-

25 tungen, Kino und Fotografie und vor allem das Radio erweiterten den Horizont in einer Geschwindigkeit und in einer Art und Weise, die vom Einzelnen kaum mehr verarbeitet werden konnte.

Wie der Hamster im Rad

4 Für Kisch und für viele andere Intellektuelle[2] und Künstler seiner Zeit war das Sechstagerennen nicht nur ein Produkt dieser Zeit, sondern übte als Sinnbild eine besondere 30 Faszination aus: Als Sinnbild für eine Kultur, die aus dem Ruder läuft, für eine Entwicklung, die den Menschen überrollt, in der er nur noch wie ein Hamster im Rad mitlaufen kann, immer schneller und immer schneller, ohne zu wissen, woher oder wohin.

5 Das Fahrrad, speziell das Niederrad, war ebenfalls Teil dieser Beschleunigung des Lebens gewesen. Mit dem Niederrad konnte man Strecken bewältigen und Geschwindig-35 keiten erreichen, die bislang noch nicht da gewesen waren. Und schon in den Siebziger- und Achtzigerjahren des 19. Jahrhunderts fand sich in England und Amerika ein Publikum, das sich daran berauschte, wie die Radrennfahrer in den sechs Tagen bis zum nächsten Kirchensonntag so viele Kilometer wie möglich zurückzulegen. Der Sportler selbst wurde zu einer Art Versuchskaninchen, an dem zur Unterhaltung des Betrachters 40 ausprobiert wird, wie lange er die Belastungen aushält, die die Maschine möglich macht. Beim Sechstagerennen in New York 1893 beobachtete ein Arzt die Fahrer und notierte: „Die Ausdauer der Fahrer ist bewunderungswürdig. Der Radler, welcher den dritten Rang belegte, war am Abend des vierten Tages so erschöpft, dass er um Erlaubnis bat, aus der Konkurrenz ausscheiden zu dürfen. Das wurde ihm jedoch verweigert, und alle zwei 45 Stunden gab ich ihm ein halbes Gramm Coffein[3], das eine zauberhafte Wirkung hervorbrachte." Geboren waren gleichzeitig die Sportmedizin und das Doping.

6 Ob das noch Sport sei, fragte nicht zuletzt angesichts offenkundiger Manipulationen beim Sechstagerennen schon 1911 die Leitfigur der deutschen Turn- und Sportbewegung, Carl Diem. Die Frage steht bis heute im Raum. Tatsache ist, dass das, was mit 50 dem Sechstagerennen begann – Rekordsucht, Spektakel, Professionalisierung –, auf fast alle Bereiche des Sports übergegriffen hat. Das Sechstagerennen hat aber auch eines deutlich gemacht und das haben die Künstler und Intellektuellen der Zwanzigerjahre gleich begriffen: Beim Betrachten des Sports sieht man nicht nur Sport. Man sieht, wie der Sportsoziologe Gunther Gebauer schreibt, eine Darstellung der Gesellschaft wie auf 55 einer Bühne.

Frankfurter Allgemeine Zeitung, 15. 12. 2001

1 **Hochindustrialisierung:** Zeitraum vieler technischer Erfindungen in der schnell wachsenden Industrie (1870–1914)

2 **Intellektueller:** Gebildeter, Akademiker

3 **Coffein:** anregende Substanz in Kaffee und Tee

Multiple-Choice-Aufgaben

TIPP

- ☐ Bei einer **Multiple-Choice-Aufgabe** sollst du unter mehreren Aussagen **die (einzige) richtige Lösung** auswählen und ankreuzen.
- ☐ Einige Aussagen in Multiple-Choice-Aufgaben sind nicht ganz falsch, aber auch nicht ganz richtig. Lies daher die Aufgaben sehr aufmerksam und prüfe in solchen Fällen durch punktuelles Nachlesen, welche Aussage vollständig mit den Informationen im Text übereinstimmt.
- ☐ Manche Aussagen in Multiple-Choice-Aufgaben beziehen sich auf den gesamten Text oder auf mehrere Textstellen gleichzeitig. Lies daher den ganzen Text sehr gründlich.

 Es kann in der Aufgabe auch nach der **einzigen falschen Lösung** gefragt werden. Auf jedes einzelne Wort in der Aufgabenstellung kommt es an – lies sie genau.

1 *Welche der folgenden Lösungen ist **eindeutig falsch**? Kreuze sie an.*

Sebastian Moll sagt über das Sechstagerennen:

a) ☐ Das Sechstagerennen wurde als ein Spiegelbild der modernen Gesellschaft betrachtet.

b) ☐ Mit dem Sechstagerennen beginnt der moderne Leistungssport – auch als Medienereignis.

c) ☐ Das Sechstagerennen ist Sinnbild für den Teamgeist in der modernen Industriekultur.

d) ☐ Schon die Anfänge des Sechstagerennens zeigen die Probleme des modernen Radrennsports.

2 *Kreuze an: Welche der folgenden Aussagen ist **nicht richtig**?*

Sebastian Moll informiert in seinem Text über die Entstehung des Sechstagerennens. Er erklärt:

a) ☐ Vorläufer des Sechstagerennens gab es schon um 1870 in Großbritannien und Amerika.

b) ☐ Die ersten Sechstagerennen fanden Mitte des 20. Jahrhunderts in Berlin statt.

c) ☐ Die ersten Rennen dieser Art wurden volle sechs Tage und Nächte ausgetragen.

d) ☐ Das Niederrad beschleunigte die Entwicklung des Radsports, weil es schneller war.

3 *Welche der folgenden Aussagen ist **richtig**? Kreuze sie an.*

Der Text beschäftigt sich auch mit dem Thema Doping. Dazu sagt der Autor:

a) ☐ Doping ist ausschließlich ein Problem des Hochleistungssports im 20. Jahrhundert.

b) ☐ Schon im 19. Jahrhundert dopten nahezu alle Leistungssportler regelmäßig.

c) ☐ Manipulationen durch Vorformen von Doping gab es bereits Ende des 19. Jahrhunderts.

d) ☐ Anfang des 20. Jahrhunderts konnten erste Dopingfälle im Radsport nachgewiesen werden.

4 *Kreuze an: Welche der folgenden Aussagen ist **korrekt**?*

Laut Sebastian Moll wurde bereits in den Anfängen des Radsports „gedopt", und zwar mit ...

a) ☐ ... Epo.   b) ☐ ... Testosteron.   c) ☐ ... Coffein.   d) ☐ ... Karotin.

Richtig-Falsch-Aufgaben

TIPP

Bei einer **Richtig-Falsch-Aufgabe** musst du entscheiden, ob eine Aussage richtig oder falsch ist, ob sie zutrifft oder nicht, im Text steht oder so nicht aus dem Text zu entnehmen ist. Oft hängt die Entscheidung für „richtig" oder „falsch" nur von einem Wort oder einer kleinen Formulierung ab. Lies die einzelnen Aussagen deshalb sehr genau!

Hinweis Bei dieser Aufgabenart musst du **für jede Aussage ein Kreuz** an der entsprechenden Stelle (richtig/falsch; trifft zu/trifft nicht zu usw.) setzen.

1 *Entscheide, welche der folgenden Aussagen mit dem Artikel von Sebastian Moll übereinstimmen.*

	stimmt überein	stimmt nicht überein
a) Viele Schriftsteller und Intellektuelle waren vom Sechstagerennen fasziniert.	☐	☐
b) Beim Sechstagerennen konnten Radsportler jederzeit die Bedingungen mitbestimmen.	☐	☐
c) Für Mediziner war das Rennen ein Beobachtungsfeld für menschliche Ausdauer.	☐	☐
d) Zuschauer hatten von Anfang an eine zwiespältige Haltung zum Sechstagerennen.	☐	☐

2 *Die folgenden Aussagen beziehen sich auf den **3. Abschnitt des Textes** „Sinnlos dreht sich nur der Mensch" von Sebastian Moll. Entscheide, ob sie zutreffen oder nicht.*

	trifft zu	trifft nicht zu
a) Die Sechstagerennen werden als Sinnbild für eine wirtschaftliche Krise in den Zwanzigerjahren des 20. Jahrhunderts betrachtet.	☐	☐
b) Das Berliner Sechstagerennen von 1923 wurde als Sinnbild für die technische und industrielle Entwicklung in den Zwanzigerjahren betrachtet.	☐	☐
c) Die allseits zunehmende Geschwindigkeit zeigt sich in den neuen verfügbaren Transportmitteln und in neuen Medien der Massenkommunikation.	☐	☐
d) Das Fernsehen machte eine zeitgleiche Übertragung der Radsportereignisse möglich und schuf so erst das Masseninteresse für das Sechstagerennen.	☐	☐

3 *Der folgende Satz in Sebastian Molls Beitrag weist einige **grammatische Besonderheiten** auf, die du erkennen und beschreiben sollst. Kreuze an, welche Aussagen richtig sind und welche nicht.*

„So bleiben alle auf demselben Platz, während sie vorwärtshasten."

	richtig	falsch
a) Es handelt sich um eine Satzreihe.	☐	☐
b) Der Nebensatz ist ein Adverbialsatz.	☐	☐
c) Der Nebensatz ist ein Attributsatz.	☐	☐
d) Bei dem Nebensatz handelt es sich um einen Temporalsatz.	☐	☐
e) Im Nebensatz kommen Pronomina vor.	☐	☐
f) Der Nebensatz ist vorangestellt.	☐	☐

Zuordnungsaufgaben

TIPP
- ☐ Diesen Aufgabentyp nennt man auch **Matching-Aufgabe** (von engl. *to match* = zusammenpassen). Darin sollst du Wörter oder längere Aussagen, die in zwei Spalten einander gegenüberstehen, zu Paaren ordnen, die inhaltlich zusammenpassen.
- ☐ Bilde zunächst die Paare, bei denen du sicher bist, dass sie zusammengehören. Mit diesem **Ausschlussverfahren** bekommst du einen Überblick und dir bleibt mehr Zeit, über die Kombinationsmöglichkeiten der verbliebenen Zweifelsfälle nachzudenken.

1 *Ordne die Zitate ihren jeweiligen Urhebern zu, indem du sie entsprechend mit Pfeilen verbindest.*

(1) „Ich habe einige Geschichten über Radrennen begonnen."	a) Egon Erwin Kisch
(2) „[...] er klebt wieder in dem Schwarm der dreizehn [...]."	b) Sebastian Moll
(3) „Die Ausdauer der Fahrer ist bewunderungswürdig."	c) Zuschauer in Berlin
(4) „Der Sportler selbst wurde zu einer Art Versuchskaninchen."	d) New Yorker Arzt
(5) „Hipp, hipp!'	e) Ernest Hemingway

2 *Die sechs Absätze des Textes sind nummeriert.* **Ordne jedem Absatz die passende Überschrift zu.**

☐ a) Auf-der-Stelle-Treten im Hamsterrad: Der Radsport als Sinnbild

☐ b) Rekordsucht, Medienrummel und Betrug durch Doping –
Ist das noch Sport?

☐ c) Allgemeiner historischer Rückblick zu einem aktuellen Anlass

☐ d) Die Tücke der neuen Technik: Leistungssportler als Versuchs-
objekte

☐ e) Charakterisierung des Sechstagerennens durch den Reporter
E. E. Kisch

☐ f) Zeit der Beschleunigung: Die Hochindustrialisierung und ihre Folgen

3 *Der Verfasser verwendet in seinem Text verschiedene Formen der* **Redewiedergabe:** *wörtliche* **Zitate** *in Anführungszeichen, Wiedergabe durch* **indirekte Rede** *(Konjunktiv I) und* **Paraphrase** *(= sinngemäße Wiedergabe in eigenen Worten). Ordne die Aussagen durch Pfeile den richtigen Fachbegriffen zu.*

(1) „Sechs Tage und sechs Nächte lang schauen die dreizehn Fahrer nicht nach rechts und nicht nach links."

a) Paraphrase und Zusammenfassung

(2) Ein Schwindel erregender Irrsinn, das war offenbar für [...] Egon Erwin Kisch [...] das 10. Berliner Sechstagerennen 1923.

b) indirekte Rede

(3) Ob das noch Sport sei, fragte [...] Carl Diem.

c) Paraphrase

(4) Für Kisch und für viele andere Intellektuelle und Künstler seiner Zeit war das Sechstagerennen nicht nur ein Produkt dieser Zeit: ...

d) Zitat

4 *Der Text enthält eine Reihe von Fremdwörtern.* **Ordne den Fremdwörtern ihre korrekte Bedeutung und die Herkunft zu, indem du sie mit Pfeilen verbindest.**

(1) Sixdays

a) aus dem Griechischen: Verbindungslinie zweier gegenüberliegender Eckpunkte eines Vierecks

(2) Diagonale

b) aus dem Englischen: Einnahme von verbotenen leistungssteigernden Substanzen

(3) Spektakel

c) aus dem Lateinischen: Beeinflussung, Betrug

(4) Faszination

d) aus dem Lateinischen: aufregendes Schauspiel

(5) Manipulation

e) aus dem Lateinischen: Begeisterung, Bezauberung

(6) Doping

f) aus dem Englischen: Sechstagerennen

5 *Sebastian Moll nutzt viele Begriffe, die Bewegung oder Beschleunigung beschreiben.* **Prüfe, welche Aufgabe die unterstrichenen Adjektive in den folgenden Sätzen haben.** *Ordne sie durch Pfeile richtig zu.*

(1) „... so sind die meisten Profis dennoch voll beschäftigt."

a) Attribut (Akk.)

(2) „... während sie in rasanter Geschwindigkeit Strecken zurücklegen."

b) Prädikatsnomen

(3) „Alles war schneller geworden."

c) Attribut (Dat.)

(4) „... und verkleinerten die erfahrbare Welt."

d) Adverbiale Bestimmung

Einsetzaufgaben

TIPP

In einer **Einsetzaufgabe** geht es darum, fehlende Wörter in vorhandene **Textlücken** einzusetzen.
- ☐ In manchen Fällen kannst du die einzusetzenden Begriffe einem **Wortspeicher** entnehmen.
- ☐ Manchmal musst du die gesuchten Ausdrücke selbst finden.

1 *Fülle die Lücken in dem folgenden Text mit den passenden Wörtern aus dem Wortspeicher unten.*

Die Anfänge des Sechstagerennens gehen zurück auf das Ende des 19. Jahrhunderts. In

der Phase der _____, die in den Zwanzigerjahren abgeschlos-

sen war, hatten sich durch die Technisierung und _____ die

Lebensbedingungen der Menschen grundlegend verändert. Der technische Fortschritt

hatte neue und schnellere _____ hervorgebracht und neue

Medien für die _____ beschleunigten das Leben und ließen

die Welt kleiner werden.

Dieser neue „Rausch der _____" übte besonders auf Künstler und _____

_____ eine große Faszination aus. Das Sechstagerennen wurde zum _____ einer dy-

namischen Gesellschaft. Allerdings wurden im Sport auch die Schattenseiten dieser Entwicklung schon früh sicht-

bar: Doping und andere Formen bewusster _____ trübten von Beginn an das Bild von

menschlicher Höchstleistung.

> **Wortspeicher**
> Geschwindigkeit
> Manipulation
> Transportmittel
> Intellektuelle
> Massenkommunikation
> Hochindustrialisierung
> Verstädterung
> Sinnbild

2 *Fülle die Lücken mit **Verben** aus dem Wortspeicher. Achte dabei **auf das korrekte Tempus (Präsens, Präteritum, Plusquamperfekt oder Futur)**. Achte auch auf den **Numerus**, d. h. die Übereinstimmung mit dem Subjekt.*

Heutzutage _____ Doping in der öffentlichen Diskussion eine große Rol-

le, aber schon mit Beginn des Radsports _____ Sportler und Mediziner zu

verbotenen Substanzen, um die Leistungsfähigkeit des Sportlers _____.

Ein New Yorker Arzt _____ 1893 z. B. darüber, dass ein Sportler, der ei-

gentlich ausscheiden wollte, mit Coffein seine Ausdauer _____.

Heute _____ Stoffe wie EPO und Testosteron als große Versuchung für

Radprofis. Für die Zukunft _____ Experten, dass Manipulationen des Erb-

guts zu einer neuen Dimension des Dopings _____, zumal die Sportler durch Sponsorengelder

unter hohem Erfolgsdruck _____. Trotz aller Kontrolle _____ eines gewiss: Der

„Einfallsreichtum" krimineller Energie _____ keine Grenzen.

> **Wortspeicher**
> sein
> steigern
> führen
> gelten
> stehen
> kennen
> spielen
> berichten
> greifen
> verbessern
> befürchten

3 *Wie sicher bist du im Umgang mit den Fachbegriffen aus dem Bereich der bildhaften Sprache?* **Fülle die passenden rhetorischen Fachbegriffe in die Lücken.** *Greife notfalls auf den Wortspeicher zurück.*

Wortspeicher

Metapher
Personifikation
Wortspiel
Vergleich
Bilder
Vergleich
These
Vergleich
Metaphern

Schon im ersten Satz des Textes von Sebastian Moll begegnet uns mit der bildlichen Wendung *„wird es wieder* **rundgehen** *auf den Sechstagebahnen"* ein _____ _____. Man sieht sofort die runde Arena vor seinem inneren Auge und die Show, auf die hier angespielt wird. Anschaulich wirkt auch die _____ _____ des **„Schwarmes",** mit der die Gruppe der Radfahrer in Beziehung zu einem Fischschwarm gesetzt wird: Die Fahrer bewegen sich – wie die Fische im Schwarm – grundsätzlich alle im gleichen Tempo in dieselbe Richtung. Ebenfalls aus der Tierwelt stammt der _____ *„wie ein Hamster im Rad",* durch den die monotone Kreisbewegung der Radsportler charakterisiert wird. Um die beim Sechstagerennen zurückgelegten Entfernungen deutlich zu machen, verwendet Kisch einen weiteren _____: *„ebenso lang [...]* **wie** *die Diagonalen Europas".* Die Folgen dieser übermenschlichen Strapaze formuliert der Autor mit dem Satz *„Geboren waren gleichzeitig die Sportmedizin und das Doping."* und bedient sich damit einer _____. Die rasante technische Entwicklung, für die das Radrennen sinnbildlich steht, vermittelt der Verfasser durch starke _____. Er verwendet die _____ von *„einer Kultur, die aus dem Ruder läuft"* sowie *„einer Entwicklung, die die Menschen überrollt".* Der Text schließt mit der _____ _____, dass Sport ein Spiegelbild der Gesellschaft sei, und auch hier zitiert der Autor einen anschaulichen _____ (**„wie** *auf einer Bühne").*

Kurzantworten

TIPP

Bei diesem Aufgabentyp musst du eine **Kurzantwort** selbst formulieren und dabei möglichst kurz und präzise auf die gestellten Fragen antworten.

☐ Du solltest auf Genauigkeit achten und in den Antworten – wenn möglich – fachliches Vokabular verwenden.

☐ Achte darauf, dass du deine Antworten mit stichhaltigen Argumenten nachvollziehbar begründest.

1 *Erkläre kurz die sechs mit Buchstaben versehenen Satzzeichen in dem folgenden Textauszug.*

> Die Ausdauer der Fahrer ist bewunderungswürdig. Der Radler**, (a)** welcher den dritten Rang belegte**, (b)** war am Abend des vierten Tages so erschöpft**, (c) dass** er um Erlaubnis bat**, (d)** aus der Konkurrenz ausscheiden zu dürfen. **Das** wurde ihm jedoch verweigert**(,) (e)** und alle zwei Stunden gab ich ihm ein halbes Gramm Coffein**, (f) das** eine zauberhafte Wirkung hervorbrachte.

Zeichen **(a)** und **(b)**: <u>Die zwei Kommas trennen an dieser Stelle ...</u>

_____

Zeichen **(c)** und **(d)**: <u>Diese beiden Kommas trennen ...</u>

Zeichen **(f)**: _____

2 *Bei **(e)** könnte man ein Komma setzen, es ist fakultativ. Erkläre die Regel, die hier gilt.*

<u>Das Komma bei (e) ...</u>

_____

3 *Erkläre, um welche Wortarten es sich bei den drei fett gedruckten Wörtern handelt **(dass, Das, das)**.*

<u>1. Bei „dass" handelt es sich um ...</u>

2. _____

3. _____

4 *In Abschnitt 3 beschreibt der Text die technischen Entwicklungen der Goldenen Zwanzigerjahre und deren Folgen für die Menschen. Schüler haben versucht, die Zusammenhänge in Schaubildern festzuhalten. Schau sie dir in Ruhe an.*

A **Die Hochindustrialisierung**

Autos

Transportwesen —— Luftschiffe

Eisenbahn

größerer Bewegungsradius

Hoch-
industrialisierung

Fotografie

Zeitung

Massen-
kommunikation

Kino

Radio

kleinere Welt

B   **Die goldenen Zwanzigerjahre**

Autos
Luftschiffe   } Transportwesen   ⟶   vergrößerter Bewegungsradius
Eisenbahn

⇕

Fotografie
Zeitung
Kino   } Massenkommunikation   ⟶   verkleinerte Welt
Radio

Beschleunigung   ⟶

5 *Welches Schaubild ist deiner Ansicht nach gelungener? Begründe deine Meinung.*

Schaubild [ ] ist meiner Meinung nach gelungener als Schaubild [ ].

Begründung: _____

_____

_____

_____

_____

6 *Lies die folgenden Stellungnahmen zum Text „Sinnlos dreht sich nur der Mensch" von Sebastian Moll.*
Welche Stellungnahme wird dem Text deiner Meinung nach eher gerecht? Begründe deine Entscheidung.

Ⓐ Ich finde den Text von Sebastian Moll sehr informativ. Die Zusammenhänge zwischen Leistungssport und Doping werden auch geschichtlich gut dargestellt. Wie Sebastian Moll finde ich auch, dass das Doping stärker kontrolliert werden sollte; das gilt nicht nur für den Radsport. Im Text finden sich viele Adjektive, die alles anschaulicher machen. Die vielen Zitate wirken auf mich eher verwirrend, weil man manchmal nicht genau weiß, von wem die jeweilige Äußerung stammt. Insgesamt ist der Text aus meiner Sicht dem Radsport gegenüber jedoch zu kritisch. Ich werde mir jedenfalls weiterhin die Berichte über die Tour de France anschauen.   Bianca

Ⓑ In seinem Text stellt Sebastian Moll die Entwicklung des Profi-Radsports am Beispiel des Sechstagerennens dar. Dabei verwendet er anschauliche Äußerungen von Künstlern und Dichtern und greift zu einer bildreichen Sprache, die es dem Leser erleichtert, sich dieses Medienereignis vorzustellen. Besonders gelungen finde ich, dass Sebastian Moll auch auf den Aspekt des Dopings eingeht. Dabei wird deutlich, dass es Manipulationen bereits in den Anfängen des Radsports gegeben hat, was mir neu war. Sport als „Kind seiner Zeit" und Spiegelbild der Gesellschaft zu begreifen, scheint mir logisch.   Furkan

Meiner Ansicht nach wird Beispiel _____ dem Text von Sebastian Moll eher gerecht.

Begründung: _____

_____

_____

_____

Textquellenverzeichnis

S. 12/13   M2–M4 (gekürzt und vereinfacht) nach: BENJAMIN HAERDLE: *HipHop unplugged meets ABX&CrossOver;* entnommen aus: JUNIK. Jugendliche im internationalen Kontext. Ein Praxishandbuch für kulturübergreifende Jugendprojekte. Hrsg. Landesstiftung Baden Württemberg GmbH, Stuttgart, Wochenschau Verlag, Schwalbach/Taunus 2006, S. 96–99.

S. 20   CATHRIN KAHLWEIT: *Bilder von enormer Schlagkraft;* aus: Süddeutsche Zeitung, 31.01.2007.

S. 20   MIRIAM OPRESNIK: *Makabres „Spiel" mit Gewalt;* aus: http://www.abendblatt.de/daten/2007/02/26/695894.html (Stand 31.1.2008).

S. 20   *Formen der Gewalt im Schulalltag;* aus: http://www.gesis.org/Information/SowiNet/sowiPlus/Gewalt&Schule/Soziales.htm, (Stand 29.06.2007).

S. 21   LARS WEISBROD: *Gründe gegen eine Handy-Verbot an der Schule;* aus: http://jetzt.sueddeutsche.de/texte/anzeigen/289481 (Stand 31.01.2008).

S. 21   *Verbot oder Sensibilisierung;* aus: http://www.kn-online.de/artikel/1815838/Angst (Stand 17.03.2007).

S. 21   *Gesetz zum Urheberrecht;* aus: http://transpatent.com/gesetze/kunstg.html (Stand 31.01.2008).

S. 34/35   BARBARA LEHNERER: *Blind;* aus: Nicola Bardola (Hrsg.): Meine Besten. Deutsche Jugendbuchautoren erzählen. Arena Verlag, Würzburg 2006, S. 75 ff.

S. 39/40   NARINDER DHAMI: *Kick it like Beckham* (Auszug). Ravensburger Buchverlag Otto Maier, Ravensburg, 3. Auflage 2005.

S. 50/51   MATTHIAS HORX: *Wie wirken sich Computerspiele [wie „World of Warcraft"] auf unsere Kultur und Gesellschaft aus?;* (gekürzt und vereinfacht) aus: P. M. Magazin, Heft 8/2006.

S. 58/59   MECHTHILD DÖRFLER, TIM ROHRMANN: *Himmelstürme und Liebesblätter;* aus: Theorie und Praxis der Sozialpädagogik, Heft 6/2000.

S. 66/67   BOTHO STRAUSS, *Drüben;* aus: Niemand anders. Carl Hanser Verlag, München und Wien, 1987, S. 15–21.

S. 74   JOSEPH VON EICHENDORFF: *Sehnsucht;* aus: Eugen Roth (Hrsg.): Joseph von Eichendorff, Werke. Carl Hanser Verlag, München 1951, S. 48.

S. 80   MONIKA PREUK: *Generation Nesthocker: Zu viel Fürsorge, zu wenig Streit* (gekürzt); aus: http://www.focus.de/gesundheit/ratgeber/psychologie/news/tid-5367/psycho-trend_aid_51333.html (Stand 07.01.2008).

S. 80   *Fehlt die Spannung zwischen den Geschlechtern?;* Auszug aus: SUSANNE GASCHKE, Mensch, Alter (Titel geändert); aus: DIE ZEIT, Nr. 39 vom 21.09.2006.

S. 87/88   SEBASTIAN MOLL: *Sinnlos dreht sich nur der Mensch* (gekürzt und vereinfacht); aus: Frankfurter Allgemeine Zeitung vom 15.12.2001.

Bildquellenverzeichnis

S. 6 links: picture alliance /ZB © dpa-Bildarchiv

S. 6 Mitte: © Jochen Eckel, Berlin

S. 6 rechts: © Werner Bachmeier, Ebersberg

S. 27 links: picture alliance / © dpa-Bildarchiv

S. 27 Mitte: © David Ausserhofer / JOKER

S. 27 rechts: © Stock4B-RF, München

S. 39:   © Cinetext Bildarchiv, Frankfurt/M.

S. 81:   Grafik *„Würdest du deine Kinder so erziehen, wie du selbst erzogen bist"* aus: 15. Shell-Jugendstudie. Jugend 2006. Fischer Taschenbuch Verlag, Frankfurt/M. 2006/TNS Infratest Sozialforschung

S. 87:   © ullstein bild, Berlin

Redaktion: Caroline Stiller
Bildrecherche: Gabi Sprickerhof
Illustration: Uta Bettzieche, Leipzig
Umschlaggestaltung: Katrin Nehm
Layoutkonzept: Katharina Wolff
Layout und technische Umsetzung: L101 Mediengestaltung, Berlin

www.cornelsen.de

1. Auflage, 1. Druck 2008

© 2008 Cornelsen Verlag, Berlin

Druck: Himmer AG, Augsburg

ISBN 978-3-464-68095-7

 Inhalt gedruckt auf säurefreiem Papier aus nachhaltiger Forstwirtschaft.

▷ S. 45 **B** ## Erstes Textverständnis – Ideen sammeln

1 *So könnte deine Tabelle aussehen:*

Uhrzeit	Tätigkeit
9.00–9.30	– Kataloge sortieren mit der Auszubildenden Lina Müller
9.30–11.00	– Gut zuhören und beobachten, wie Herr Borowski die Kunden berät
11.00–12.30	– Kundenberatung mit Herrn Borowski (Kataloge suchen, Personalien in den PC eingeben)
12.30–13.30	– Mittagspause
13.30–15.00	– Sendungen und Briefe eintüten und zur Post bringen
15.00–15.30	– Kaffeepause
15.30–17.30	– Gemeinsame Überlegungen mit Herrn Borowski zur Vorbereitung des Aktionstages „Afrika"
17.30	– Arbeitsschluss

2 *Zusammen gehören:*
Tempusfehler (Präsens): Satz 3   *Umgangs- bzw. Jugendsprache: Satz 12*
Tempusfehler (Plusquamperfekt): Satz 2   *Gleiche Satzanfänge: Sätze 9, 10, 12*

3 *Satz Nr. **10** ist überflüssig, weil es für den Tagesbericht nicht wichtig ist, was Sarah gegessen oder sich gekauft hat.*

▷ S. 46 **4** *Die Sätze Nr. 8, 9 und 10 sind für sich genommen sprachlich und grammatikalisch korrekt, aber die Sätze fangen alle mit „Ich" an und müssen deshalb abwechslungsreicher gestaltet werden.*

▷ S. 46 **C** ## Übungen

1 *Folgende Aussagen sind richtig: a, d, f, i und j.*

2 *So könnte deine Tabelle aussehen:*

Satz Nr.	Umgangs- bzw. Jugendsprache	Standardsprache / Umschreibung
2	checken	kontrollieren, überprüfen
2	Boss	Chef, Vorgesetzter, Inhaber
3	Azubine	Auszubildende
6	es war kaum was los	*es war sehr ruhig/es kam nur wenig Kundschaft*
7	mitmachen	durfte bei ... unterstützen/helfen
11	voll fix	schnell, zügig
11	machte fertig	erledigte, bearbeitete, kümmerte mich um
12	so'n Zeugs	Briefe, Sendungen, Rundschreiben, Korrespondenz ...
12	schleppen	(weg)bringen, befördern
15	voll viele	möglichst viele, sehr viele
16	mein Boss	mein Chef, Herr Borowski
16	coole Ideen	gute Ideen, reizvolle Einfälle, nützliche Ideen

▷ S. 47 **3** a) *Aussagen wie z. B. „coolen" oder „Super!" stellen einen persönlichen Kommentar dar und sollten in einem sachlichen Bericht weggelassen werden.*
b) *Folgende Worte solltest du durchstreichen: Satz 1: „leider"; Satz 2: „was gar nicht so einfach war"; Satz 6: „Ich langweilte mich ziemlich"; Satz 16: „Ich hatte richtig Spaß dabei"; Satz 17: „Super".*

4 a) *Viele Sätze beginnen mit „Ich" + Verbform.*
b) *So könntest du die Satzanfänge variieren:*
   (1) Nun sollte ich Kataloge heraussuchen, Personalien aufnehmen und sie in den PC eingeben.
   (2) Danach ging ich von 12.00 bis 13.30 Uhr in die Mittagspause.
   (3) Anschließend erledigte ich die Post, dafür musste ich insgesamt 83 Tickets und Angebote wegbringen.

5 a) *Anregungen hatte ich mir zuvor aus Prospekten geholt, in denen ich beim Sortieren Bilder ... entdeckt hatte.*
b) *Gemeinsam mit Herrn Borowski überlegte ich daher, wie das Reisebüro ... zu dekorieren ist.*

6 *Zu markierende Sätze: 3, 5, 6, 8, 9, 10, 12, 14, 15, 16. (Da es auf Abwechslung ankommt, müsstest du nicht jeden dieser Sätze ändern, sondern nur die, die unmittelbar aufeinander folgen, d. h. Satz 5 und 6 bzw. 8, 9, 10 oder 14, 15, 16).*

▷ S. 48 **7** a) *Ich **arbeitete** lieber im Reisebüro, seit man mir mehr Aufgaben **übertragen hatte.***
b) *Die Kunden, die ins Reisebüro **kamen, waren** sehr freundlich zu mir.*
c) *Ich **wollte** die Post zügig **erledigen**, bevor die Schalter **geschlossen sind** (oder: **wären**).*

8 *Präteritum wird hier benutzt, weil über einen Tagesablauf berichtet wird, der bereits vergangen ist.*
Plusquamperfekt zeigt an, dass sich ein Geschehen zeitlich vor einem anderen ereignet hat.

9 *Präteritum müsste stehen in den Sätzen: 3, 4, 5, 13, 14.*
Plusquamperfekt müsste stehen in den Sätzen: 2 (hatte am Vortag gebeten), 15 (hatte zuvor geholt).

10 *So sollte deine Tabelle über die Fehler in den Sätzen 2 bis 6 aussehen:*

Nr.	Fehler	Regel / Fehlertyp (Stichwort)	Verbesserungsvorschlag
2	bat mich am Vortag	Tempus: Vorzeitigkeit → Plusq.	hatte mich gebeten
2	mein Boss	Umgangssprache	mein Chef
	zu checken	Jugendsprache	kontrollieren
	was gar nicht so einfach war	Wertung	–
3	sortiere	Tempus: Präteritum	sortierte
	Azubine	Jugendsprache	Auszubildende
4	öffnet	Tempus: Präteritum	öffnete
5	soll	Tempus: s. o.	sollte
6	Ich langweilte mich	Wertung	–
6	war kaum was los	Umgangssprache	war es sehr ruhig

▷ S. 49 **11** *In Satz 2 steht das gebeugte Verb im **Präteritum**, es muss durch das **Plusquamperfekt** ersetzt werden, die Verbform lautet korrekt: „(er) hatte mich gebeten". Die umgangssprachlichen Ausdrücke „checken", „Boss" und „Azubine" in Satz 2 und Satz 3 habe ich ersetzt durch die Begriffe „kontrollieren", „Chef" und „Auszubildende". Um den Satzbau zu variieren, habe ich den wiederkehrenden Satzanfang „**Ich + Verb**" der Sätze 5 und 6 in einem Fall umgestellt, indem ich die adverbiale Bestimmung der Zeit an den Satzanfang gestellt habe. Satz 5 beginnt nun mit: „Wie in den letzten Tagen sollte ich ...".*
Da persönliche Kommentare oder Meinungsäußerungen nicht in einen sachlichen Bericht gehören, habe ich die Wertungen in den Sätzen 2 („was gar nicht so einfach war") und 6 („Ich langweilte mich") weggelassen.

▷ S. 49 **D   Den Schreibplan erstellen**

1 *bis* **3** *siehe Musterlösung*

▷ S. 49 **E   Den eigenen Text überarbeiten**

1 a) *(15) Zuvor hatte ich mir <u>massig</u> Anregungen aus Prospekten geholt, in denen ich beim <u>sortieren</u> Bilder von <u>A</u>frikanischen <u>Feten</u> entdeckt hatte. (16) Das machte viel Spaß und der <u>Meister</u> lobte mich für meine <u>tollen</u> Ideen. (17) Und weil ich so <u>fleissig</u> war, durfte ich schon um 17.30 Uhr nach Hause gehen. <u>Klasse!</u>*
  b) *Überarbeitet wurde(n) die Tempusfehler.*
     Nicht überarbeitet wurde(n) die umgangssprachlichen Ausdrücke und Wertungen.
  c) *So könnte deine Lösung aussehen: Ich habe die umgangssprachlichen Begriffe „massig", „Fete", „Meister" und „tollen" ersetzt durch die standardsprachlichen Begriffe „viele", „Feiern", „Chef" und „guten". Die unsachlichen Wertungen „Das machte viel Spaß" und „Klasse" habe ich weggelassen.*

2 *Neue Fehlertypen: „beim <u>S</u>ortieren" (Großschreibung), „afrikanischen" (Kleinschreibung), „flei<u>ß</u>ig" (ss/ß-Schreibung).*
   So könnte deine Lösung aussehen; die Begründung der Überarbeitung in den Sätzen 2–6 findest du im Teil D, Aufgabe 11.

(1) Mein fünfter Praktikumstag begann ~~leider~~ schon eine halbe Stunde vor der Öffnungszeit, also gegen 9.00 Uhr.
(2) Herr Borowski, mein <u>Chef</u>, **hatte mich** am Vortag **gebeten**, die Auslage mit den neuen Fernreisekatalogen zu <u>kontrollieren</u> und zu ordnen~~, was gar nicht so einfach war~~.
(3) Ich **sortierte** daher mit der Auszubildenden Lina Müller die Kataloge alphabetisch nach Ländern.
(4) Um 9.30 Uhr **öffnete** dann das Reisebüro.
(5) **Wie in den letzten Tagen sollte** ich vor allem gut zuhören und beobachten.
(6) ~~Ich langweilte mich ziemlich, denn~~ In den nächsten anderthalb Stunden kam nur wenig <u>Kundschaft</u>.
(7) Von 11.00 Uhr bis zur Mittagspause durfte ich ~~endlich~~ <u>Herrn Borowski bei der Kundenberatung unterstützen</u>.
(8) Ich sollte Kataloge heraussuchen, Personalien aufnehmen und sie in den <u>PC</u> eingeben.
(9) **Danach ging ich** von 12.30 bis 13.30 Uhr in die Mittagspause.
(10) ~~Ich war beim Bäcker nebenan etwas essen, außerdem kaufte ich mir eine CD.~~
(11) Von 13.30 bis 14.30 Uhr erledigte ich <u>schnell die Post</u>.
(12) **Dafür musste ich** insgesamt 83 Tickets, Angebote und <u>weitere Sendungen</u> eintüten und zur Post **bringen**.
(13) Nach der Kaffeepause **bat** mich mein <u>Chef</u> dann, ihm bei den Vorbereitungen für den nächsten Aktionstag mit dem Motto „Afrika" zu helfen.
(14) Ich **überlegte** daher mit ihm gemeinsam, wie das Reisebüro typisch afrikanisch zu dekorieren ist und was man dazu braucht.
(15) **Zuvor hatte ich** mir <u>sehr viele</u> Anregungen aus Prospekten **geholt**, in denen ich beim Sortieren Bilder von afrikanischen Festen entdeckt hatte.
(16) ~~Ich hatte richtig Spaß dabei und~~ Für meine hilfreichen Anregungen lobte mich <u>Herr Borowski</u>.
(17) Und weil ich so fleißig war, durfte ich schon um 17.30 Uhr nach Hause gehen. ~~Super!~~

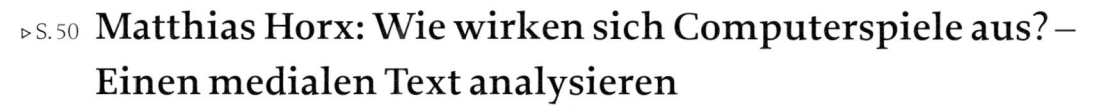

▷ S. 50 # Matthias Horx: Wie wirken sich Computerspiele aus? – Einen medialen Text analysieren

▷ S. 51 ## A Die Aufgabe verstehen

1
a) *Schlüsselbegriffe* und **Operatoren** sind:
(1) **Analysiere** den *folgenden Beitrag*; **Fasse** die *wesentlichen Aussagen* … **zusammen**; **gib** die *Position des Autors* **wieder**. **Stelle** den … *Aufbau des Textes* sowie *auffällige sprachliche Mittel* **dar**.
(2) **Nimm Stellung**, inwieweit du … *übereinstimmst;* **beziehe** … *eigene Erfahrungen* **mit ein**.
b) Die Wörter lauten in der richtigen Reihenfolge: zusammenfassen → wiedergeben → beschreiben → benennen → erklären → auseinandersetzen → berücksichtigen.

▷ S. 52 **2**   *Zusammen gehören:*   *a) Z. 27 und 4*   *b) Z. 44 und 6*   *c) Z. 30 und 7*   *d) Z. 54 und 5*

                                              e) Z. 57 und 3   *f) Z. 38 und 2*   *g) Z. 44/45 und 1*

▷ S. 52 ## B Erstes Textverständnis

1
Mögliche Kernaussagen in Stichpunkten:
– *Warum haben Computerspiele den schlechtesten Leumund? (Z. 10–11)*
– *Computerspiele sind (wie Videospiele) ein Beispiel für den „Mephisto-Effekt": Sie steigern die Intelligenz, auch wenn das gar nicht ihr eigentliches Ziel ist (Z. 23 f.), und sind für die Menschheit von Vorteil.*
– *Spieler trainieren viele Fähigkeiten, die man in der modernen Welt braucht: Sozialkompetenz, Koordination, Flexibilität, Wettbewerbslust, Selbstvertrauen (Z. 35 f.).*

2   *Folgende Kernaussagen lassen sich entnehmen: b, c, e und g.*

3
Deine Zwischenüberschriften könnten lauten:
(1) Z. 1–3: Einleitung: Stand der Diskussion, strittige Fragen
(2) Z. 4–11: Neue Medien stehen am Anfang oft in der Kritik
(3) Z. 12–18: Widerlegung der häufigsten Kritikpunkte: Computerspiele fördern weder Gewalt noch verschwenden sie Zeit
(4) Z. 19–22: Computerspiele machen nicht passiv, sondern regen an
(5) Z. 23–34: „Der Mephisto- Effekt" – Computerspiele fördern die Intelligenz
(6) Z. 35–52: Spieler entwickeln grundlegende Fähigkeiten des 21. Jahrhunderts
(7) Z. 53–61: Fazit: Vorwurf an die Kritiker und Ausblick auf die Zukunft

▷ S. 53 ## C Übungen

1
In die Lücken gehören: a) erzieherischer; b) positiv; c) komplex; d) intelligenzsteigernd; e) wertvolle; 1. sozial kompetent; 2. koordinationsfähig; 3. flexibel; 4. wettbewerbsorientiert; 5. selbstbewusst; f) zeitgemäße; g) beste; h) multimediale

2
a) …, denn Spieler trainieren Gehirn- und Gedächtnisleistungen, die im Arbeitsalltag erforderlich sind (vgl. Z. 29 f.).
b) …, da man viele Spiele nur durch Offenheit, Witz und Geschick im Umgang mit anderen gewinnen kann (vgl. Z. 37 f.).
c) …, denn sie wissen, dass es immer mehrere Wege gibt, eine Herausforderung zu bewältigen (vgl. Z. 44 f.).
d) …, weil ihnen klar ist, dass jeder gewinnen möchte; der Wettstreit bereitet ihnen Spaß und spornt sie an (vgl. 46 f.).
e) …, weil sie im Spiel ganze Welten erschaffen und bewahren können und dieses Gelingen ihnen das nötige Selbstvertrauen gibt, auch andere Aufgaben in Angriff zu nehmen (vgl. Z. 50 f.).
f) …, da sie täglich üben, sich an Veränderungen anzupassen, vielschichtige Probleme zu durchschauen, sich an anderen zu messen und für das eigene Handeln Verantwortung zu übernehmen (vgl. Z. 53–55).

▷ S. 54 **3**
1.) Computerspiele fördern Gewaltbereitschaft und Aggressivität.
2.) Computerspiele verleiten zur Passivität und vergeuden kostbare Zeit.
3.) Moderne Computerspiele führen zu Vereinzelung und Vereinsamung.

4   *Richtig ist Lösung b.*

5   *Zusammen gehören:*   *a) + 3 + E*   *b) + 6 + C*   *c) + 1 + H*   *d) + 7 + D*

                                              e) + 2 + B   *f) + 4 + G*   *g) + 5 + F*   *h) + 8 + A*

6
Weitere mögliche Beispiele sind u. a.:
Personifikation: *„Kulturkritik zieht in den Krieg" (Z. 4); „Computerspiele den schlechtesten Leumund haben" (Z. 10–11)*
Metapher: *„gewaltige Schinken" (Z. 28);*
Aufzählungen: *„Humor, Aufgeschlossenheit und Schlagfertigkeit" (Z. 39); „komplex, vielschichtig, herausfordernd" (Z. 27)*
Anglizismen: *„Gamer" (Z. 53); „Flow" (Z. 22); „Cyberwelten" (Z. 60)*
Steigerungsformen: *„‚Brainware' vom Feinsten" (Z. 27) = Superlativ; „viel, viel spektakulärer" (Z. 61) = Komparativ*

17

Leitfragen: „Wie groß ist die Gefahr …?" (Z. 2); „Welche Eigenschaften entwickeln Spieler?" (Z. 35);
Übertreibungen: „mit unendlichen Tabellen, …" (Z. 28); „enorm komplex" (Z. 27)
Fachbegriffe: „Realitätsverlust" (Z. 2); „Verwahrlosungs- und Entfremdungstendenzen" (Z. 17–18); „Symbolverarbeitung, Orientierungssinn und Verknüpfung …" (Z. 33–34) usw.

▷ S. 55 **7** *Argumente **für** Computerspiele:* – stimulieren unser Gehirn; – wirken pädagogisch; – fördern Denk- und Gedächtnisleistung; – trainieren Eigenschaften, die man im 21. Jahrhundert braucht (Sozialkompetenz, Koordinationsfähigkeit, Flexibilität, Wettbewerbslust, Selbstbewusstsein)
*Argumente **gegen** Computerspiele:* – verstärken Aggressivität oder verleiten zu Gewalt; – können bereits bestehende Verwahrlosung oder Entfremdung verstärken; – verschwenden Zeit; – können zu Vereinsamung führen

8 *Weitere Argumente **für** Computerspiele:* – man lernt den Umgang mit Computern; – man verbessert sein Reaktionsvermögen; – man kann gefahrlos seine Grenzen testen; – man kann sich „ohne Folgen" abreagieren
*Weitere Argumente **gegen** Computerspiele:* – teures Hobby; – kann süchtig machen; – Bewegungsmangel macht dick und krank; – Flucht in eine Scheinwelt, – Reizüberflutung

9 *Hier gibt es keine richtige oder falsche Antwort, es kommt auf deine Begründung an, z. B.:* Am ehesten kann ich mich der Aussage von Lena anschließen, weil ich oft beobachte, dass Jungen nur noch vor dem Computer sitzen und gar nicht mehr an die frische Luft gehen. Dadurch bleiben sie immer für sich und anderen fehlen von heute auf morgen Spielkameraden.
Eigene Meinung: Meiner Ansicht nach sollte man Computerspiele nicht verteufeln, denn man kann nicht bestreiten, dass sie auch positive Seiten haben. Allerdings sollte man Sport und Freunde deswegen nicht vernachlässigen.

▷ S. 56 D Schreibplan erstellen

1 *Die Lücken könnten folgendermaßen gefüllt werden:* die positiven Wirkungen von Computerspielen auf unsere Gesellschaft → Matthias Horx → dass Computerspiele Gewalt und Aggressionen fördern und zu Einsamkeit und Verwahrlosung führen → dass Computerspiele die Intelligenz fördern würden.

2 *Die Reihenfolge lautet: 1. f) → 2. d) → 3. b) → 4. e) → 5. a) → 6. c)*

3 + **4** + **5** + **7** *siehe Lösung* **6**

▷ S. 57 **6** *Zusammen gehören: (1) und C   (2) und B   (3) und A.*
So könnte deine Lösung aussehen:

> Der vorliegende Artikel mit dem Titel „Wie wirken sich Computerspiele auf unsere Kultur und Gesellschaft aus?" aus dem PM-Magazin vom Juni 2000 thematisiert die positiven Eigenschaften von Computerspielen. Der Autor Matthias Horx widerlegt darin die weit verbreitete Ansicht, dass Computerspiele Gewalt initiieren sowie Verwahrlosungs- und Entfremdungstendenzen verstärken. Dabei greift der Verfasser hauptsächlich auf die Thesen Steven Johnsons zurück, der behauptet, dass Computerspiele die Intelligenz fördern würden.
> Diese positive Bewertung geht vor allem davon aus, dass Computerspiele Beispiele für den Mephisto-Effekt seien und man sie daher aus erzieherischer Perspektive positiver bewerten sollte. Spiele seien heute so komplex, dass sie sich in vielfacher Weise förderlich auf die Intelligenz auswirkten. Dem Text zufolge seien Computerspiele keine passive Unterhaltung, sondern aktiv und sinnvoll genutzte Zeit (vgl. Z. 21 f.). Denn Spieler trainierten Gehirn- und Gedächtnisleistungen, die heute im Arbeitsalltag erforderlich seien (Z. 29 f.), wie etwa komplexe Abläufe zu koordinieren und dabei den Überblick zu behalten. Computerspieler, so urteilt Horx, besäßen große soziale Kompetenzen, denn sie seien geübt darin, mit anderen auf ein Ziel hin zu arbeiten (vgl. Z. 37 f.). Dass es ihnen leichtfällt, komplexe Probleme zu lösen, weil sie es gewohnt seien, nach Alternativen zu suchen, ist eine weitere These (vgl. Z. 44 f.). Zudem – so argumentiert der Autor – entwickelten die Spieler häufig einen gesunden Ehrgeiz, da der Wettstreit ihnen Spaß mache und nur einer siegen könne (vgl. Z. 46 f.). Außerdem wird die These vertreten, dass „Gamer" selbstbewusster seien, weil sie im Spiel ganze Welten erschaffen würden und dieser Erfolg ihnen das nötige Selbstvertrauen gebe, auch andere Aufgaben in Angriff zu nehmen (vgl. Z. 50 f). Der Autor folgert, dass Computerspieler durch ihre Fähigkeiten bestens auf die Herausforderungen des 21. Jahrhunderts vorbereitet seien, da sie täglich übten, sich an Veränderungen anzupassen, vielschichtige Probleme zu durchschauen, sich an anderen zu messen und für das eigene Handeln Verantwortung zu übernehmen (vgl. Z. 53–55).
> Der argumentative Aufbau des Textes lässt sich folgendermaßen beschreiben: **Eingeleitet wird der Text durch einen kurzen Vorspann, in dem** die zentrale Problemstellung erläutert wird und strittige Fragen aufgegriffen werden. **Der Verfasser eröffnet seine Argumentation mit der These, dass neue Medien** zunächst immer negativ beurteilt würden. **Als Belege für diese Behauptung führt er Beispiele an wie etwa** die ersten überkritischen Reaktionen auf den Roman oder den Film, die heute schützenswerte Kulturgüter seien. **Noch vor der Darstellung der eigenen Position wird die Kritik vorweggenommen:** Der Autor widerlegt zunächst die Behauptung, dass Videospiele regelmäßig Auslöser für körperliche Auseinandersetzungen an Schulen seien. **Im vierten Abschnitt entkräftet er weitere oft genannte Gegenargumente,** nämlich dass Computerspiele zu passiv seien, Zeit vergeudeten und zu Vereinsamung führen würden. **Im Anschluss daran präsentiert Matthias Horx seine zentrale These,** dass Computerspiele die Intelligenz förderten. **Er beruft sich dabei auf Steven Johnson, der in seinem Buch** Computerspiele als typisches Beispiel für den „Mephisto-Effekt" beschreibt. **Stephen Johnsons Behauptung stützt der Verfasser durch mehrere Argumente, nämlich** zum einen durch die Komplexität der Spiele und zum anderen durch deren positive Auswirkungen auf den Spieler. Dabei geht er erneut auf ein häufig vorgebrachtes Gegenargument ein, das er widerlegt, und präsentiert eine eindrucksvolle Liste wertvoller Eigenschaften, die Spieler seiner Meinung nach entwickeln. **Matthias Horx beendet seine Argumentation mit der oben genannten Schlussfolgerung. Es folgt abschließend ein Ausblick in die Zukunft, in dem der Autor** auf die rasante Entwicklung hinweist, die in diesem Bereich zu erwarten sei.

Der Beginn des Textes ist so stark von Bildern und Personifikationen geprägt, dass der Leser sich die Debatte sofort als Kampf vorstellen kann: Da „zieht die Kulturkritik in den Krieg" (Z. 4), Romane werden „gebrandmarkt" (Z. 5) und neue Medien müssen um ihren Ruf fürchten (vgl. Z. 10–11). Dieses Bild und der geschichtliche Rückblick unterstreichen, dass eine so heftig geführte Debatte nicht mehr nur sachlich geführt wird. Im weiteren Verlauf der Argumentation häufen sich Aufzählungen, Steigerungsformen und Übertreibungen: Computerspiele seien „enorm" komplex (Z. 27) und nur mit Hilfe von „unendlichen Tabellen, Details, Statistiken" (Z. 28–29) zu bewältigen, die Handbücher stünden dem Leser dank einer Metapher gleich als „gewaltige Schinken" (Z. 28) vor dem inneren Auge. Diese Aufzählungen und Übertreibungen wirken verstärkend auf die getroffenen Aussagen und sollen durch ihre „Fülle und Vielfalt" beeindrucken. Mit den durchgängig verwendeten Anglizismen wie „Spielkids" (Z. 32), „Gamer" (Z. 44) und anderen Begriffen aus der PC-Welt spricht der Autor Jugendliche an und zeigt sich als zugehörig zu dieser eingeschworenen Gemeinschaft; englisches Fachvokabular aus dem Internet- und PC-Universum lernt man als Computerfreak eben auch noch nebenbei. Außerdem verwendet der Verfasser eine ganze Reihe von Fachbegriffen wie beispielsweise „Entfremdungstendenzen" (Z. 17–18) oder „strategisches Simulationsvermögen" (Z. 30) u. a., um dem Leser auch im pädagogischen und psychologischen Bereich Fachkompetenz zu signalisieren.

Was die Bewertung von Computerspielen betrifft, kann ich mich der Darstellung von Matthias Horx nicht anschließen. Es ist wohl nicht zu leugnen, dass Spiele dieser Art nicht nur negative Einflüsse ausüben und sogar gewisse Fertigkeiten fördern, die in unserer modernen Welt von Nutzen sind. Meiner Meinung nach überwiegen aber trotz allem die negativen Effekte. Allein die Tatsache, dass man sich beim Computerspielen nur noch „im Kopf" bewegt, aber nicht mehr körperlich und dass man dabei nicht einmal mehr die eigene Fantasie nutzt (wie beim Lesen), sondern von Reizen nur so überflutet wird, muss „passiv" machen. Allein die Gefahr, danach süchtig zu werden, wiegt in meinen Augen schwerer als jedes positive Argument von Matthias Horx bzw. Steven Johnson. Es gibt genug Beispiele von Freunden oder Klassenkameraden, die plötzlich von der Bildfläche verschwunden sind, keine Lust mehr zu gemeinsamen Unternehmungen haben und deren Schulleistungen sich auch deutlich verschlechtert haben. Von steigenden sozialen Fähigkeiten war da auch nichts zu bemerken, denn kommuniziert wurde nur noch mit dem PC und Mitstreitern gegen irgendwelche Monster oder brutale Gegner. Um die Fähigkeiten und Eigenschaften zu entwickeln, die in unserer modernen Welt gefragt sind, braucht man keine aggressiven Computerspiele. Meiner Ansicht nach gibt es zahlreiche andere Möglichkeiten, diese Fähigkeiten auf ebenso reizvollem Weg zu erlangen.

▷ S. 57 **E   Den eigenen Text überarbeiten**

1 *In dem Beispiel fehlen Textbelege (mit Zeilenangabe) und die Wirkung der sprachlichen Mittel wird nicht (richtig) beschrieben. So könnte man den Text verbessern (Verbesserungsvorschläge sind **fett**):*

Im Text von Matthias Horx finden sich viele Fachbegriffe **wie „strategisches Simulationsvermögen" (Z. 30)** und Anglizismen **wie beispielsweise „Gamer" (Z. 44). Die Fachbegriffe tragen dazu bei, Fachkompetenz zu signalisieren, und über die Anglizismen sollen „Computerkids" (Z. 51) angesprochen werden.** Zahlreich vorhanden sind auch alle Formen der Steigerung **(„deutlich besser" (Z. 33), „schlechtesten Leumund" (Z. 10–11)** und Übertreibungen („enorm komplex" (Z. 27), **„unvergleichliches soziales Erlebnis" (Z. 37)), die die Wirkung des Textes verstärken und den Leser beeindrucken sollen.** Mit den anschaulichen Bildern, die der Autor zu Beginn des Textes gegen die „Kulturkritik" ins Feld führt (gebrandmarkte Romane (vgl. Z. 5), Medium Film steht unter Verdacht (vgl. Z. 6–7) etc.), gelingt es ihm, **dem Leser die Heftigkeit und Unsachlichkeit der Debatte sozusagen bildlich vor Augen zu führen.**

Mit häufig verwendeten Anglizismen wie „Spielkids" (Z. 32), „Gamer" (Z. 44) und anderen Begriffen aus der PC-Welt spricht der Autor Jugendliche an und betont seine Zugehörigkeit zu dieser „Community". Durch Fachbegriffe aus der Pädagogik und Psychologie zeigt der Autor seine Kompetenz auch auf diesem Gebiet, denn darum geht es hier schließlich (z. B. „motivierte, kreative Wissensarbeit" (Z. 22) oder „Symbolverarbeitung" (Z. 33), „Hirn-Hand-Koordination" (Z. 42–43)).

▷ S. 58   Streiten Mädchen anders als Jungen? – Einen Sachtext analysieren

▷ S. 60 **A   Die Aufgabe verstehen**

1 *Schlüsselbegriffe und **Operatoren** der Aufgabenstellung sind: **Beschreibe** den gedanklichen Aufbau; **untersuche** sprachliche Mittel; Wie **bewertest** du … vor dem Hintergrund dieses Artikels?; **Nimm** kurz **Stellung; beziehe** … eigene Erfahrungen **mit ein.***

2 *a) + b) Folgende Arbeitsschritte sind richtig (in der Reihenfolge): i → g → d → f → c → h → b.*

▷ S. 60 **B   Erstes Textverständnis**

1 *Hier gibt es keine richtige oder falsche Antwort, es kommt auf deine Einschätzung an, z. B.:*
*Ich finde Mädchen streiten **anders** als Jungen, weil Mädchen sich eher beleidigt zurückziehen, hinter dem Rücken Intrigen spinnen oder sich durch Worte verletzen, bevor sie sich buchstäblich in die Haare bekommen.*
*Ich finde Mädchen und Jungen streiten **auf die gleiche Art**, weil auch Jungen nur „zur Tat" schreiten, wenn sie mit Worten oder Gesten nichts erreichen. Und längst nicht alle Jungen sind aggressiver oder streitsüchtiger als Mädchen.*

2 a) 1. Abschnitt 👥 + 👥   2. Abschnitt 👥   3. Abschnitt 👥

4. Abschnitt 👤   5. Abschnitt 👤   6. Abschnitt 👤 + 👥

b) Laut Untersuchungen zum geschlechtstypischen Verhalten gelten Mädchen oft als zickig, weil sie petzen und erpressen, andererseits aber als unterstützend und verständnisvoll, wenn es darum geht, Konflikte zu mildern.
Jungen werden dagegen überwiegend als aggressiv und durchsetzungsfähig wahrgenommen: Ein „richtiger Junge" kämpft gern, um in der Gruppe seinen Rang zu verteidigen, und versucht im Wettbewerb, andere zu übertrumpfen.

▷S.61 **3** a) Zusammen gehören: 1 und D (Z. 1–21)   2 und A (Z. 22–30)   3 und F (Z. 31–42)
4 und E (Z. 43–56)   5 und B (Z. 57–70)   6 und C (Z. 71–89)

b) **1.** Viele Untersuchungen (scheinen zu) belegen, dass Mädchen offenbar anders streiten als Jungen.
2. Drei Mädchen lassen ein viertes erst nach Erpressung mitspielen, das gleich eine neue Idee ins Spiel einbringt.
3. Carmen provoziert, setzt sich durch und erzwingt, dass sie mitspielen darf. Am Ende steht eine versöhnliche Geste.
4. Zwei Jungengruppen bauen Sandberge. Es kommt zum Konflikt um den besseren Sand und den höheren Berg, die überraschende Wende gelingt durch ein einendes Ziel, gemeinsam den Berg bis in den Himmel zu bauen.
5. Joschka lenkt bei dem spielerischen Kampf ein. Die Konkurrenzsituation wird durch die neue Idee entschärft.
6. Es gibt viele Ähnlichkeiten, aber auch Unterschiede im Verhalten von Jungen und Mädchen. Geschlechtstypisches Verhalten als solches gibt es nicht. Es hängt immer von einer konkreten Situation ab und davon, wie wir diese wahrnehmen.

4 a) **2.** Beispiel 1: Streitverhalten von Mädchen
3. Erklärung und Analyse von Beispiel 1
4. Beispiel 2: Streitverhalten von Jungen
5. Erklärung und Analyse von Beispiel 2
6. Vergleich der Beobachtungsergebnisse und Abgleich mit den Vorurteilen

b) D veranschaulicht die gedankliche Struktur des Textes am besten: Die Einleitung nimmt auf beide Geschlechter Bezug, im Anschluss wird erst das Verhalten der Mädchen (Kreise) dargestellt und analysiert, danach das der Jungen (Quadrate). Abschließend wird wieder auf beide Geschlechter Bezug genommen und ein Fazit gezogen. Insgesamt hat der Text eine sehr klare Struktur, die auch durch den Kursivdruck der Beispiele unterstützt wird.

c) Zum einen lassen sich Parallelen in Bezug auf den Anfangs- und Schlussteil erkennen. Diese Teile bilden einen Rahmen und beziehen sich daher auf beide Geschlechter. Auch die Beispiele sind parallel aufgebaut: Zuerst wird ein konkreter Fall beschrieben, dann folgt die Analyse.

▷S.62 **C   Übungen**

1 So könnte deine Tabelle aussehen:

Geschlecht	„Vorurteil"	tatsächliches Verhalten	Schlussfolgerung
Mädchen	… gelten als unterstützend, helfend und verständnisvoll bzw. hinterhältig, verletzend und nachtragend.	… stören das Spiel; drohen, petzen, erpressen und setzen sich damit durch; versöhnen sich durch eine gemeinsame Spielidee.	Das in vielen Studien beschriebene geschlechtstypische Verhalten ist zwar feststellbar, beide Geschlechter zeigen aber auch Verhaltensweisen, die jeweils dem anderen Geschlecht zuzuordnen oder ihnen eben gemeinsam sind (z. B. drohen, durchsetzen, einlenken).
Jungen	… gelten als direkt, streng, heftig, rücksichtslos und konfrontativ, aber auch als durchsetzungsfähig.	… konkurrieren, provozieren, kämpfen (zunächst spielerisch); drohen, lenken ein und verständigen sich auf ein neues, gemeinsames Ziel.	

2 Die Wörter lauten in der Reihenfolge des Einsetzens: Fachzeitschrift → Praxis → Konfliktverhalten → Situationen → Konflikten → Parallelen → Konkurrenz → Verlauf → Strategien → Handgreiflichkeiten → Ziel → Spielidee → Machtkampfes → Verhaltensweisen.

▷S.63 **3** a) A: Konfrontation = (unversöhnliche) Gegenüberstellung, Auseinandersetzung
B: lady-agreement = (engl.) Abmachung oder Einverständnis zwischen Frauen
C: sich revanchieren = Rache oder Vergeltung üben, z. B. die eigene Niederlage in einem neuen Kampf wettmachen
D: Know-how = (engl.) Sachkenntnis, Erfahrung, Wissen

b) Weitere Fachbegriffe und Anglizismen sind:
verbal = mit Worten   Provokation = Herausforderung
Powergirl = Mädchen mit viel Kraft   stereotyp = feststehend, unbeweglich, klischeehaft
imitieren = nachahmen   experimentieren = ausprobieren

c) Viele (englische) Fachbegriffe in einem Text signalisieren, dass es sich eher um einen wissenschaftlichen Beitrag handelt, zumal Forschungssprache international oft Englisch ist. Die Autoren wirken kompetent.

4   *Weitere mögliche Beispiele sind:*

wörtliche Rede: „ ‚Also Mädchen sagen erst zwei, drei Schimpfwörter, die Jungen hauen gleich los.' " (Z. 1–2); „ ‚Ich hab's gesagt. Ihr sollt aufhören!' " (Z. 26); „ ‚Genau! Ich geb' euch Liebesblätter.' " (Z. 29) usw.

Ellipsen: „Bevor sie …?" (Z. 3); „ ‚Er wird bis in' Himmel.' " (Z. 54); „Nicht unbedingt." (Z. 80)

Leitfragen: „Streiten Mädchen anders als Jungen?" (Z. 1); „Wie sieht dies im Alltag aus?" (Z. 20);

Parallelismen: „Der Berg von Joschka ist sehr dunkel, der andere ist hell." (Z. 45–46); „Wer hat den besten Sand, wer ist schneller, wer baut den größeren Berg?" (Z. 62–63); „Ist also Carmela ein typisches Mädchen, Joschka ein typischer Junge?" (Z. 80)

Metaphern: „Liebesblätter" (Z. 29), „Spielführer" (Z. 44 /65) und viele Begriffe aus dem Wortfeld „Kampf" (s. u.)

Aufzählungen: „unterstützend, helfend und verständnisvoll" (Z. 6); „Jungen reagieren dagegen schneller, direkter, strenger und heftiger" (Z. 8); „Jungen sind laut und körperlich aggressiv und …" (Z. 11)

Parataxen: „Jan-Marius nimmt die Herausforderung an. Er dringt gefährlich nah ins ‚gegnerische' Spielfeld. Seine Spielfreunde folgen ihm." (Z. 50–51); „Der Konflikt wird als Anlass für kämpferisches Spiel genutzt, das eigene ‚Revier' wird verteidigt." (Z. 59–60); „Die Grenze zwischen Spaß und Ernst ist Teil des Spieles" (Z. 60)

Begriffe aus dem Wortfeld „Kämpfen"/„Krieg führen": „konfrontatives Vorgehen" (Z. 40), „Machtkampf" (Z. 42), „Verfolgungsjagden" (Z. 48), „Waffenstillstand" (Z. 48), „ … flackert der Konflikt erneut auf" (Z. 49), „kämpferisches Spiel" (Z. 59), „Drohgebärden und Scheingefechte" (Z. 63), „ ‚Gegner' " (Z. 70)

5   *Beispiele für rhetorische Fragen sind:* „Wer hat hier welche Position?" (Z. 40–41); „Scheut er den Konflikt oder fürchtet er gar um sein Werk?" (Z. 66); „Ist also Carmela ein typisches Mädchen, Joschka ein typischer Junge?" (Z. 80)

▷ S. 64   **6**   *Mögliche Erfahrungen in deiner Mind-Map könnten beispielsweise sein:*
Mädchen: … keifen, ziehen an den Haaren, kneifen, petzen, spinnen Intrigen, schneiden
Jungen: … messen sich miteinander, pöbeln, werden grob und aggressiv, „plustern sich auf"
gemeinsam: drohen, erpressen, laut werden, (be-)schimpfen, provozieren, zerstören ggf. Gegenstände

▷ S. 64   D   Den Schreibplan erstellen

1   *Einleitung*: Autoren, Titel des Artikels, Quelle, Thema, Inhalt wiedergeben
Hauptteil: den Aufbau des Artikels erklären, sprachliche Mittel und ihre Wirkung erläutern, Thesen der Autoren darlegen
Schluss: eine eigene Meinung zum Thema formulieren, den Artikel beurteilen
Ergänzen musst du Folgendes (in dieser Reihenfolge): Theorie und Praxis der Sozialpädagogik → 2000 Himmelstürme und Liebesblätter → Mechthild Dörfler → Tim Rohrmann → Konfliktverhalten von Mädchen und Jungen → das Verhalten mit konkreten Situationen zusammenhängt und oft weniger stereotyp ist, als wir es wahrnehmen.

2   a) *Die Reihenfolge der Zwischenüberschriften ist:*   1 = C   2 = D   3 = A   4 = B

3   *So könnte dein Schlussteil lauten:*

> **Mechthild Dörfler und Tim Rohrmann zeigen in ihrem Artikel an einigen Beispielen, dass** man eigentlich nicht von typischem Jungen- oder Mädchenverhalten sprechen kann. Natürlich kommt es vor, dass Mädchen oder Jungen „typische" Verhaltensweisen zeigen, aber im Grunde hängt ihr Verhalten immer mit einer konkreten Situation zusammen. Die beiden Autoren weisen in diesem Zusammenhang darauf hin, dass entscheidend sei, ob bzw. wie wir als Beobachter bestimmte Verhaltensweisen wahrnehmen. So werden Reaktionen, die nicht zu bestimmten Vorurteilen passen, oft übersehen oder anders bewertet. **Meiner Ansicht nach reagieren Mädchen wie Jungen in Konfliktsituationen ähnlich**, denn fast immer spielen dabei Stolz und Konkurrenz eine große Rolle. Es kommt zu Provokationen, Beschimpfungen und im Eifer des Gefechts gehen auch manchmal Sachen zu Bruch. **Aus eigener Erfahrung kann ich hinzufügen …**

4   *Vergleiche deine Lösungen mit dem Punkteraster.*

▷ S. 65   E   Den Text überarbeiten

1   **Text A:** *Durch … Ausdrücke wie „Liebesblätter" (**Z. 29**) oder „Himmelstürme" (**Überschrift**) … verständlich. …So sagt Joschka …, dass sie mitspielen dürften, wenn sie wollten …, dass er bis in den Himmel gehen werde (vgl. **Z. 54**).*
(Hinweis: Für einen guten Aufsatz müsstest du auch wörtliche Rede und die genannten anschaulichen Beispiele anführen.)
Text B: *„Auf den ersten Blick …" (Z. 71); „Bei dem Wunsch der Jungen … schwingen Größenfantasien mit" (**Z. 76–78**).*
*Im Gegensatz dazu fielen … „Liebesblätter" (**Z. 29**) herab und vermittelten die „Botschaft von Harmonie." (**Z. 79**)*

Punkteraster zur Selbsteinschätzung (zur Auswertung siehe Lösungsteil S. 6)

	Anforderungen: *Du ...*	Punkte (max.)	deine Punkte
Einlei- tung	... formulierst einen **Einleitungssatz**, in dem du **Autoren, Textsorte, Titel, Quelle** und das **Thema** nennst.	5	
	Zwischensumme Einleitung	= 5	
Haupt- teil	... fasst den **Inhalt** des Textes kurz zusammen.		
	... **legt** die wichtigsten **Thesen** bzw. **Informationen** aus dem Artikel **dar**:	3	
	→ Untersuchungsgegenstand ist das geschlechtsspezifische Streitverhalten.	1	
	→ Unterschiede im Streitverhalten von Jungen und Mädchen (3 Beispiele)	3 x 1	
	→ Gemeinsamkeiten im Streitverhalten von Jungen und Mädchen (3 Beispiele)	3 x 1	
	→ Fazit der Autoren:		
	→ Das tatsächliche Streitverhalten von Jungen und Mädchen ist oft weniger typisch als angenommen, da es von konkreten Situationen abhängig ist.	1	
	→ Wahrnehmung ist geprägt durch Vorurteile gegenüber den Geschlechtern, daher nehmen wir oft nur Reaktionen wahr, die diesen Vorurteilen entsprechen.	1	
		= 12	
	... **erläuterst** den **Aufbau** des Textes, d. h. ...		
	→ die Einleitung mit Thesen zum Streitverhalten von Mädchen und Jungen,	1	
	→ das Beispiel 1 zum Streitverhalten von Mädchen,	1	
	→ die Erklärung und Analyse von Beispiel 1,	1	
	→ das Beispiel 2 zum Streitverhalten von Jungen,	1	
	→ die Erklärung und Analyse von Beispiel 2,	1	
	→ den Vergleich der Beobachtungsergebnisse und den Abgleich mit den Vorurteilen.	1	
	... du erkennst den **Rahmen** und die **Parallelen** im Aufbau des Hauptteils.	2	
		= 8	
	... **nennst** je ein Beispiel für auffallende **sprachliche Mittel** und **erläuterst** deren Wirkung, wie z. B.:		
	→ für **Lebendigkeit**: wörtliche Rede, Ellipsen,	2 x 2	
	→ als **Verständnishilfe**: Leitfragen, Parataxen,	2 x 2	
	→ als **Strukturierungshilfe**: Aufzählungen, Parallelismen,	2 x 2	
	→ für **Anschaulichkeit**: Metaphern, Begriffe aus dem Wortfeld „kämpfen",	2 x 2	
	→ um **Interesse zu wecken**: rhetorische Fragen.	1 x 2	
		= 18	
	Zwischensumme Hauptteil	= 38	
Stel- lung- nahme	... formulierst **deine** eigene **Meinung**.	2	
	... **begründest** deine Meinung mit mindestens 2 **Beispielen** bzw. **Belegen** aus dem Text.	2 x 2	
	... beziehst deine **eigenen Erfahrungen** aus deinem Umfeld mit ein.	2 x 2	
	... **formulierst** auf der Grundlage deiner Argumentation eine kurze **Schlussfolgerung**.	2	
	Zwischensumme Stellungnahme	= 12	
Darstel- lungs- leistung	... stellst in deinem Aufsatz alles **geordnet** und **übersichtlich** dar und machst dabei **gliedernde Abschnitte**.	3	
	... verwendest bei der Wiedergabe und Analyse von Textaussagen das **Präsens**.	2	
	... **formulierst** bei der Inhaltsangabe **abwechslungsreich** (Die Autoren betonen, sie stellen fest, die Verfasser zeigen, an einem Beispiel wird illustriert / belegt ...).	2	
	... **belegst** Aussagen durch **wörtliche Zitate** oder **indirekte Wiedergabe**.	2	
	... **verwendest** für die Wiedergabe der indirekten Rede den **Konjunktiv** korrekt.	2	
	... **vermeidest umgangssprachliche Ausdrücke** und zu saloppe Formulierungen.	1	
	... machst **gedankliche Zusammenhänge** durch entsprechende Formulierungen deutlich („einerseits ..., andererseits"; „zwar ..., aber"; „zunächst ... ferner ... weiter ... zu guter Letzt", „in erster Linie ... darüber hinaus"; „hingegen", „ergänzend", „beispielsweise", usw.).	2	
	... konstruierst Sätze abwechselungsreich, indem du verschiedene Verknüpfungen mit **Konjunktionen** wie „weil", „während", „denn", „obgleich" o. Ä. verwendest.	2	
	Zwischensumme Darstellungsleistung	= 16	
	Gesamtpunktzahl	= 71	

▷ S.66 *Botho Strauß:* Drüben –
Eine Kurzgeschichte analysieren und interpretieren

▷ S.67 A   Die Aufgabe verstehen

1   *Folgende Teilaufgaben sind zu bearbeiten: c, d, f, h und i.*

▷ S.68 B   Erstes Textverständnis – Ideen entwickeln

1   *Möglich sind hier folgende Lösungen:*

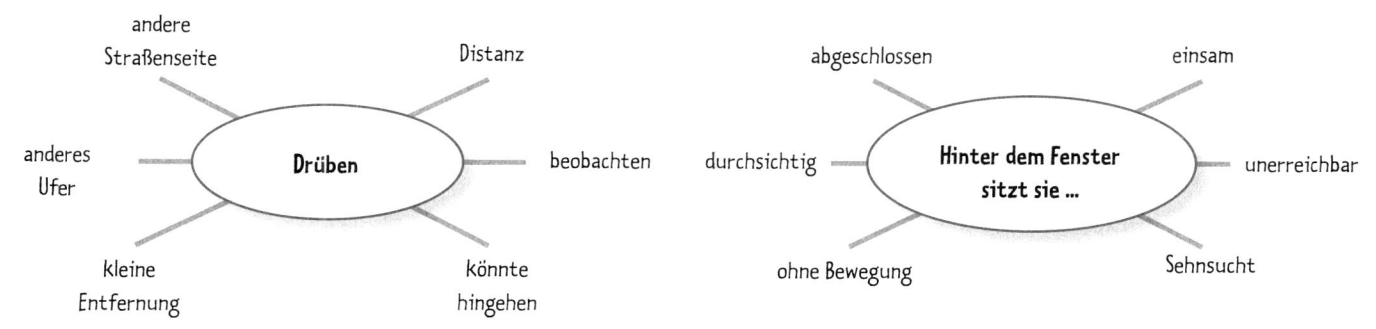

2   *Mögliche Antwort:* Die alte Frau bleibt allein; sie redet mit sich selbst, um sich zu beruhigen und weil sie niemand anderen hat. Sie spricht ganz leise, weil sie gelernt hat, dass „man keine Selbstgespräche führt".

3   *Hauptfigur: deckt den Tisch → wartet auf Tochter → beobachtet Fluss und Straße → telefoniert mit Schwiegersohn → deckt Tisch wieder ab*

4   *alte Frau im Altersheim: tritt auf den Balkon → schlägt mit einem Tuch in die Luft → tritt ins Zimmer zurück → schließt die Tür → wirft entrüstet die Arme hoch*

5   *Die „schrullige Person" im Altersheim gegenüber wirkt wie ein Spiegelbild der alten Frau, die vergeblich auf ihre Tochter wartet. Beide fühlen sich nutzlos, sprechen (mangels Gesprächspartner) mit sich selbst und sind über ihre Umwelt entrüstet bzw. von ihren Mitmenschen enttäuscht. Während die Frau im Altersheim ihre Enttäuschung jedoch körperlich ausdrückt, bleibt die alte Frau in der Wohnung eher passiv und regungslos.*

▷ S.69 **6**   a) *Die alte Mutter beschäftigt sich mit dem Geschehen auf dem Fluss und der Straße vor ihrem Fenster, den Gegenständen auf dem gedeckten Tisch (Servietten, Kaffeesahne usw.), ihrer Häkeldecke (um nicht ins Grübeln zu kommen); sie macht sich Gedanken über ihr zukünftiges Zimmer im Altenheim gegenüber, über ihre Tochter bzw. den Grund ihrer Verspätung und über ihr Portemonnaie.*
　　 b) *Es könnte sein, dass sie den Schritt aus ihrer Wohnung hinaus nicht mehr schafft, da sie bereits jetzt zu passiv ist.*

7   *Sicher falsch ist Antwort b.*

8   *Textstellen, an denen die Mutter bewegungslos ist: „sitzt sie" (Z. 1.); „Sie sitzt" (Z. 5 f.); „wartet" (Z. 6); „Sie hält ihren Kopf aufgestützt" (Z. 12 f.); „Sie setzt sich wieder" (Z. 15); „Doch das Warten ist stärker, es fordert, dass man sich still verhält" (Z. 18); „Sie steht eine Weile" (Z. 61); „Steht vor dem gedeckten Tisch" (Z. 65); „Dann setzt sie sich an ihren Platz" (Z. 67).*
Textstellen, an denen die alte Frau in Bewegung ist: „Sie steht auf, rückt auf dem Tisch die Gedecke zurecht, faltet …" (Z. 14 f.); „Aus der Truhe holt sie die Häkeldecke …" (Z. 17 f.); „Die alte Frau sucht" (Z. 53); „Dann geht sie langsam …" (Z. 64).

9 + **10**   *Die alte Frau und die „schrullige Person" im Altenheim sollten einen sehr kleinen Aktionsradius, die Tochter und ihr Ehemann einen sehr großen erhalten. Der Aktionsradius der Tochter und ihrer Mutter sollten sich nicht überschneiden.*

11   *Tatsächlicher Blickwinkel: Wohnung alte Frau → Altenheim*
Perspektive in ihrer Vorstellung: Wohnung alte Frau ← Altenheim
Die alte Frau blickt schon jetzt aus dem Altersheim auf ihr heutiges Leben, als gehöre es schon zur Vergangenheit. Möglicherweise fühlt sich schon jetzt dorthin „abgeschoben", weil es ihr offenbar schwerfällt, am Leben teilzunehmen.

▷ S.70 C   Übungen

1   a) *Ergänzungen in der Spalte „Lebensumstände, die der Erzähler mitteilt":*
(1) Z. 15: „Sie setzt sich wieder, legt die Hände lose in den Schoß", Z. 18; „Doch das Warten ist stärker";
Z. 58: „sie möge nicht länger warten"
(6) Z. 61: „Sie steht eine Weile auf dem dunklen Flur"

b) *Die fehlenden **Überschriften** in dieser Spalte könnten beispielsweise lauten:*
(3) Diejenigen, die der alten Frau am nächsten stehen, sind räumlich am weitesten entfernt.
(4) Es herrscht fast die ganze Zeit Stille.
(5) Die alte Frau spricht mit sich selbst.

c) *Mögliche Stichpunkte für die Spalte „Deutungsansätze":*
(2) – Tochter hat Kontakte zu anderen Menschen; – vergisst dabei ihre einsame Mutter; – beide alten Frauen leben ohne Kontakte zur Außenwelt.
(3) – Tochter wirkt egoistisch; – alte Frau kreist sehr um ihre Tochter; – macht sich von ihr abhängig.
(4) – Stille für alte Frau unerträglich; – muss sich immer wieder ablenken bzw. beschäftigen.
(5) – Ersatz für Gespräch mit der Tochter; – ist resigniert; – wirkt traurig (spricht lautlos).
(6) – Leben der alten Frau ist „farblos" und „dunkel"; – nähert sich dem Tod (schwarz); Licht = Hoffnung und Leben; Dunkelheit, Bewegungslosigkeit und Resignation passen zusammen.

▷ S. 71 **2** *Eindeutig falsch ist Antwort b.*

3 *II. These: In ihren Gedanken kreist die alte Frau oft um Vergangenheit und Zukunft, weil in ihrer Gegenwart nichts Wichtiges mehr passiert und sie die Zeit nicht selbst sinnvoll zu füllen weiß.*
III. These: Der Fluss, der „träg durch den Ort zieht", könnte für ihr Leben stehen, das langsam aber sicher an ihr vorbeizieht, für alle Stunden, die sich unerträglich langsam dahinziehen, weil sie nichts zu tun hat.
IV. These: Die Tatsache, dass die alte Frau den Tisch deckt und wieder abdeckt, ohne dass gegessen worden ist, macht die Nutzlosigkeit ihrer mütterlichen Fürsorge und damit ihre eigene Nutzlosigkeit deutlich.
V. These: Die heftigen Bewegungen der alten Dame im Altenheim könnten ein letztes, unsinniges Sich-Aufbäumen gegen eine Welt sein, in der sie keinen Platz mehr findet und „keine Rolle mehr spielt".

▷ S. 72 **4** a) + b) *Mögliche Lösung (weitere hilfreiche Textbausteine sind unterstrichen):*
Auffällig in dieser Geschichte ist das Wortfeld „träg/zäh/langsam". So heißt es z. B. in Zeile 10, dass ein „Fluss [...] träg durch den Ort zieht". Die alte Frau nimmt ihn wahr, während sie in ihrer kleinen, engen Wohnung (vgl. Z. 8) still und regungslos am Fenster sitzt und auf ihren Besuch wartet, der nicht kommen will. In dieser Passage im Text wird deutlich, dass im Leben der alten Frau nichts Aufregendes mehr passiert, und diese Lebenssituation spiegelt sich in der trägen Bewegung des Flusses wider. Insgesamt kann der träge Fluss als ein Symbol gesehen werden: Er steht dafür, dass das Leben an der alten Frau „vorbeiläuft" und dass diese Zeit unerträglich langsam verrinnt. An anderer Stelle teilt der Erzähler mit, dass die alte Frau den Autoverkehr vor ihrem Haus wahrnimmt. Auch dieser Strom „bewegt sich nur zäh" (Z. 12) an ihr vorbei, in ihrem Umfeld sind alle Geschwindigkeiten drastisch reduziert. Insgesamt stellt der Text die alte Frau als eine Figur dar, die zu Langsamkeit bzw. Bewegungslosigkeit auf engem Raum verurteilt ist. Ihre Lebenssituation ist vor allem geprägt von Stillstand und Untätigkeit. Dies zeigt sich z. B. auch darin, dass es sich als nutzlos erweist, wenn sie denn einmal tätig wird – wie z. B. beim Decken des Tisches für den erwarteten Besuch. Sie ist an einem Punkt angelangt, an dem sie den Stillstand in ihrem Leben nur noch dadurch vertreiben kann, dass sie mit sich selber redet (vgl. Z. 69).

▷ S. 72 ## D   Den Schreibplan erstellen

1 + **2** *Folgende Elemente könnte deine Mind-Map enthalten (vgl. die Aufgaben 1 bis 3 im Teil C):*
Bewegung: – Decken des Tisches; – Abdecken; – schrullige Alte schlägt mit Tuch
Alte Frau: Sehnsucht nach Gesellschaft; – möchte besucht werden; – Ausflugsverkehr; – Tochter
Stillstand: – warten; – sitzen; – „lautlos sprechende Lippen"; – „stilles ... Gegenüber"
Vergangenheit und Zukunft: – leere Gegenwart; – Erinnerungen; – unrealistische Zukunftsvisionen
Hell-/Dunkel-Kontrast: – „endlich Sonne"; – dunkler Flur; – Schattenseite

3 *Informationen für die Einleitung: Autor: Botho Strauß, Textsorte: Kurzgeschichte, Titel: „Drüben", Erscheinungsjahr: 1987*

▷ S. 73 **4** *In einer 1987 publizierten Kurzgeschichte mit dem Titel „Drüben" stellt Botho Strauß die Lebenssituation einer alten Frau dar.*

5 *Die Hauptfigur wartet an einem Sonntagnachmittag in ihrer Wohnung vergeblich auf ihre Tochter und deren Mann, die sie zum Kaffeetrinken eingeladen hat. Der Tisch ist gedeckt und sie hat sich für diesen Anlass hübsch gemacht. Wartend beobachtet sie den Ausflugsverkehr, der ebenso zäh aus der Stadt hinausströmt wie der Fluss, der an ihrem Haus vorbeifließt. Sie erinnert sich dabei an ihre Vergangenheit und hängt ihren Plänen nach, in ein gegenüberliegendes Altenheim zu ziehen. Die Tochter hat den Termin bei ihrer Mutter vergessen; und als ihr Schwiegersohn den Besuch unter einem Vorwand telefonisch absagt, räumt die alte Frau den gedeckten Tisch wieder ab, setzt sich nieder und redet leise mit sich selbst.*

6 + **7** *Für den Hauptteil deiner Interpretation kannst du zunächst deine Lösung zu Aufgabe 4 a auf Seite 64 im Trainer nutzen und an dieser Stelle einfügen. Die Interpretation könnte dann beispielsweise so fortgesetzt werden:*

Diejenigen, die der alten Frau von den Verwandtschaftsverhältnissen her am nächsten stehen, sind in dieser Geschichte räumlich am weitesten von ihr entfernt. Während die alte Frau sich für einen Besuch vorbereitet, den Tisch gedeckt, die Obsttorte „unter einer silbernen Glocke" bereit gestellt (Z. 3) und „ein Ohrgehänge mit Rubinen angelegt" hat (Z. 5), haben sich Tochter und Sohn weit von ihrer Wohnung fortbegeben. Die alte Frau rechnet jedoch damit, dass die beiden jeden Moment in ihrer Wohnung eintreffen und

dann neben ihr am Kaffeetisch sitzen werden. Aber die „sind unter Mittag ein Stück ins Land hinausgefahren" (Z. 44 f.). In Sichtweite der alten Frau bleibt so nur die „schrullige Person" (Z. 34) im Altenheim gegenüber, die ihr vor Augen führt, wie ihre eigene Zukunft aussehen könnte. Die Tochter der alten Dame pflegt außerhalb der Stadt jene Kommunikation, an der ihre Mutter keinen Anteil mehr hat: Sie und ihr Ehemann „haben Freunde besucht und sitzen nun zusammen in einem Gartenrestaurant bei Kaffee und Kuchen" (Z. 45 f.). Der alten Frau dagegen bleibt am Ende der Geschichte nichts anderes übrig, als „die Teller und Tassen, die Bestecke und Servietten" unbenutzt wieder wegzuräumen, die sie für Tochter und Schwiegersohn aufgedeckt hatte. Und während die Tochter und ihr Ehemann ihren Aktionsradius nutzen und in Gesellschaft sein können, legt die alte Frau in ihrer „stickige[n] Wohnung" (Z. 51) „wieder den Finger zwischen die flüsternden Lippen" (Z. 68 f.) und wirkt sehr hilflos und verlassen.

Die bedrückende Lebenssituation, in der sich die alte Frau befindet, unterstreicht der Erzähler mit einer Reihe von Hell-Dunkel-Kontrasten. Dabei wird Dunkelheit jeweils dem Lebensraum der alten Frau zugeordnet. Eingangs heißt es bereits, dass die Zimmer ihrer Wohnung „an einem dunklen Flur" liegen (Z. 8 f.). In der Darstellung des Ausblicks, der sich von ihrem Wohnungsfenster bietet, werden dann zwei „Häuserzeilen" erwähnt, die ein „erwartungsloses Gegenüber von Schatten- und Sonnenseite" ergeben. Die Sonnenseiten (des Lebens) sind für die alte Frau – ebenso wie für die noch ältere Dame im Altenheim gegenüber – unerreichbar. Ihre Enttäuschung darüber sieht die wartende Mutter im Auftritt der schrulligen Person auf dem Balkon bestätigt, die in ihrer Fantasie schimpft: „Geh weg, du helle, falsche Welt!" (Z. 38). Es scheint so, als ob sie sich damit trösten will; für sie ist falsch und schlecht, was sie nicht haben kann. Falsch ist die helle Welt aber vielleicht auch, weil ihre Tochter „endlich Sonne" genießen will (Z. 49) und ihre alte Mutter darüber ganz vergisst. Und dann, als sie sich an den versprochenen Besuch erinnert, möchte sie die gute Laune unter Freunden in der Sommerfrische nicht aufgeben (vgl. Z. 48).

Alleine steht die alte Frau daraufhin „eine Weile auf dem dunklen Flur" (Z. 61). Diese Raum- und Farbsymbolik, die Enge des Flures und die Dunkelheit, machen deutlich, dass die zunehmend vereinsamende alte Frau kaum noch Lebensfreude oder Hoffnung (d. h. Licht) für sich sieht.

In einigen Erzählpassagen verwendet der Erzähler den Konjunktiv. Damit wird unterstrichen, dass die alte Frau die für sie bedrückende Wirklichkeit immer wieder in Gedanken verlässt und in ihre Wunschvorstellungen flüchtet. Da sich in ihrem Dasein wenig ereignet, rücken die Vergangenheit und die (ungewisse) Zukunft in ihren Gedanken in den Vordergrund. Während die Erinnerungen an die Vergangenheit im Indikativ stehen (vgl. Z. 28 f.), sind wichtige Aspekte der Gegenwart und Zukunft ungewiss. „Es könnte ihnen schließlich etwas zugestoßen sein", heißt es in Zeile 41, als die alte Frau unruhig wird und sich wundert, warum die Tochter zu dem verabredeten Kaffeetrinken nicht eintrifft. „[S]ie müssten längst hier sein", heißt es in Konjunktivform (Z. 42); und in der nächsten Zeile wird die für die alte Frau ernüchternde Wirklichkeit dann im Indikativ hart dagegengesetzt: „Aber sie haben sich gar nicht auf den Weg gemacht zu ihr" (Z. 43). Ebenfalls im Konjunktiv stehen die Zukunftsfantasien der alten Frau, mit denen sie aus ihrer bedrückenden Wirklichkeit flüchtet: „Sie würde sich auch bemühen, die Menschen, die nach ihr dort einzögen, kennen zu lernen und einen Kontakt zu ihnen zu finden", heißt es etwa in Zeile 29 f. über ihren Plan, irgendwann ihre Wohnung anderen Mietern zu überlassen und ins Altenheim zu wechseln. Durch den Konjunktiv stellt der Erzähler zumindest in Frage, ob die alte Frau ihren Plan wirklich in die Tat umsetzen wird; denn offensichtlich gelingt es ihr schon jetzt nicht, aus der Isolation auszubrechen, unter der sie leidet. Die Wahrscheinlichkeit, dass sie im fortgeschrittenen Alter aktiver auf andere Menschen zugehen wird als jetzt, scheint daher gering. Denn bereits jetzt hätte sie ja die Gelegenheit, z. B. die „schrullige Person" im gegenüberliegenden Altenheim, die sie offenbar öfter beobachtet (vgl. Z. 34), einmal zu besuchen. Das geschieht jedoch nicht. Die alte Frau ist in ihrem Bewegungsradius bereits deutlich eingeschränkt und kann sich nur noch in Gedanken aus ihrer Wohnung hinausbewegen. Dabei nimmt sie bereits die Perspektive einer Person ein, die sich im Altenheim befindet und auf ihre jetzige Wohnung hinüberschaut (vgl. Z. 26 f.). Vielleicht fühlt sie sich bereits dorthin abgeschoben.

7   *Hier kannst du eine persönliche Reaktion auf die Geschichte formulieren. Achte darauf, dass du die in der Geschichte dargestellte Situation der alten Frau dabei nicht aus dem Blick verlierst. So könnte die Schlussbetrachtung lauten:*

Mir scheint das Bild vom Alter als zu einseitig: Meine Großmutter blühte erst richtig auf, als sie nicht mehr arbeiten musste und endlich alle Dinge tun konnte, die sie immer hatte aufschieben müssen. Da sie nun mehr Zeit hatte, konnte sie sich mehr Zeit für ihre Enkel nehmen als sie je für ihre Kinder hatte, konnte Malkurse besuchen, reisen usw.

Das Bild, das Botho Strauß in seiner Erzählung schafft, zeigt jedoch die Kehrseite der Medaille: Oft genug verlieren Menschen ihre sozialen Kontakte, wenn sie nicht mehr am Arbeitsleben teilnehmen, und ziehen sich immer mehr zurück. Mich hat beeindruckt, wie es dem Erzähler in dieser kurzen Momentaufnahme gelingt, durch Farben und Symbole die Stimmung des Textes zu unterstreichen und durch Verhaltenweisen und Aktivitäten das Lebensgefühl der Figuren einzufangen.

▷S.73   E   Den eigenen Text überarbeiten

1   *Folgende **Verbesserungsvorschläge** sind denkbar:*
Anfangs sitzt die Frau „[h]inter dem Fenster" (Z. 1) und wartet auf ihre Tochter. Dann kann die alte Frau ihre Lage nicht mehr ertragen und „muss sich ablenken" (Z. 17). Sie denkt über ihrer Zukunft nach. In Z. 29 heißt es dazu: „Sie würde sich auch bemühen, die Menschen [...] kennen zu lernen" (Z. 29 f.). Dieser Konjunktiv zeigt, dass sie sich gedanklich aus der Realität hinausbewegt hat.

2   *Vgl. die Regeln im Trainer auf Seite 73 im Tippkasten.*

Punkteraster zur Selbsteinschätzung (Bewertungsmaßstab vgl. S. 6 in diesem Lösungsheft)

	Anforderungen: Du ...	Punkte (max.)	deine Punkte
Einlei- tung	... formulierst einen **Einleitungssatz**, in dem du **Autor, Textsorte, Titel, Thema** und **Erscheinungsjahr** des Textes nennst.	5	
	Zwischensumme Einleitung	= 5	
Haupt- teil	... gibst den **Inhalt** der Geschichte knapp und genau wieder.	10	
	... stellst die **Lebenssituation** der alten Frau ausführlich dar, indem du deine Ausführungen mit Hilfe von **mindestens drei Deutungsansätzen** gliederst, die jeweils einen Aspekt der Geschichte gedanklich klar wiedergeben. Dabei gehst du ein auf ...		
	→ den Lebensmittelpunkt der alten Frau und ihren räumlich eingeengten Bewegungsradius, der sich in den dargestellten räumlichen Verhältnissen im Text widerspiegelt,	4	
	→ Aktivitäten, Gedanken und Lebensgefühl der alten Frau im Verhältnis zu ihrer Tochter bzw. ihrem Schwiegersohn und der damit verbundenen Erfahrung der „Nutzlosigkeit", die symbolisch ebenso in den Hell-Dunkel-Kontrasten und anderen Motiven wie dem Fluss oder dem Ausflugsverkehr zum Ausdruck kommen,	8	
	→ die Verwendung des Konjunktivs, der die Vorstellungen der alten Frau als „Flucht" in Vergangenheit oder Zukunft kenntlich macht und hart durch ihre unerfüllte Gegenwart im Indikativ kontrastiert wird,	4	
	... und belegst diese drei Deutungsansätze **jeweils** mit **drei passenden Textzitaten** (Z. ...) bzw. Textverweise (vgl. Z. ...), die deine Deutung unterstützen.	3 x 3	
	... **verbindest die Deutungsansätze zu einer** in sich stimmigen, d. h. **widerspruchsfreien Deutung** des Textes.	6	
	Zwischensumme Hauptteil	= 41	
Stel- lung- nahme	... formulierst eine zusammenfassende **Schlussfolgerung** aus deinen Deutungsansätzen,	3	
	... äußerst klar deine **eigene Meinung** zu der im Text dargestellten Lebenssituation,	3	
	... du **begründest** deine Ansicht, z. B. anhand von Beobachtungen aus deinem Umfeld.	3	
	Zwischensumme Stellungnahme	= 9	
Darstel- lungs- leistung	... stellst alle Teile **geordnet** und **übersichtlich** dar und machst dabei gliedernde Abschnitte.	3	
	... **belegst Aussagen durch** korrektes und buchstabengetreues **Zitieren**.	2	
	... verwendest bei der Textwiedergabe und der Analyse das **Präsens**.	2	
	... **wechselst** bei der Wiedergabe des Inhalts einleitende **Konjunktionen und Partikel ab** wie zum Beispiel „zuerst", „dann", „darauf", „später", „im weiteren Verlauf", „zuletzt" usw.	2	
	... **verwendest treffende und anschauliche Verben, Adjektive und Nomen**, um die Lebenssituation der Hauptfigur zu kennzeichnen.	3	
	... verwendest korrekte **Fachbegriffe**, die zur Textsorte passen (Erzähler, Figur usw.).	2	
	... verwendest durchgängig **Standardsprache** und vermeidest umgangssprachliche Ausdrücke wie „total", „raus", „egal", „sowieso" usw.	2	
	Zwischensumme Darstellungsleistung	= 16	
	Gesamtpunktzahl	= 71	

▷ S. 74 *Joseph von Eichendorff:* Sehnsucht –
Ein Gedicht analysieren und interpretieren

▷ S. 75 **A   Die Aufgabe verstehen**

1   *Folgende Aspekte sind bei der Analyse und Interpretation von Lyrik wichtig: a, c, e, f, g, h und j.*

2   **Vorarbeit:** *K (und vor der Reinschrift) B*
*Einleitung: 1. = I;   **Hauptteil:** 2. = D   3. = G   4. = F   5. = H   6. = E   7. = A;   **Schluss:** 8. = C   9. = L*

▷ S.75 **B Erstes Textverständnis**

1 *Hier gibt es keine richtige oder falsche Lösung; eine mögliche Lösung wäre:* Beim ersten Lesen fällt die positive Grundstimmung des Gedichts ins Auge. Die Natur spielt eindeutig eine sehr wichtige Rolle und steht mit Musik in Verbindung. Farben, Töne und Bewegungen gehen ineinander über, die fliegenden Vögel vermittelt ein Gefühl von Leichtigkeit.

2 *Folgende Antworten sind richtig:* b, d, vielleicht auch e.

3 *Folgende Lösung trifft am ehesten zu:* f (sehnsüchtig).

▷ S.76 **4** Das lyrische Ich lässt sich von der Aufbruchsstimmung des Frühlings anstecken und verspürt dadurch eine unbestimmte Sehnsucht, so etwas wie Fernweh.

5 *Strophe 1: a und e   Strophe 2: b und f   Strophe 3: c und d*

▷ S.76 **C Übungen**

1 *Das Gedicht hat* **drei** *Strophen, eine Strophe besteht immer aus* **vier** *Versen.*

2 a) *4*
b) *Es handelt sich folglich in der ersten und dritten Strophe um einen* **umarmenden Reim** *und in der mittleren um einen* Kreuzreim.
c) *b*
d) *Folgende Lösungen treffen zu: a, c und e.*

▷ S.77 **3** a) 1. **Lüfte – blau**: *Die laue Frühlingsluft und der blaue Himmel (V. 1–2) wecken im lyrischen Ich die Sehnsucht* nach der unbestimmten Ferne.
2. **Vogel – fliegen**: Die Vögel (V. 1, V. 6, V. 9) stehen mit ihrem scheinbar mühelosen Fliegen für die Leichtigkeit, mit der man von einem Ort zum anderen kommt.
3. **Wind – Segel**: Die Segel deuten Sehnsucht und Fernweh an, der Wind treibt die Schiffe in die Ferne (V. 10); die Schiffe sind dem Wind ebenso ausgesetzt wie das lyrische Ich.
b) *Die Sehnsucht des lyrischen Ichs kommt in drei zentralen Motiven zum Ausdruck:* Die blauen Lüfte wecken die Sehnsucht des lyrischen Ichs (V. 1 und 2), der Flug der Vögel (V. 3) verstärkt diese Sehnsucht nach einer unbestimmten Ferne, die Winde stehen für Kräfte, die von außen auf das Schicksal des Menschen wirken und die ihn „sanft" (V. 10) „entführen" (V. 11).

4 a) *Zusammen gehören: 1 und f; 2 und d; 3 und a; 4 und h; 5 und g; 6 und b; 7 und c; 8 und i; 9 und e.*
b) **Inversion**: *z. B. Vers 3 gegenüber Vers 4*   **Interjektion**: *z. B. „Ach!" (V. 5)*
Personifikation: *z. B. „Lüfte … verführen" (V. 2)*   **Ellipse**: *z. B. im Vers 1 (Verb im Satz fehlt.)*
Anapher: *z. B. „Vöglein …" (V. 1/V. 9); Achtung: Eigentlich müsste die Wiederholung im nächsten Vers erfolgen.*
rhetorische Fragen: *„Sind die Farben …?" (V. 6–7)*   **Metapher** *(verblasste M.): z. B. „singen" (V. 6)*
Chiasmus: *z. B. „Farben … Töne, Töne … Schwingen" (V. 7/8)*   **Alliteration**: *z. B. „sanft … Segel" (V. 10)*
Auffällige Metaphern fehlen, stattdessen kommt die Personifikation als eine besondere Form der Metapher vor.

5 *Vers 1+2 → Ausrufe → B*   *Vers 3+4 →Wunschsatz → D*
Vers 7+8 → Fragesatz → A   *Vers 9 → Aussagesatz → C*

▷ S.78 **6** *1. Strophe: a, c, d, e   2. Strophe: b   3. Strophe: a, c, d, f*

7 *Aussage* **A** *ist zutreffend, B ist eher unzutreffend: Das lyrische Ich hat keine vollkommene innere Ruhe.*

8 *Folgende Aussagen treffen zu: a und c.*

9 *Folgende Aussagen sind richtig: a, c, d, f und g.*

▷ S.79 **D Den Schreibplan erstellen**

1 *Dein Einstieg könnte z. B. lauten wie folgt:* Im Gedicht „Sehnsucht", das Joseph von Eichendorff um 1837 verfasst hat, weckt die frühlingshafte Natur die Sehnsucht nach der weiten Ferne.

2 + **3** *So könnte dein Flussdiagramm aussehen:*

Einleitung, → Hauptteil
Einleitungs-   Inhalt:
*satz (**vgl.**   – Sehnsucht nach Ferne*
Aufgabe 1) *– Frühling*
– Sinneseindrücke (vgl. Aufgabe 5, Teil B)
Aufbau: Motive + Deutung:
– drei Strophen mit je   Lüfte – blau → Sehnsucht, Ferne, Vögel – fliegen → Leichtigkeit,
vier Versen   Wind – Segel → sich treiben lassen
– erste und dritte Stro-   (vgl. Aufgabe 3, Teil C)
phe: umarmender Reim,
zweite: Kreuzreim

– Verse beginnen mit Trochäus – Rhythmus: dynamisch, unruhig, lebhaft (vgl. Aufgabe 1+2, Teil C)	Sprachliche Mittel und deren Wirkung: – Interjektion → Vermittlung des Lebensgefühls – Personifikation → Verbildlichung abstrakter Dinge … – Inversion, verschiedene Satzarten → kunstvolles Spiel mit Sprache … → Insgesamt: stark verdichtete Sprache	Bezüge zwischen Form und Inhalt: – Interjektionen und syntaktische Strukturen unterstreichen Sehnsucht; – Fernweh als Wunsch (Konjunktiv) – abschließende Frage betont Sorge um Zukunft (vgl. Aufgabe 9, Teil C) – Strophe 1 und 3 rahmen Strophe 2 ein, Strophe 2 → Überlagerung der Sinneseindrücke; Ursache → Wirkung → Folge Bezug zur Epoche: – drückt typisches Lebensgefühl der Romantik aus; – romantische Motive; Gegenwelt zum Alltag; → Sehnsucht als Modegefühl der Epoche (vgl. Aufgabe 8, Teil C)	→ Schluss Fazit und → Stellungnahme zum Lebensgefühl der Romantik

▷ S.79 E Den eigenen Text überarbeiten

1 + **2** *In seinem Gedicht „Sehnsucht" schildert Joseph von Eichendorff die Sehnsuchtsgefühle eines Menschen angesichts des Frühlings. Auffällig ist, dass das lyrische Ich in der mittleren Strophe nicht mehr in Erscheinung tritt und erst in der letzten Strophe aus sich herauskommt, **woraus man schließen kann, dass es zwischenzeitlich ganz in die Betrachtung der Natur versunken ist und in ihr aufgeht**. Dazu passt, dass die erste und die letzte Strophe einen umarmenden Reim aufweisen, die zweite jedoch einen Kreuzreim, **was diese Verschränkung und Verflechtung auch äußerlich betont**. Das Motiv der ersehnten „bunte[n] Flügel" (Vers 3) und das Bild der „Winde, [die] sanft die Segel rühren" (Vers 10) stehen im übertragenen Sinn für die **Sehnsucht des lyrischen Ichs nach der Ferne**. Durch den **unruhigen, oft durch Einschübe unterbrochenen** Satzbau („Vöglein, ja, ich lass das Zagen!" (Vers 8)) kommen die Gefühle des lyrischen Ichs besonders gut zum Ausdruck. Verstärkt wird dies durch die gefühlsbetonten Interjektionen („Ach!" (Vers 5 und 12)). Dass es sich bei dem Gedicht „Sehnsucht" von Joseph von Eichendorff um einen typischen Text der Romantik handelt, wird **auch an der lebhaften Interpunktion (Ausrufezeichen, Fragezeichen usw.)** deutlich. Das Epochengefühl der Romantik kommt **ferner** in der Metaphorik zum Ausdruck, z. B. **wenn ausgerechnet blaue Lüfte das lyrische Ich verführen** (vgl. Vers 2); blau wie das Meer, das in die Ferne lockt, blau als die Farbe des Himmels, die für Freiheit und Schwerelosigkeit steht.*

Punkteraster zur Selbsteinschätzung (Bewertungsmaßstab folgt im Anschluss, s. u.)

	Anforderungen: Du …	Punkte (max.)	deine Punkte
Einleitung	… formulierst einen **Einleitungssatz**, in dem du **Autor, Textsorte, Titel, Thema** und Erscheinungsjahr des Textes nennst.	5	
	Zwischensumme Einleitung	= 5	
Hauptteil	Teilaufgabe 1: (Motiv der Sehnsucht) … gibst den **Inhalt** des Gedichtes strophenweise wieder.	9	
	… stellst dabei dar, welche **Haltung** das **lyrische Ich** zur Natur einnimmt, nämlich:		
	• in Strophe 1: Sehnsucht nach Weite und Ferne; optische Reize des Frühlings;	3	
	• in Strophe 2: lyrisches Ich ist nicht erkennbar, versinkt in Naturbetrachtung, Verbindung optischer und akustischer Reize;	3	
	• in Strophe 3: erst abwartend, dann gibt das lyrische Ich seiner Sehnsucht nach.	3	
	Teilaufgabe 2: (formale und sprachliche Mittel) … beschreibst die **äußere Form** des Gedichts, nämlich:		
	– drei Strophen à vier Verse;	2	
	– 1.+ 3. Strophe: umarmender Reim; mittlere Strophe: Kreuzreim;	2	
	– alle Strophen beginnen mit einem Trochäus.	2	
	… leitest daraus die **Wirkung** ab: dynamisch, unruhig, lebhaft (und dabei regelmäßig)	3+1	
	… nennst die wichtigsten Ausgestaltungen des **Sehnsuchtsmotivs**:		
	– Vers 1–2: blaue Lüfte wecken Sehnsucht;	3	
	– müheloses Fliegen der Vögel (Vers 1, 6 und 9);	3	
	– Vers 10 f.: Wind und Segel stehen ebenfalls für die Sehnsucht.	3	
	… nennst zentrale **rhetorische Figuren** und ihre die Aussage verstärkende **Wirkung**, v. a.: Vers 2: Personifikation; Vers 5: Interjektion; Vers 8/9: rhetorische Fragen; Vers 7/8: Chiasmus.	2x4 = 8	
	… nennst im Zusammenhang mit den Satzstrukturen v. a. die vielen Ausrufe (1. Strophe und Vers 9) und Fragen (Vers 8 und 12) als Verstärkung der Sehnsuchtsgefühle.	2x2 = 4	

Anforderungen: Du …	Punkte (max.)	deine Punkte
Teilaufgabe 3: (Lebensgefühl der Romantik) … erläuterst, wie Eichendorffs Text das **Lebensgefühl der Romantik** ausdrückt, und zwar durch (elliptische) Ausrufe, die Verwendung typischer romantischer (Natur-)Motive, die Mischung von Sinneseindrücken, den zum Ausdruck gebrachten Wunsch nach Ferne und durch das Sich-treiben-Lassen des lyrischen Ichs am Ende.	4x2 = 8	
… **verbindest die Deutungsansätze zu einer** in sich stimmigen, d. h. **widerspruchsfreien Deutung** des Textes.	3	
Zwischensumme Hauptteil	= 60	

	Anforderungen	Punkte (max.)	deine Punkte
Stellungnahme	… formulierst eine zusammenfassende **Schlussfolgerung** aus deinen Deutungsansätzen,	3	
	… äußerst klar deine **eigene Meinung** zum im Text dargestellten Lebensgefühl.	5	
	Zwischensumme Stellungnahme	= 8	
Darstellungsleistung	… stellst alle Teile **geordnet** und **übersichtlich** dar und machst dabei gliedernde Abschnitte.	4	
	… belegst Aussagen durch korrektes und buchstabengetreues **Zitieren**.	5	
	… verwendest bei der Textwiedergabe und der Analyse das **Präsens**.	3	
	… **wechselst** bei der Wiedergabe des Inhalts einleitende **Konjunktionen und Partikel ab**, wie zum Beispiel zuerst, daraufhin, im weiteren Verlauf, am Ende, wodurch, usw.	4	
	… vermeidest sprachliche **Wiederholungen**.	3	
	… verwendest korrekte **Fachbegriffe**, die zur Textsorte passen (Strophe, Kreuzreim, rhetorische Frage usw.).	4	
	… verwendest durchgängig **Standardsprache** und vermeidest umgangssprachliche Ausdrücke wie total, raus, egal, sowieso usw.	4	
	Zwischensumme Darstellungsleistung	= 27	
	Gesamtpunktzahl	= 100	

Bewertungsschlüssel für dieses Kapitel:

73–100 Punkte (73–100 %)	59–72 Punkte (59–72 %)	45–58 Punkte (45–58 %)	0–44 Punkte (0–44 %)
Du liegst im sehr guten bis guten Bereich. Schau dir trotzdem noch einmal genau die Stellen an, an denen du dich noch verbessern kannst.	Deine Leistungen sind durchschnittlich. Einiges gelingt dir schon ganz gut, trotzdem solltest du dir fehlerhafte Stellen noch einmal anschauen, um diese Aufgabenarten zu üben.	Deine Leistungen sind noch ausreichend. Überarbeite deine Ergebnisse noch einmal. Versuche, Fehlerschwerpunkte zu entdecken und diese gezielt zu beheben.	Du hast in vielen Bereichen noch Schwierigkeiten. Sprich mit deiner Lehrerin/ deinem Lehrer darüber, wo deine Fehlerschwerpunkte liegen und wie du sie gezielt verbessern kannst.

▷ S. 80 # Ausziehen = Erwachsen werden – Informationen entnehmen, in Beziehung setzen und bewerten

▷ S. 82 ## A Die Aufgabe verstehen

1 a) *Schlüsselbegriffe* und **Operatoren** der Aufgabenstellung sind: **Stelle** die <u>zentralen Aussagen</u> … <u>knapp</u> und <u>präzise</u> **dar;** **Vergleiche** die Aussagen von <u>M1</u> und <u>M4</u> …; **Nimm Stellung** …; **Beziehe dich** dabei <u>auch</u> … **auf** …
b) *Folgende Aussagen sind richtig: b, c, f und g.*

▷ S. 82 ## B Erstes Textverständnis – Stoff sammeln

1 *d*

2 *M1: D (auch C)   M2: C und D   M3: B   M4: A (auch B)*

▷ S. 83 **C Übungen**

1 Markierte *Schlüsselwörter* und → *Kernaussagen*:
in M1: *Entwicklungsstopp* <u>oder</u> **Warteschleife** <u>oder</u> *verzögerte Reife, unangemessene Unterstützung, Hotel Mama, (fehlende) Konflikte, evtl: fehlende finanzielle Basis;*
→ *Kernaussage*: Ein später Auszug aus dem „Hotel Mama" verzögert den Reifungsprozess.
in M2: *fehlende Spannung, Juvenalisierung, wirtschaftliche Verhältnisse schwierig, wie ... sich da abgrenzen?;*
→ *Kernaussage*: Die Spannungen zwischen den Generationen bleiben aus. Dadurch wird es für die Jugendlichen immer schwieriger, sich abzugrenzen.
in M3: 1985: 12 % + 41 % = Konsens, 37 % + 11 % = Abweichung; 2006: 15 % + 56 % = Konsens, nur 27 % Abweichung
→ *Kernaussage*: Immer mehr junge Erwachsene stimmen mit der Erziehung ihrer Eltern überein.
in M4: *Mithilfe im Haushalt, gleichberechtigte Beziehung, ... was heißt ... Ablösung?, Hauptgründe ... später ausziehen?;* → *Kernaussage*: Ablösung ist nicht gewollt, Auszug garantiert nicht Selbstständigkeit.

2 a) 2006: 15% würden „genau so", 56 % würden „ungefähr so" erziehen, wie sie selbst erzogen wurden.
b) 1985: 37% würden ihre Kinder „teilweise anders", 11 % würden sie „ganz anders" erziehen.

3 Die Zahlen lauten in der Reihenfolge des Einsetzens: 1985, 27 %.

4 M1: a, b, c, e, g   M2: b, (c), d, e, g   M3: (c), d   M4: a, c, f, h

▷ S. 84 **5** Hier gibt es keine richtige oder falsche Lösung, deine Meinung ist entscheidend.

6 Mögliche Gedanken oder Beobachtungen könnten sein:
– **Spaß an der Unabhängigkeit**: z. B: selbst einkaufen; sich selbst versorgen; Zeit frei einteilen; essen, was man möchte ...
– **Entwicklung zur Selbstständigkeit**: Geld selbst einteilen, Kochen lernen, für das eigene Leben Verantwortung übernehmen; Herausforderungen des Alltags annehmen; erwachsen werden ...
– **Angst vor dem Alleinsein**: Kontakt zur Familie schwindet; wachsende Verantwortung tragen; Entscheidungen treffen ...
– **Scheu vor der Arbeit**: immer selbst kochen?; keine Lust auf Tischabräumen, Abwaschen, Putzen, Wäschewaschen ...

7 + **8** *Pro*-Argumente:
– (1) Zum Erwachsenwerden gehört es, die Belange des Alltags selbstständig zu meistern.
– (2) Zu viel Unterstützung und zu wenig Konflikte verhindern eine Weiterentwicklung.
– (3) Ausziehen aus der elterlichen Wohnung erzwingt bzw. erleichtert diesen Reifeprozess.
Kontra-Argumente:
– (1) Auch im elterlichen Haushalt kann man eigenverantwortlich Pflichten übernehmen.
– (2) Die Beziehung zu den Eltern kann auch unter einem Dach partnerschaftlich sein bzw. „reifen".
– (3) Eine räumliche Trennung führt nicht „automatisch" zu zunehmender Selbstständigkeit.

▷ S. 85 **D Den Schreibplan erstellen**

1 *Einleitung*: Einstieg in das Thema formulieren, gemeinsame Problemstellung und Quellen nennen
Wenn du die vollständige Einleitung schreibst, kannst du die Lösung zu Aufgabe 1 im Teil B verwenden.
Hauptteil: Darstellung der zentralen Aussagen aller Materialien, Vergleich der Aussagen aus M1 und M4
Zur Darstellung der zentralen Aussagen kannst du die Ergebnisse aus Aufgabe 2 im Teil B und aus Aufgabe 1 im Teil C verwenden, für den Vergleich kannst du dich an den Aufgaben 2, 3 und 4 in Teil C orientieren.
Schluss: Stellungnahme unter Berücksichtigung eigener Beobachtungen und Erfahrungen
Greife dafür auf die Vorarbeiten aus Aufgaben 5 bis 9 im Teil C und Aufgabe 5 und 6 im Teil D zurück.

2 – **5** siehe Musterlösung

▷ S. 86 **6** b) So könnte deine Lösung lauten:

Es ist zu beobachten, dass Heranwachsende im Gegensatz zu früher deutlich später von zu Hause ausziehen. Vor diesem Hintergrund beschäftigen sich die vier vorliegenden Materialien mit dem Thema der Ablösung junger Menschen von ihrem Elternhaus und dem veränderten Verhältnis zwischen den Generationen. Es werden dabei aus gegensätzlicher Sicht die Fragen behandelt, welche Rolle das Ausziehen aus der elterlichen Wohnung in diesem Zusammenhang spielt und ob man überhaupt unter dem Dach der Eltern erwachsen werden kann.
Die Materialien M1, M2 und M3 stimmen zwar grundsätzlich in der Bewertung des Sachverhalts überein, setzen aber unterschiedliche Schwerpunkte: Im Focus-Artikel (M1) wird dargestellt, dass Jugendliche heute durchschnittlich 10 Jahre später von zu Hause ausziehen, als das noch in den 1970er Jahren der Fall war. Grundlage des Artikels ist eine Studie von Inge Seiffge-Krenke, die dieses Phänomen als Verzögerung des psychischen Reifungsprozesses betrachtet. Ursachen für dieses Verhalten seien zum einen äußere Gegebenheiten wie z. B: längere Ausbildungszeiten und schlechtere finanzielle Voraussetzungen der Familien. Zum anderen wird behauptet, dass die jungen Menschen zu Hause zu viel Unterstützung und zu wenige Konflikte erlebten.

Auf diese fehlende Spannung zwischen den Generationen weist auch der Artikel (M2) aus der Wochenzeitung „DIE ZEIT" hin, der sich inhaltlich auf Ergebnisse der Shell-Jugendstudie 2006 bezieht. Eine Tabelle aus der Shell-Studie (M3) zeigt, dass heute immer mehr junge Erwachsene die Erziehung durch ihre Eltern als nachahmenswert einstufen. Viele wollen ihre Kinder heute so erziehen, wie sie selbst erzogen wurden: 1985 wollten dies nur 53% der Befragten tun, 2006 hingegen 71%.

Ursachen für das Fehlen notwendiger Konflikte sieht Prof. Hurrelmann, Leiter der Shell-Jugendstudie, vor allem in der Tatsache, dass Eltern ihren Kindern immer ähnlicher würden. Jugendliche hätten deshalb kaum noch Möglichkeiten, sich von Vater und Mutter abzugrenzen. Das wird in dem Artikel als „zutiefst beunruhigend" bewertet.

Im Gegensatz dazu argumentiert die Studentin in dem Interview (M4), dass ein Auszug aus der elterlichen Wohnung ihrer Beobachtung nach keine ausreichende Voraussetzung dafür sei, selbstständig zu werden. Sie betont außerdem im Interview, dass sie viele Gegenbeispiele kenne und man auch im elterlichen Haus Verantwortung übernehmen könne. Außerdem strebe sie eine Ablösung von ihren Eltern nicht an.

Zum Thema „Ausziehen bedeutet erwachsen werden" nehmen die Materialien M1 und M4 gegensätzliche Positionen ein. Ein spätes Ausziehen wird in dem Focus-Artikel eindeutig negativ bewertet und mit einer verzögerten Reife gleichgesetzt. Es wird behauptet, dass die Eltern ihre noch zu Hause wohnenden Kinder zu sehr verwöhnten und unterstützten. Deshalb hätten diese gar nicht den Wunsch auszuziehen („Hotel-Mama-Effekt") und könnten sich nicht weiterentwickeln. Ein weiteres Problem wird darin gesehen, dass in vielen Familien Konflikte vermieden würden. Diese aber seien für die persönliche Entwicklung und das Erwachsenwerden unverzichtbar.

Im Rahmen eines Interviews argumentiert die Studentin Nicole M., die noch zu Hause wohnt, heftig gegen diese Auffassung. Sie hebt vor allem hervor, dass man sich trotz der eigenen vier Wände ausgesprochen abhängig und unselbstständig verhalten könne. Dagegen fühle sie sich frei und unabhängig, da das Verhältnis zu ihren Eltern gleichberechtigt und partnerschaftlich sei. Den Vorwurf, das bequeme Hotel Mama auszunutzen, wehrt sie ebenfalls ab – mit dem Hinweis, dass eine Mithilfe im Haushalt für sie eine Selbstverständlichkeit sei.

In Teilen kann ich mich der Argumentation der Studentin anschließen, die sehr deutlich vertritt, dass man unter günstigen Bedingungen sehr wohl auch im Zusammenleben mit den Eltern selbstständig und erwachsen werden kann. Dennoch bin ich grundsätzlich der Auffassung, dass der Auszug aus der elterlichen Wohnung ein Erwachsenwerden begünstigt. Für einen Auszug spricht dabei, dass es innerhalb der Familie schwieriger ist, aus den gewohnten Rollen auszubrechen und ein Miteinander „auf Augenhöhe" zu erreichen. So kenne ich etliche Beispiele aus meinem Freundeskreis, denen das erst nach dem Auszug gelungen ist. Andererseits zeigt sich bei den Bekannten, die eine eigene Wohnung bezogen haben, dass die Bewältigung des Alltags (Haushalt, Versicherungen, Behördengänge u. Ä.) eine Entwicklung zur Selbstständigkeit beschleunigt. Für mich besteht kein Zweifel daran, dass räumlicher Abstand diese Entwicklung fast erzwingt, z. B: ein Aufenthalt im Ausland. Alles in allem halte ich es daher für einen natürlichen Prozess im Leben eines Menschen, sich auf eigene Beine zu stellen, um unabhängig zu werden – und dazu gehört für mich ganz eindeutig auch die eigene Wohnung.

> S. 87 ## *Sebastian Moll:* Sinnlos dreht sich nur der Mensch – Aufgabenformate trainieren

▷ S. 89 ### Multiple-Choice-Aufgaben

1   c

3   b

3   c

4   c

▷ S. 89 ### Richtig-Falsch-Aufgaben

1   *Folgende Aussagen stimmen mit dem Text überein: a und c.*

▷ S. 90 2   *Folgende Aussagen treffen zu: b und c.*

3   *Folgende Aussagen treffen zu: b, d und e.*

▷ S. 90 ### Zuordnungsaufgaben

1   *Zusammen gehören: 1 und e   2 und a   3 und d   4 und b   5 und c.*

▷ S. 91 2   *Die Reihenfolge der Überschriften ist: 1 = c → 2 = e → 3 = f → 4 = a → 5 = d → 6 = b.*

3   *Zusammen gehören: 1 und d   2 und c   3 und b   4 und d.*

4   Zusammen gehören: 1 und f   2 und a   3 und d   4 und e   5 und c   6 und b.

5   Zusammen gehören: 1 und d   2 und a   3 und b   4 und c.

▷ S. 92 Einsetzaufgaben

1   Die Wörter lauten (in der Reihenfolge des Einsetzens): Hochindustrialisierung, Verstädterung, Transportmittel, Massenkommunikation, Geschwindigkeit, Intellektuelle, Sinnbild, Manipulation.

2   Die Wörter lauten (in der Reihenfolge des Einsetzens): spielt, griffen, zu steigern, berichtete, verbessert hatte, gelten, befürchten, führen wird, stehen, ist, kennt.

▷ S. 93 **3**   Die Wörter lauten (in der Reihenfolge des Einsetzens): Wortspiel, Metapher, Vergleich, Vergleich, Personifikation, Bilder, Metaphern, These, Vergleich.

▷ S. 94 Kurzantworten

1   Erklärung der Satzzeichen
Zeichen (a) und (b): Die zwei Kommas trennen an dieser Stelle den Nebensatz (Relativsatz) vom Hauptsatz.
Zeichen (d) und (c): Diese beiden Kommas trennen den eingeschobenen Nebensatz (Konsekutivsatz) ab.
Zeichen (f): Das Komma bei (e) trennt den Nebensatz (Relativsatz) vom Hauptsatz.

2   Das Zeichen (e) ist fakultativ:
Zeichen (e): Zwei Hauptsätze, die durch „und" verbunden sind, können (müssen aber nicht) durch ein Komma getrennt werden, um die Gliederung des Satzes zu verdeutlichen.

3   Wortarten
1   Bei „dass" handelt es sich um eine Konjunktion, die einen Konsekutivsatz einleitet.
2   „Das" ist Subjekt des Hauptsatzes und verweist als Demonstrativpronomen auf den Satz zuvor.
3   Bei „das" handelt es sich um ein Relativpronomen, das sich auf „ein halbes Gramm Coffein" bezieht.

▷ S. 95 **4** + **5**   Hier gibt es keine eindeutig richtige oder falsche Lösung, wichtig ist, dass du deine Entscheidung nachvollziehbar begründest. Folgende Begründungen sind denkbar:

Gelungen am **Schaubild B** ist z. B.: Es ist auf den ersten Blick übersichtlicher, die Pfeile verdeutlichen Zusammenhänge und Folgen der Entwicklungen und der Pfeil am unteren Rand des Schaubilds bringt die Beschleunigung als entscheidenden Faktor zum Ausdruck.

Gelungen am **Schaubild A** ist z. B.: Das Thema fällt sofort ins Auge; die verschiedenen Schriftarten verdeutlichen die einzelnen Aspekte, die Unterteilung in Unterpunkte zeigt eine klare Gliederung.

6   Auch hier kommt es auf die Begründung deiner Entscheidung an, z. B.:

Im Text B sind die Aussagen eindeutig formuliert, das Sechstagerennen als Ausgangspunkt für Molls Text wird erwähnt, die Sprache des Artikels wird detaillierter beschrieben, der Text ist klar strukturiert: Er geht von einem Beispiel aus und kommt zu einer konkreten Aussage.

Im Text A wird der Zusammenhang von Leistungssport und Doping seit den Anfängen herausgestellt. Der Text ist klar strukturiert: Auf das Thema und die Darstellung der Position Molls folgt die kritische Meinung der Verfasserin (sowohl zum Text Molls als auch zur allgemeinen Problematik); gelungen ist auch der Bezug zur Gegenwart.

P942008

Deutschbuch
Trainingsheft
für Klassenarbeiten
und zentrale Prüfung

Gymnasium Nordrhein-Westfalen   **Lösungen**   **9**

▷ S.6 **Was macht ein Mechatroniker? –**
Ein Informationsblatt für Auszubildende erstellen

▷ S.8 **A   Die Aufgabe verstehen**

1   a) *Schlüsselbegriffe* und **Operatoren: Verfasse** *auf Grundlage der Materialien M1-M4* **ein Informationsblatt** *... für interessierte Mitschülerinnen und Mitschüler;* **Erläutere** *... Aufbau und Stil ...* und **begründe** *deine Informationsauswahl.*
   b) *Richtig sind die Aussagen: b, d, e, g und i.*

▷ S.8 **B   Erstes Textverständnis – Stoff sammeln**

1   *Vorschlag für W-Fragen:* **1.** Was heißt Mechatronik? **2.** Was macht ein Mechatroniker? **3.** Was wird für die Ausbildung vorausgesetzt? **4.** Wie muss ich mir die Ausbildungsinhalte vorstellen? **5.** Wie viel verdient man während der Ausbildung? **6.** Wie lange dauert die Ausbildung? **7.** Wer kann Mechatroniker werden? **8.** Wo arbeiten Mechatroniker? **9.** Wie viel verdient man als Berufseinsteiger und wie sind die Übernahmechancen? **10.** Was kann man aus dem Beruf noch machen? **11.** Welche Vor- bzw. Nachteile hat dieser Beruf?

2   a) + b) und **3** *So könnten die Antworten auf die W-Fragen lauten (Schlüsselbegriffe sind unterstrichen):*
   1. *Schnittstelle zwischen Elektrotechnik, Metalltechnik, Informatik (M2, Z. 3–4)*
   2. *„Anlagen montieren, demontieren, transportieren, programmieren, prüfen, warten, reparieren" (M2, Z. 8–10); „Kontakt zu Kunden" (M2, Z. 11)*
   3. *„gute Mathematik-, Physik- und Informatikkenntnisse"; „logisches Denken"; „Abstraktionsvermögen", „Geschick bei technisch-handwerklicher Tätigkeit"; „gute Leistungen in Deutsch"; „Englischkenntnisse" (M1, Z. 7–12)*
   4. *„elektronische Steuerungen"; „Hard- und Softwarekomponenten"; nach Zwischenprüfung: „mechatronische Systeme" (M4)*
   5. *in den ersten beiden Ausbildungsjahren 700 €, im 3. und 4. Jahr 800 € (M3, Z. 18–19)*
   6. *3,5-jährige Ausbildung (M2, Z. 8)*
   7. *„keine bestimmte schulische Vorbildung vorgeschrieben"; „meisten Betriebe bevorzugen mittleren Bildungsabschluss"; „weder ein Mindestalter noch ein Höchstalter"; „Frauen wie Männer" (M1, Z. 2–5)*
   8. *„viele Branchen [...] Maschinenbau, Elektronikindustrie, Chemische Industrie" (M2, Z. 12–14)*
   9. *„nach der Ausbildung 2 000 € oder mehr" (M3, Z. 12)*
   10. *„Meister oder Diplom-Ingenieur" (M3, Z. 14)*
   11. *mit die beste Berufsausbildung ... zurzeit (M3, Z. 11–12) ; „qualifizierte Tätigkeit, die selbstständiges Planen, Durchführen und Kontrollieren umfasst" (M4)*

▷ S.9 **C   Übungen**

1   *Folgende Textsortenmerkmale sind korrekt: a, b, c und f.*

▷ S.10 **2**   *Folgende Mittel können Orientierung geben: b, c, d, f, g und h, eventuell e. Du solltest allerdings nicht alle Mittel zugleich nutzen. Mögliche Begründungen könnten lauten: – um den Text klar zu strukturieren: b, d, h; – um Inhalte zu veranschaulichen: e; – um kurz wichtigste Details oder Unterpunkte präsentieren zu können: f; – um das Informationsblatt allgemein verständlich zu gestalten: g.*

3 *Eine mögliche Antwort ist: Überschrift* **b)** *eignet sich am ehesten, da sie die Frage aufgreift, die sich viele Adressaten stellen dürften, das Ziel des Textes deutlich macht („Wissenswertes") und informativ ist, denn der Beruf wird charakterisiert (vielseitig). (Die Überschrift* **d)** *ist etwas weniger gut geeignet, da sie zwar den Adressaten direkt anspricht, informativ ist und auf dessen Situation passt, aber sehr stark auffordernden Charakter hat (wie z. B. die Aufforderung, sich auf eine Stellenanzeige zu bewerben).*

4 *So könnte deine Überarbeitung aussehen. Achte darauf, dass du trotz der Zielgruppe sachlich und informativ bleibst.*
<u>*Was* **tut** *ein Mechatroniker?*</u>
Als **Mechatroniker** *bist du* **vielseitig einsetzbar** *– als Mechaniker, Informatiker und Elektroniker. Du* **verdienst relativ gut** *und montierst, transportierst und programmierst unter anderem Maschinen. Dazu gehört auch, dass du ganze Anlagen wartest und auf ihre Funktion über*prüfst …

▷ S. 11 D Den Schreibplan erstellen

1 – **3** *Hier sind unterschiedliche Ergebnisse möglich, je nachdem, welche Aspekte du zusammenfasst:*

Einleitung:	Hauptteil:	Schluss:
<u>*Der Beruf*</u>	<u>*Ausbildung*</u>	<u>*Fazit*</u>
(1) Was heißt Mechatro-nik,?	*(3) Was wird für die Ausbildung vorausgesetzt?*	*(10) Welche Vorteile hat der Beruf?*
(2) Was macht ein Mecha-troniker?	*(4) Wie sieht die Ausbildung im Detail aus?*	*(11) Was kann man aus dem Beruf noch ma-chen?*
	(5) Wie viel verdient man während der Ausbildung?	
	(6) Wie lange dauert die Ausbildung zum Mechatroniker?	
	<u>*Berufs- und Aufstiegschancen*</u>	
	(7) Wer kann Mechatroniker werden?	
	(8) Wo und wie stark werden Mechatroniker gebraucht?	
	(9) Wie viel verdient man nach der Ausbildung?	

Begründung: Die Informationen zu 1 und 2 eignen sich besonders für den Einstieg, da sie deutlich machen, worum es geht und an wen sich der Text richtet. Die Beschreibung der Ausbildung gehört inhaltlich zusammen und eignet sich gut für den Hauptteil. Die (Zusatz-)Informationen aus 10 und 11 passen gut in den Schluss, da sie im Sinne eines Ausblicks das Informationsblatt abrunden.

4 *So könnte dein Informationsblatt aussehen.*
Achtung: *Die Reihenfolge weicht von der im Teil B ab, siehe Begründung:*

Was macht ein Mechatroniker? Wissenswertes zu einem vielseitigen Beruf

→ Der Beruf
Beruf und Begriff bestehen aus denselben Bestandteilen: Mechatroniker/innen bauen mit Hilfe von <u>Mechanik</u>, <u>Informatik</u> und <u>Elektronik</u> komplexe Maschinen, z. B. Roboter oder Anlagen in einer Fabrik, und programmieren. Sie prüfen, testen und warten außerdem die elektronischen Systeme, die solche Anlagen steuern. Dabei arbeiten sie oft vor Ort für und mit den Kunden.

→ Berufs- und Aufstiegschancen
Ausgebildete Mechatroniker/innen haben sehr gute Berufschancen, da sie sich in vielen Bereichen sehr gut auskennen. Beschäftigung finden sie vor allem in der Elektronik-, Chemie- oder Automobilindustrie sowie bei Energieversorgern. Nach ihrer Ausbildung verdienen Mechatroniker ca. 2 200 € und haben die Möglichkeit, sich zum Meister oder Diplom-Ingenieur weiterzubilden.

→ Die Ausbildung
Mechatroniker/in ist seit 1998 ein anerkannter Ausbildungsberuf. Die einzige Voraussetzung ist ein <u>mittlerer Schulabschluss</u>. Wer sich für den Beruf des Mechatronikers interessiert, sollte …
• räumliches Vorstellungsvermögen haben,
• gut rechnen können,
• gerne programmieren,
• gerne mit technischen und elektronischen Geräten umgehen,
• gerne im Team mit anderen zusammenarbeiten,
• handwerklich geschickt sein,
• gute Deutsch- und Englischkenntnisse haben.

Die Ausbildung dauert insgesamt 3,5 Jahre und wird mit 700–800 € vergütet. Es werden …
• im 1. Ausbildungsjahr Grundlagen der Elektrotechnik/Elektronik erlernt und erste Systeme programmiert,
• im 2. Ausbildungsjahr elektronische Steuerungen selbst gebaut und getestet und
• im 3. und 4. Ausbildungsjahr mechatronische Systeme montiert, programmiert, in Betrieb genommen und in Stand gehalten.
* Die <u>Zwischenprüfung</u> liegt am Ende des zweiten Jahres, die <u>Abschlussprüfung</u> am Ende der Ausbildung.

→ Fazit
Der Beruf Mechatroniker/in ist ein neuer, zukunftsorientierter und vielseitiger Beruf. Mechatroniker/innen haben vielfältige Spezialisierungsmöglichkeiten, gute Chancen auf dem Arbeitsmarkt und können sich nach ihrer Ausbildung weiter qualifizieren.

5 So könnte deine Erläuterung zum Informationsblatt lauten (**fett gedruckte Aspekte** sollten begründet sein):

Aufbau, Sprache und Gestaltung dieses Informationsblatts unterstützen die Textfunktion. Die **Überschrift** soll den Adressaten, der nach Informationen sucht, ansprechen, deutlich machen, worum es geht, und Interesse wecken. Für folgenden **Aufbau** habe ich mich entschieden: Damit der Leser weiß, worüber der Text informieren möchte, werden einleitend die Berufsbezeichnung erklärt und das Berufsbild kurz vorgestellt. Die folgenden Abschnitte sind so angeordnet, dass durch die vorangestellten Berufs- und Aufstiegschancen das Interesse für eine solche Ausbildung verstärkt wird und anschließend die nötigen Voraussetzungen aufgelistet werden. Es folgt eine kurze Beschreibung von Verdienst und Ablaufs der Ausbildung, damit der Leser weitere Anhaltspunkte sowie eine Übersicht erhält. Das Informationsblatt schließt mit einem Fazit, in dem die Vielseitigkeit des Berufes und andere Vorteile angesprochen werden. Leser, die mit dem Fazit anfangen, lesen dann hoffentlich das ganze Informationsblatt. Bei **Sprache und Stil** habe ich darauf geachtet, die Sätze möglichst kurz und verständlich zu halten und Fremdwörter zu vermeiden oder zu erklären. Um die Informationen angemessenen zu vermitteln, ist der Text insgesamt eher sachlich gehalten. **Gegliedert** ist der Text in kurze Abschnitte, Überschriften und Symbole ermöglichen dabei einen gezielten Zugriff auf die gesuchten Informationen.

▷ S. 12
Musik verbindet –
Einen informativen Text über ein Jugendprojekt verfassen

▷ S. 14 **A** ## Die Aufgabe verstehen

1 *Operatoren* und <u>Schlüsselbegriffe</u>: **Verfasse** auf der Basis der <u>Materialien M1-M4</u> einen <u>Bericht</u> für die <u>Musikseite der Schulzeitung</u> ...; **Finde** ... <u>eine passende Überschrift</u> und **begründe** <u>deine Wahl</u>, **Erläutere** ... <u>kurz</u> deine <u>Informationsauswahl</u>, den <u>Stil</u> sowie den <u>Aufbau deines Artikels</u>. → Richtig sind die Aussagen: c, e, f, g und h.

▷ S. 14 **B** ## Erstes Textverständnis – Stoff sammeln

1 a) *Die Landesstiftung Baden-Württemberg* möchte mit dem Programm „Junik" (= Jugendliche im internationalen Kontext) gemeinsame kulturelle Projekte von Jugendlichen mit und ohne Migrationshintergrund fördern.
b) *In diesem Rahmen hat das Kulturzentrum „Z" in Freiburg* ein Konzert vorbereitet und organisiert, bei dem Jugendliche der verschiedensten Musikrichtungen zusammen aufgetreten sind.

2 *Folgende Aussagen kann man den Materialien entnehmen: b, c, e, h und j.*

▷ S. 15 **3** a) + b) *Zusammenfassung ist unterstrichen, zugehörige Schlüsselbegriffe sind normal und Stichworte kursiv dargestellt.*
M1: <u>Anzeige für Veranstaltungshelfer</u>: „Organisationstalente gesucht"; „Kulturbetrieb"; „Spaß an Multikulti"; „Planung und Organisation von echten Events" → *Projektplanung und -organisation*
M2: <u>Hintergrund/Rahmenprogramm</u>: „Landesstiftung Baden-Württemberg" (Z. 1); „Institut für Auslandsbeziehungen" (Z. 1–2); „Programm ‚Junik'" (Z. 2); kulturelles Miteinander (Z. 3); „Jugendliche mit und ohne Migrationshintergrund" (Z. 4); „aus internationalen Bildungsprojekten [...] Gewinn ziehen" (Z. 4–5) → *Rahmen, Veranstalter*
M3: <u>Überblick über das konkrete Projekt</u>: „Verbindung von Hip-Hop und traditionellen Instrumenten" (Z. 2–3); „durch das gemeinsame Musizieren und Auftreten [...] sich selbst und andere besser kennen lernen" (Z. 5–6); „völlig <u>verschiedene Musikkulturen</u>" (Z. 11–12); „einige hundert Zuschauer Mitte November 2004 im Freiburger Kultur- und Bildungszentrum ‚Z'" (Z. 10–11); „<u>Publikum</u> [...] restlos <u>begeistert</u>" (Z. 16); „viele Vorurteile gegenüber den Rappern" (Z. 20); „neun Monate <u>harter Arbeit</u>" (Z. 20–21); „drei Projektleiter" (Z. 21); „ein Drittel [...], etwa 40 Musiker aus Deutschland, Kroatien, den USA und der Türkei" (Z. 22–23); „Verantwortung übernehmen [...]; „Performance [...] Proben [...] Texte" (Z. 29–30); „selbst getexteten und komponierten Songs" (Z. 31); „Vielfältig waren [...] Instrumente" (Z. 35–36) → *Projektidee, Projektziel, Teilnehmer; Besucherzahlen, Reaktion des Publikums, Ort, Zeit, Hindernisse, Missverständnisse, Projektverlauf*
M4: <u>Auszug aus Interview mit einem der drei Projektleiter</u>: „Betreuer, der die beiden Seiten noch stärker zusammenbringt" (Z. 2–3); „Alle Jugendlichen lernten [...] Softskills" (Z. 9); „Rat" (Z. 12) → *Lernprozess, Projektumsetzung*

4/5 +

Nr.	Frage	Antwort	Material	Zeile
2	**Wer** veranstaltete das Projekt?	– Landesstiftung Baden-Württemberg in Kooperation mit ...	*M2*	Z. 1
		– 40 Musiker aus Deutschland, Kroatien, USA, der Türkei	*M2*	Z. 23
3	**Wer** nahm daran teil?			
	Wann fand das Projekt statt?	– Frühjahr bis November 2004 (neun Monate)	*M3*	Z. 20
	Wo fand das Projekt statt?	– Freiburg, Bildungs- und Jugendzentrum „Z"	*M3*	Z. 11

Wozu, d. h. mit welchem Ziel fand es statt?	– Jugendliche mit unterschiedlicher Herkunft (Nation bzw. Bildungsschicht und Musikrichtung) sollen sich durch eine Gemeinsamkeit (hier: Musik) besser kennen lernen.	*M3*	*Z. 3–4*
Was konkret fand statt?	– Texte schreiben, Beats entwickeln, Performance planen und üben, Konzert geben; Hip-Hop und traditionelle Instrumente	*M3* *M3*	*Z. 29 f.* *Z. 1–3*
Wie wurde das Projekt umgesetzt?	– schwierige Suche nach Teilnehmern – Begleitung durch drei Projektleiter – Hip-Hop-Trainer helfen texten, komponieren, inszenieren – Pleiten, Pech und Pannen (z. B. Termine)	*M3* *M3* *M3* *M3*	*Z. 18* *Z. 21* *Z. 30* *Z. 17 f.*
Mit welchen Folgen fand es statt?	– erfolgreiches Konzert (Publikum begeistert) – Lernprozess für Jugendliche (Softskills, Erfolg, Misserfolg) – Lernprozess für Projektbegleiter (Rat für Folgeprojekte)	*M3* *M4* *M4*	*Z. 16* *Z. 9 f.* *Z. 13*

▷ S. 16 **6** *M1: Einzelheiten der Anzeige (z. B. Praktikumsbescheinigung, genaue Adresse, Kontaktdaten usw.) → Für den Bericht ist nur von Bedeutung, dass das Projekt von Jugendlichen selbstständig vorbereitet und organisiert worden ist.*
M2: Landesstiftung Baden-Württemberg hat Programm zusammen mit Institut für Auslandsbeziehungen in Stuttgart entwickelt → Diese Detailinformation ist für einen Bericht in der Schülerzeitung in NRW eher unwichtig.
M3: ausführliche Darstellung des Projektverlaufs (z. B. Probleme) → Beschreibungen gehören nicht in einen Bericht.
M4: Überschneidungen mit M3 im Hinblick auf Schwierigkeiten → Die Informationen wiederholen sich teilweise.

▷ S. 16 **C Übungen**

1 *Meiner Ansicht nach eignet sich die Überschrift (***a***) am besten, denn sie trifft das Wesen des Projekts, passt hinsichtlich der Begriffe auf eine Musikseite und weckt durch die Kombination von Hip-Hop (modern) und Akkordeon (altmodisch) Interesse. Sie ist außerdem gut verständlich, kurz und prägnant.*

2 *c)*

▷ S. 17 **3** *Am besten gelungen ist Einleitung **B**, denn sie macht neugierig, enthält die wesentlichen Informationen für den Leser, um in das Thema zu finden, und klingt für den Adressaten durch Wortwahl und Stil ansprechend.*
*Einleitung **A** könnte man verbessern, indem man z. B. Fragen, Wortspiele oder etwas weniger altmodische Begriffe wählt („musizierten"), die Sätze kürzer und einfacher formuliert und einige Informationen erst später nennt oder ganz weglässt.*
*Einleitung **C** lässt sich ebenfalls verbessern: Hier könnte man Wortwahl und Stil etwas weniger umgangssprachlich formulieren und das Thema bzw. das Projekt klarer benennen.*

4 *a) Der Projektleiter **stellte** fest, dass alle Jugendlichen durch das Projekt dazugelernt hätten. (Konjunktiv II)*
*b) Herr Gregustobires **empfahl**, dass die Umsetzung nicht länger als drei Monate dauern solle. (Konjunktiv I)*

5 *a) Er **gab** zu, dass es nicht einfach gewesen sei, Jugendliche neun Monate zu motivieren. (Konjunktiv I)*
*b) Eine Projektleiterin **ergänzte**, dass die Jugendlichen für das Projekt von A bis Z selbst verantwortlich gewesen seien. (Konjunktiv I)*

▷ S. 18 **6** *Folgende sprachliche Gestaltungsmittel sind empfehlenswert: b, e, f und i.*

7 *gelungen: interessanter Einstieg, am Anfang gut verständlich, ansprechender Ton für Jugendliche, Lokalsprache („Ländle"), Wortspiele („Ohrenschmaus", „vom Sessel rocken")*
nicht gelungen: zu unklare Informationen („vor nicht allzu langer Zeit"), wertende Formulierungen („in dieser schönen Stadt"), zu umgangssprachlich („echt cooles") verwendet, gegen Ende zu komplexe, schwer verständliche Satzgefüge

▷ S. 18 **D Den Schreibplan erstellen**

1 *siehe Aufgabe* **4** *+* **5** *in Teil B*

2 *a) + b) Hier gibt es mehrere Möglichkeiten. So könnte die Reihenfolge z. B. lauten:*
Einleitung: 1. B → 2. A   Hauptteil: 3. D → 4. E → 5. C → 6. G → 7. H   Schluss: 8. I → 9. J → 10. F

▷ S. 19 **3** *So könnten deine Stichworte für die Begründung des Aufbaus lauten:*
Einleitung: deutlich machen, wovon der Bericht handelt; Interesse wecken; Aufhänger: Ergebnis oder Besonderheiten
Hauptteil: Bericht über konkretes Projekt und dessen Verlauf (Fakten aus M3)
Schluss: abschließende Würdigung des Erfolgs; Konsequenzen aus Problemen, Ausblick auf eigene Projekte

4 *+* **5** *siehe Punkteraster*

▷ S. 19 **E Den eigenen Text überarbeiten**

2 *Nicht begründet wurden der Aufbau des Textes und die Auswahl der Informationen.*

3 *So könnte der überarbeitete Text lauten (Überarbeitungen sind unterstrichen, **Fachbegriffe** fett gedruckt):*

Ich habe mich für die Überschrift „Harmonie kennt keine Herkunft" entschieden, denn das Wortspiel („Herkunft" statt „Grenzen") als **Aufhänger** hat einen inhaltlichen Bezug, weckt Interesse und ist außerdem kurz und prägnant. Außerdem passt der Begriff „Harmonie" gut auf eine Musikseite. ~~Die Überschrift ist zwar geklaut (...), aber da ging's auch um Integration und so, da waren Jugendliche abgebildet, die zusammen Musik gemacht haben. Bei der Sprache.~~
Im Hinblick auf die Sprache habe ich viele jugendsprachliche Formulierungen gewählt, sonst würde der Bericht für eine Schülerzeitung zu sachlich (und für die Adressaten langweilig). Lange **Satzreihen** oder komplizierte **Satzgefüge** habe ich vermieden, da der Text sonst leicht unverständlich wird.
Zwischenüberschriften fand ich wichtig, solange sie kurz gehalten sind, weil der Leser dann gezielt in den Abschnitten nach Informationen suchen kann. **Fachbegriffe bzw. Fremdworte** aus dem Bereich Musik (wie z. B. „in perfekter Harmonie", „glänzender Auftakt", ~~„einige haben es vergeigt", „Paukenschlag",~~ „den Einsatz verpasst", „erfolgreiches Intermezzo") eignen sich außerdem meiner Meinung nach gut für einen Bericht auf einer Musikseite.

Punkteraster zur Selbsteinschätzung

	Anforderungen *Du ...*	Punkte (max.)	deine Punkte
Bericht			
Über- schrift	*... findest eine treffende **Überschrift** für den Bericht.*	3	
Einlei- tung	*... formulierst eine kurze, verständliche, interessante **Einleitung**, in der du das Projekt vorstellst.*	5	
	Zwischensumme Einstieg (Überschrift und Einleitung)	= 8	
Haupt- teil	*... informierst im Hauptteil genauer über das Projekt, indem du – indirekt – die **W-Fragen** beantwortest und dabei folgende Aspekte erwähnst:*		
	*– das **Projektziel/Ergebnis**: Publikumsreaktion und Lerneffekte (Softskills)*	4	
	*– **Zeitrahmen** und **Ort** der Veranstaltung (neun Monate, „Z" in Freiburg)*	4	
	*– die **Projektidee** (Jugendliche mit verschiedenem Hintergrund sollen sich und andere durch etwas Verbindendes kennen lernen)*	4	
	*– die **Teilnehmer/innen** (Jugendliche mit und ohne Migrationshintergrund, aus unterschiedlichen sozialen Schichten, mit unterschiedlicher Bildung)*	4	
	*– die **Besonderheiten** (das Aufeinandertreffen zweier Musikrichtungen im Konzert: Hip-Hop als Subkultur und Vereinsmusik/Musikschule)*	4	
	*– die **Organisatoren** (Jugendliche, Projektleiter, Hip-Hop-Trainer)*	4	
	*– die **Schwierigkeiten** während des Projektes (Probleme, sich auszudrücken, Schwund, Unpünktlichkeit, mangelnde Verlässlichkeit)*	4	
	*– die **Konsequenzen**: Erfahrungen und Empfehlungen für die Zukunft*	4	
Schluss	*... formulierst anknüpfend an die Konsequenzen in einem kurzen **Fazit**, ob und warum das beschriebene Projekt als Anregung für eigene Projekte dienen kann oder nicht.*	6	
	Zwischensumme (Hauptteil und Schluss)	= 38	
Begrün- dung	*... beleuchtest die **Auswahl** deiner Informationen.*	3	
	*... legst die **Gliederung** deines Artikels klar dar.*	3	
	*... reflektierst die **sprachliche Gestaltung** (Adressat und Textsorte).*	3	
	Zwischensumme Begründung	= 9	
Darstel- lungs- leistung	*... stellst alles **geordnet** und **übersichtlich** dar, fasst zusammengehörige Aspekte zu Abschnitten zusammen und verwendest Zwischenüberschriften.*	3	
	*... verfasst den Bericht in einem **sachlichen Stil** und setzt nur an einigen Stellen gezielt jugendsprachliche bzw. umgangssprachliche Formulierungen ein.*	2	
	*... verwendest in deinem Bericht hauptsächlich das **Präteritum** (und bei Vorzeitigkeit: **Plusquamperfekt**).*	2	
	*... gibst **Aussagen durch indirekte Rede** korrekt (Konjunktiv!) wieder.*	1	
	*... **wechselst** bei der Darstellung des Projektverlaufs Konjunktionen und Partikel ab („zunächst", „im Anschluss daran", „danach", „ferner", „zu guter Letzt" ...).*	2	

Anforderungen Du ...	Punkte (max.)	deine Punkte
... stellst **logische Zusammenhänge** durch passende Konjunktionen („auch wenn", „als", „während", „obgleich", „denn" ...), Adverbien („folglich", „daher", „dennoch", „kaum" ...) dar.	2	
... vermeidest Wiederholungen und einseitigen Satzbau.	2	
... machst **inhaltliche Zusammenhänge** klar, indem du jeweils entsprechende Redewendungen verwendest („im Rückblick", „angesichts", „bei/trotz aller" ...).	2	
Zwischensumme Darstellungsleistung	= 16	
Gesamtpunktzahl	= 71	

52–71 Punkte (73–100 %): Du liegst im sehr guten bis guten Bereich. Schau dir trotzdem noch einmal genau die Stellen an, an denen du dich noch verbessern kannst.

42–51 Punkte (59–72 %): Deine Leistungen sind durchschnittlich. Einiges gelingt dir schon ganz gut, manches musst du jedoch noch einmal üben. Versuche, Fehlerschwerpunkte zu entdecken und diese gezielt zu beheben.

32–41 Punkte (45–58 %): Deine Leistungen sind ausreichend. Überarbeite deine Arbeit noch einmal. Versuche, Fehlerschwerpunkte zu entdecken und diese gezielt zu beheben.

0–31 Punkte (0–44 %): Du hast in vielen Bereichen noch Schwierigkeiten. Sprich mit deiner Lehrerin/deinem Lehrer darüber, wie du dich verbessern kannst. Sie oder er kann dir helfen, deine Fehlerschwerpunkte zu analysieren und zu beheben.

▷ S. 20 Sollten Foto-Handys an Schulen verboten werden? –
Einen Leserbrief an eine Schülerzeitung schreiben

▷ S. 22 A Die Aufgabe verstehen

1 *Folgende Aussagen treffen zu: c, e, g und i.*

▷ S. 22 B Erstes Textverständnis – Stoff sammeln

1 *So könnte deine Ansicht lauten:*
Ich bin der Auffassung, dass Handys in Schulen verboten werden sollten, da sie dort keinen sinnvollen Zweck erfüllen und ablenken.
Ich bin der Auffassung, dass Handys an Schulen auf keinen Fall verboten werden sollten, da die Schüler das Recht haben sollten zu kommunizieren und Handys inzwischen der Organisation des Alltags dienen.

2 + **3** *So könnte deine Tabelle aussehen:*

Vorzüge von Foto-Handys (= Argumente gegen ein Handy-Verbot):	Belege: (Beispiele, Zitate, Zahlen)	Nr.
– Gewalt wird durch Handys nur sichtbar gemacht	– „auf jedem Schulhof der Welt prügeln sich Kinder"(M1, Z. 4)	8
– über Happy Slapping gibt es keine verlässlichen Zahlen	– „Im Internet kursieren immer die gleichen 30 Spots" (M4, Z. 3)	7
– Kamera-Handys ermöglichen Schnappschüsse/dokumentieren wichtige Ereignisse	– Ankunft des Gastschülers (M5)	1
– Kamera-Handys können zur Aufklärung von Unfällen beitragen	– der Schuldige kann festgestellt werden (M6, Z. 2)	4
– Handys organisieren den Alltag	– dienen als Notizzettel, Adressbuch und Terminkalender (M4, Z. 14)	2
– Eltern können ihre Kinder immer erreichen	– sie können überprüfen, wo sich ihre Kinder aufhalten (vgl. M4, Z. 16–17)	5

4 Weitere Argumente könnten lauten (**schwächstes Argument = 1, stärkstes Argument = 8**):
– Kinder haben auch ein Recht zu kommunizieren (6); – nur weil etwas überflüssig scheint, ist dies kein Grund für ein Verbot (3)

▷ S. 23 **5** *So könnte deine Tabelle aussehen:*

Gefahren von Foto-Handys (= Argumente *für* ein Handy-Verbot):	Belege: (Beispiele, Zitate, Zahlen)	Nr.
– Happy Slapping als Ursache für Gewalt	– „sie prügeln sich, um es zu filmen" (M1, Z. 1); Aufnahme als „Trophäe" (M2, Z. 8)	8
– geben Anlass zu neuartigen Straftaten	– „seltene Höhepunkte"(M2, Z. 14); Gefühl der Macht, wenn Opfer über Tat hinaus vorgeführt werden kann (M2, Z. 17)	6
– Phänomen des „Cyberbullying"	– Schüler werden mit Hilfe neuester Kommunikationsformen verleumdet, bedroht, belästigt. (M3, Z. 1–3)	7
– Verstoß gegen das Urheberrecht	– „Bildnisse dürfen nur mit Einwilligung des Abgebildeten verbreitet oder öffentlich zur Schau gestellt werden" (M8, Z. 1–2)	5

6 *Weitere Argumente könnten lauten (**schwächstes Argument = 1, stärkstes Argument = 8**):*
*– Foto-Handys stören die Kommunikation von Angesicht zu Angesicht (**2**); – Klingeltöne und Geräusche stören den Unterricht und lenken ab (**3**); – man muss während des Schulvormittags nicht erreichbar sein (**1**); – Foto-Handys vereinfachen (u. a.) Verbreitung nicht jugendfreier Bilder (**4**)*

▷ S. 23 **C Übungen**

1 a) *Barnfield fügt hinzu, <u>er</u> **denke** nicht, dass durch Happy Slapping neue Gewalt **entstehe**, sondern dass bestehende sichtbar **gemacht werde**.*
b) *Der Leiter des Präventionsprojektes betont, man **müsse** Schüler, Eltern und Lehrer für das Thema sensibilisieren.*
c) *Viele Jugendliche **fühlten** sich erst dann richtig wichtig, wenn sie **gefilmt würden**, sagt Christian Böhm.*

2 *Im Normalfall wird für die Redewiedergabe der Konjunktiv I verwendet. Falls die Formen des Konjunktiv I mit den Formen des Indikativ Präsens übereinstimmen, muss der Konjunktiv II verwendet werden. Falls der Konjunktiv II mit dem Indikativ Präteritum übereinstimmt oder veraltetet ist (z. B. „er hülfe"), wird mit **würde + Infinitiv** umschrieben.*

▷ S. 24 **3** *So könnte der verbesserte Text lauten (**Änderungen** fett):*
*(1) Foto-Handys sind zurzeit sehr umstritten. (2) Immer häufiger werden **sie** missbraucht. (3) **Die kleinen Geräte/Alleskönner** werden neuerdings verwendet, um Prügeleien zu filmen oder zu fotografieren. (4) Manchmal werden **nur kleine Raufereien** inszeniert. (5) Oft werden **richtige Schlägereien** angezettelt. (6) Es soll alles möglichst echt wirken. (7) Ein Mitschüler wird auf dem Schulhof **tatsächlich zusammengeschlagen** und anschließend als Opfer zur Schau gestellt. (8) Die Aufnahmen **davon** werden dann an andere Handys gesendet oder ins Internet gestellt.*

4 a) + b)

Beispiel	→ *So kann es vorkommen, zum Beispiel/beispielsweise, so wird etwa*	*Satz: 2+3 / 7+8*
Begründung	→ *weil/da, daher/deswegen/denn, aus diesem Grund*	*Satz: 1+2 / 6+7*
Einschränkung / Gegensatz	→ *dennoch/trotzdem, allerdings/zwar … aber, obwohl/obgleich*	*Satz: 4+5*

5 *Eine sinnvolle Überarbeitung des Textes könnte so aussehen:*
*(1) Foto-Handys sind zurzeit sehr umstritten, (2) **denn** sie werden immer häufiger missbraucht. (3) Die kleinen Geräte/Alleskönner werden **beispielsweise** neuerdings verwendet, um Prügeleien zu filmen oder zu fotografieren. (4) **Zwar** werden manchmal nur kleine Raufereien inszeniert, (5) **aber oft** werden richtige Schlägereien angezettelt. (6) Es soll alles möglichst echt wirken, (7) **daher** wird ein Mitschüler auf dem Schulhof tatsächlich zusammengeschlagen und anschließend als Opfer zur Schau gestellt. (8) **Zum Beispiel** werden die Aufnahmen dann an andere Handys gesendet oder ins Internet gestellt.*

6 *Text A passt besser in einen Leserbrief einer Schülerzeitung, da der Leser mit „du" angesprochen wird, wie es unter Jugendlichen üblich ist, und er sich auf eine Situation bezieht, die Jugendliche kennen. Es wird fast durchgängig saloppe, lockere Sprache verwendet („Date taucht leider nicht auf"; „hämmert […] in die Tasten"), sodass der Text zu umgangssprachlich wird.*

▷ S. 25 **D Schreibplan erstellen**

1 *Folgende formale Anforderungen solltest du beachten: a und d.*

2 *Die Lösung ist c (eventuell auch a, wobei die Definition auch erst im Hauptteil folgen könnte).*

3 *Hier könntest du begründen: Ich finde Argument **B** überzeugender, weil es auf ein Gesetz Bezug nimmt.*

4 *Eine mögliche Reihenfolge ist: 1. = c)   2. = a)   3. = b)*

5 *Die Lösung findest du in den Tabellen zu Aufgabe 3 bis 6 in Teil B.*

6 *Formulierungen, die eine Steigerung enthalten, sind (in aufsteigender Reihenfolge): c) vor allem ist hervorzuheben → e) entscheidend ist hierbei → d) darüber hinaus möchte ich betonen → i) für mich ist ausschlaggebend*

▷ S. 26 **7** *Ganz sicher nicht geeignet ist Lösung b.*

8   *So könnte dein Leserbrief lauten, wenn du dich **für** ein Verbot von Foto-Handys an der Schule aussprechen willst:*

[Absender mit Anschrift]   [Datum]

[Empfänger mit Adresse]

Sollten Foto-Handys an Schulen verboten werden? – aktuelle Ausgabe des „Schulblattes"

Liebe Redaktion!

Das Thema Foto-Handy sorgt in jüngster Zeit immer wieder für Gesprächsstoff. Anlass war dieses Mal ein Vorfall auf dem Spielplatz neben unserer Kölner Schule, bei dem mehrere Jugendliche hemmungslos auf ein Opfer einschlugen. Im Kreis rundherum standen Foto-Handy-Besitzer, die nicht etwa eingriffen, sondern das Ganze ausführlich dokumentierten. Die Frage ist nun, ob Foto-Handys an Schulen verboten werden sollten. Ich spreche mich nachdrücklich für ein Verbot aus, da dank dieser kleinen Geräte die Gewalt unter Jugendlichen ganz neue Formen und Ausmaße annimmt. Das will ich im Folgenden begründen.
Zunächst einmal kann man davon ausgehen, dass Handys in der Schule mehr stören, als dass sie nützlich sind. Immer wieder kommt es nämlich vor, dass Telefone während des Unterrichts angeschaltet bleiben. Die Folge ist, dass die Schülerinnen und Schüler abgelenkt sind, etwa durch störende Klingel- oder Tastentöne oder durch das Schreiben von SMS.
Darüber hinaus möchte ich betonen, dass ein zusätzliches Problem der modernen, multimedialen Handys darin besteht, dass auf diesem Wege z. B. nicht jugendfreie Bilder ungehindert getauscht und verbreitet werden können. Unabhängig davon, ob es sich um nicht jugendfreie oder jugendfreie Bilder handelt, ergibt sich durch das Veröffentlichen von Bildern häufig ein Verstoß gegen das Urheberrecht, denn Fotos dürfen nur mit Einwilligung des Abgebildeten verbreitet oder öffentlich zur Schau gestellt werden.
Entscheidend ist hierbei ein Phänomen, das in engem Zusammenhang mit diesen multimedialen Alleskönnern steht: das so genannte Cyberbullying. Es handelt sich dabei um eine Form des Mobbings, die sich dieser neuen Medien bzw. Kommunikationswege bedient (z. B. SMS, E-Mail oder Instant Messaging wie im Chatroom). Wenn es stimmt, dass bereits mindestens jedes zehnte Kind Opfer solcher entwürdigenden Übergriffe ist, finde ich diese Zahl alarmierend. Da sich Foto-Handys wegen der unauffälligen MMS besonders gut für solche Zwecke eignen, sollte man ihre Rolle beim Cyberbullying auf keinen Fall unterschätzen.
Für mich ausschlaggebend ist allerdings die Tatsache, dass Foto-Handys Anlässe für Straftaten wie Körperverletzung bieten und damit als Ursache von Gewalt zu betrachten sind. „Happy Slapping" wird – wie der Name andeutet – zwar oft als unterhaltsames Spiel begriffen, ist aber für die Opfer bitterer Ernst: Wo Prügeleien angezettelt und dann mit dem Foto-Handy aufgenommen und verbreitet werden, gibt es für das Opfer nicht viel zu lachen. Besonders bedenklich erscheint mir, dass die Täter Gefühle absoluter Macht aus dem gefilmten Beweis ihrer zerstörerischen Kraft ziehen: Denn das bedeutet, dass diese Möglichkeit ein neues Motiv und einen starken Anreiz für Gewalttaten darstellt, die besonders im Leben von ohnehin gewaltbereiten Jugendlichen eine Rolle spielen dürfte und die es ohne Foto-Handys so gar nicht gäbe. Wenn man diesen Aspekt ernst nimmt, kann der Weg meiner Ansicht nach daher nur über ein wirksames Verbot gehen – begleitet durch Gewaltprävention.
Für mich ergibt sich aus dieser Sachlage ganz eindeutig die Forderung nach einem Verbot von Foto-Handys in der Schule. Die Schule hat auch den Auftrag, Jugendliche zu schützen, notfalls vor sich selbst. Wie gravierend die Straftaten und Folgen für die Opfer sind, wird von den Tätern oft unterschätzt. Was hier geschieht, hat mit Spaß wenig zu tun. Bis das von allen verstanden wird, wäre ein Verbot der erste Schritt – zu ungestörtem Lernen und dringend nötiger Gewaltprävention.

Mit freundlichem Gruß/Herzliche Grüße

[Vorname Name]

▷ S. 26 **E   Den eigenen Text überarbeiten**

1   *Der Text enthält viele Wiederholungen. So könnte der verbesserte Text lauten (**Veränderungen** fett):*
Handys bieten heutzutage immer mehr Möglichkeiten, und **diese** will natürlich auch jeder nutzen. Wenn viele **Menschen** ein Foto-Handy **besitzen,** werden damit natürlich auch **Schnappschüsse oder kurze Videos gemacht.** Man sucht Gelegenheiten, Leute zu fotografieren oder zu filmen, oder man schafft **sie sich. Allerdings sollte man dabei beachten, dass** das Gesetz über das Urheberrecht es verbietet, ein Bild von jemandem zu veröffentlichen, **der** nicht zugestimmt hat.

▷ S. 27 # Sollte man Tierversuche ganz und gar abschaffen? – Einen Kommentar verfassen

▷ S. 29 **A   Die Aufgabe verstehen**

1   *a) + b) Die Arbeitsschritte in sinnvoller Reihenfolge sind: 1. = j   2. = d   3. = h   4. = a   5. = e   6. = c   7. = f*

2   *Wichtige Fakten sind: Laut* Tierschutzgesetz *sind* Tierversuche „Eingriffe oder Behandlungen zu Versuchszwecken an Tieren, die mit Schmerzen, Leiden oder Schäden verbunden sind"; Eingriffe am Erbgut; „[...] sind zu beschränken"; die zu erwartenden Schmerzen, Leiden oder Schäden im Hinblick auf den Versuchszweck ethisch vertretbar [...]"; nicht mehr Tiere [...] als für den verfolgten Zweck erforderlich; Der Gesetzgeber schreibt [...] Versuche an Wirbeltieren vor; für alle weiteren Eingriffe [...] behördliche Genehmigungen erforderlich; [...] Versuchstierzahlen steigen; [...] im Vergleich zum Vorjahr um 6,5 % d. h. um 600 000 Tiere.

▷ S. 29 **B** **Erstes Textverständnis – Stoff sammeln**

1 + **2** *So könnte deine Tabelle aussehen:*

Nr.	Pro-Argumente	Belege (Zahlen, Fakten, Zitate, Beispiele)
1	– *Gewinn medizinischer Erkenntnisse*	– *Vorgänge im Körper können erklärt werden (z. B. die Funktionsweise von Sehvorgang, Gehirn und Nerven)*
3	– *Prüfung der Wirksamkeit und Verträglichkeit von Medikamenten, Lebensmitteln, Kosmetika*	– *Behandlungsrisiken* können so verhindert oder gemildert werden
2	– *Alternativen gibt es selten, Verzicht würde Verlangsamung des medizinischen Fortschritts bedeuten.*	– viele Menschen müssten Schmerzen leiden oder wären vor dem sicheren Tod nicht zu retten
6	– strenge Kontrollen sind für die Durchführung von Tierversuchen vorgeschrieben.	– Personen, die Tierversuche durchführen, werden speziell geschult, ausgebildet und kontrolliert
4	– medizinischer Fortschritt und Sicherheit im Umgang mit verschiedenen Produkten	– Fortschritt und Definition von Standards, auch Sicherheit im Umgang mit Medikamenten, Kosmetika, Lebensmitteln
5	– Mithalten mit der internationalen Forschung	– Schaffung bzw. Erhaltung von Arbeitsplätzen; notfalls Bevölkerung (Vogelgrippe!) aus eigener Produktion versorgen können

▷ S. 30 **3** + **4** *So könnte deine Tabelle aussehen:*

Nr.	Kontra-Argumente	Belege (Zahlen, Fakten, Zitate, Beispiele)
2	– *Erkenntnisse aus Tierversuchen sind nicht immer auf den Menschen übertragbar*	– *Unterschiede zwischen Tier und Mensch führen zu unerwarteten Nebenwirkungen und Folgeschäden*
3	– *Medikamente können auch ohne Tierversuche erforscht und gewonnen werden*	– *z. B. der Polio-Impfstoff ist im Labor erzeugt worden (siehe auch Z. 14–19 in M1)*
4	– auch mit alternativen Forschungsmethoden können wir bei der Forschungselite mithalten.	– Nobelpreisträger Arthur Kronberg isolierte das AIDS-Virus ganz ohne Tierversuche
1	– Hygienestandards und gesunde Lebensweise können mehr vorbeugen als Medikamente je heilen werden	– viele Erkrankungen gehen auf diese beiden Ursachen zurück; Prävention ist sinnvoller und auch wirtschaftlicher
5	– die fehlende Dokumentation erfolgloser Versuche führt dazu, dass die Tiere unnötig leiden	– in der Forschungsliteratur werden nur Fortschritte veröffentlicht, um Erfolge präsentieren zu können
6	– ethische Grundsätze sprechen gegen Tierversuche.	– es verträgt sich nicht mit christlichen Werten, das Leben eines Lebewesens über das eines anderen zu stellen

▷ S. 30 **C** **Übungen**

1 *Die Gewichtung in den beiden Tabellen kann von deiner Gewichtung abweichen.*

2 *Zusammen gehören: a) +* **weil** *+ 4   b) +* **denn** *+ 3   c) +* **daher** *+ 2   d) +* **zumal** *+ 1*

▷ S. 31 **3** *Mögliche Zusammenhänge lassen sich so formulieren:*
   1. **Obwohl** *man mit Hilfe von* <u>Tierversuchen</u> *Menschenleben retten kann, sollte man dennoch tierversuchsfreie* <u>Alternativen</u> *nicht außer Acht lassen.*
   2. **Damit** *die* <u>Forschung</u> *weiterhin Fortschritte machen kann, müssen die Tiere nicht zwangsläufig* <u>Qualen</u> *erleiden.*
   3. **Während** *die* <u>Tierhaltung</u> *im Labor oft als problematisch angesehen wird, regt sich kaum jemand über den Bewegungsmangel von Legehennen oder Mastschweinen auf.*
   4. *Ebenso möchten* <u>Fleischesser</u> *ihre Ernährungsgewohnheiten selten umstellen,* **sodass** *hier ebenso willkürlich über das Leben von Tieren verfügt wird.*

4 *So könnten deine Belege lauten:*
   zu 1.: **So ist es beispielsweise** *möglich, auch ohne Tierversuche wichtige medizinische Erkenntnisse zu erlangen.*
   zu 2.: **Belegen lässt sich dies** *anhand der Entwicklung des Polio-Impfstoffs und der Isolierung des AIDS-Virus.*
   zu 3.: **Es gilt z. B. als erwiesen**, *dass die in der Stallhaltung auftretenden Erkrankungen in freier Natur nicht auftreten.*
   zu 4.: **Als Beispiel dafür** *könnte ich viele Menschen aus meinem Umfeld nennen, die sich zwar über Tierversuche aufregen, aber regelmäßig Fleisch essen.*

5 *a) Einleitung: A enthält T, M und Ü: 1   B enthält nur T und M: 2   C enthält T (nicht klar benannt) und Ü: 3*
   b) Eine mögliche Einleitung findest du in der Musterlösung.

▷S. 31 **D** **Den Schreibplan erstellen**

1 *Hier gibt es keine richtige oder falsche Lösung, urteile entsprechend deiner eigenen Meinung.*

▷S. 32 **2** + **3** b) *So könnte deine Gliederung aussehen:*

Modell: Sanduhr-Prinzip	Beispiel für … B	… A
Einleitung mit Nennung der **eigenen Position**	Einleitung: steigende Versuchstierzahlen und aktuelle Diskussion; Position: Ich spreche mich gegen Tierversuche aus.	… für Tierversuche.
These der **Gegenposition**:	Tierversuche gelten als sinnvoll und notwendig.	
Stärkstes Argument der Gegenposition: (+ Beleg)	– Gewinn medizinischer Erkenntnisse + Erklärung von Körpervorgängen (z. B. Funktionsweise von Sehvorgang, Gehirn und Nerven)	6
Mittelstarkes Argument der Gegenposition: (+ Beleg)	– Prüfung der Wirksamkeit und Verträglichkeit von Medikamenten, Lebensmitteln, Kosmetika + Behandlungsrisiken können so verhindert oder gemildert werden	5
Schwächstes Argument der Gegenposition: (+ Beleg)	– Alternativen gibt es selten, Verzicht würde Verlangsamung des medizinischen Fortschritts bedeuten + Viele Menschen müssten Schmerzen leiden oder wären vor dem sicheren Tod nicht zu retten	4
Überleitung:	Es gibt zwar strenge Kontrollen; gesetzliche Regelungen, aber …	
These der **eigenen Position**:	… Tierversuche sind überholt und aus ethischer Sicht nicht zu vertreten.	
Schwächstes Argument der eigenen Position: (+ Beleg)	– Medikamente können auch ohne Tierversuche erforscht und gewonnen werden + z. B. ist der Polio-Impfstoff im Labor erzeugt worden (siehe auch Z. 14–19 in M1)	3
Mittelstarkes Argument der eigenen Position: (+ Beleg)	– Problem der Übertragbarkeit der aus Tierversuchen gewonnenen Daten auf Menschen + Unterschiede können zu lebensbedrohlichen Nebenwirkungen und Folgeschäden führen	2
Stärkstes Argument der eigenen Position: (+ Beleg)	– Hygienestandards und eine gesunde Lebensweise könnten mehr vorbeugen als Medikamente heilen + viele Erkrankungen gehen darauf zurück; Prävention ist sinnvoller und auch wirtschaftlicher	1
Schlussfolgerung / Fazit:	Medikamente können auch ohne Tierversuche gewonnen werden: Wir lassen andere den Preis für unseren Lebenswandel zahlen.	

3 a) *Die Gliederung für A sollte der Nummerierung in der rechten Spalte entsprechen (vgl. Musterlösung).*

▷S. 33 **E** **Den eigenen Text überarbeiten**

1 *So könnte deine Überarbeitung aussehen:*

> ~~Kurz und gut:~~ Zusammenfassend lässt sich sagen, dass es ~~'ne~~ eine Reihe von Argumenten ~~gibt's~~ gegen Tierversuche gibt und ~~so manche~~ einige, die dafür sprechen. ~~Tierquälerei kann~~ Man kann den Befürwortern von Tierversuchen Tierquälerei vorwerfen und darüber hinaus, dass durch Tierversuche nicht immer bessere Medikamente, Kosmetika und Nahrungsmittel entstehen. ~~Ach ja,~~ Außerdem ~~gibt's~~ es auch ~~so andere~~ tierversuchsfreie Methoden, die beweisen, dass Tierversuche in einer modernen Gesellschaft ~~echt von gestern sind~~ überholt sind. ~~Schluss aus;~~ Deshalb spreche ich mich gegen Tierversuche aus.

So könnte deine Lösung aussehen:

> Statistiken zeigen, dass trotz vieler möglicher Alternativen wie etwa Versuche an Gewebekulturen, im Reagenzglas oder an Computermodellen die Versuchstierzahlen steigen. Die Frage, ob man Tierversuche ganz und gar verbieten sollte, ist schwer zu beantworten, da es sowohl gewichtige Argumente gibt, die für Tierversuche sprechen, als auch gute Gründe, die man dagegen anführen kann. Trotzdem möchte ich mich der Position von Professor Hackebein anschließen, der meiner Ansicht nach zu Recht deutlich macht, dass medizinischer Fortschritt ganz ohne Tierversuche nicht erreicht werden kann.
> **Natürlich gibt es auch Argumente, die gegen** die Durchführung von Tierversuchen sprechen. Argumentiert wird dabei nicht nur, dass es fraglich sei, ob sich die Daten aus den Versuchen so einfach von Tieren auf Menschen übertragen lassen, sondern auch, dass man durch Tierversuche Risiken nie ganz ausschließen könne.
> **Darüber hinaus wird in der Regel angeführt,** dass alternative Forschungsmethoden ebenso erfolgreich seien. Arthur Kronenberg habe z. B. mit der Isolierung des AIDS-Virus gezeigt, dass man mit tierversuchsfreien Methoden ebenso wichtige Erkenntnisse erzielen kann.

Schließlich wird oft zu bedenken gegeben, wie viel Leid die Tiere ertragen müssten, nur weil wir unsere ungesunde Lebensweise nicht aufgäben und in vielen Ländern Hygienestandards nicht ausreichten. Es sei sinnvoller und billiger, durch Vorbeugung Krankheiten zu verhindern als sie nachträglich durch Medikamente zu heilen.

Ich hingegen vertrete die Auffassung, dass Tierversuche unerlässlich sind.

Wer wie oben argumentiert, lässt außer Acht, dass aus Tierversuchen wichtige Erkenntnisse über medizinische Zusammenhänge gewonnen werden. So stellen z. B. unsere heutigen Kenntnisse über die Funktion des Sehnervs oder die Reizleitung im Nervensystem eine wichtige Grundlage für das Verständnis des (tierischen und) menschlichen Körpers dar, das auf anderem Wege nicht zu erreichen gewesen wäre.

Für wesentlich wichtiger halte ich jedoch, dass auf diesem Wege vor allem neu entwickelte Medikamente auf ihre Wirksamkeit und ihre Nebenwirkungen geprüft werden können. Ein allergischer Schock etwa stellt ein Behandlungsrisiko dar, das lebensbedrohlich werden kann. Wenn ein Mensch ernsthaft erkrankt und geschwächt ist, sollte er sich auf Medikamente verlassen können, die er ohne Gefahr unbekannter Nebenwirkungen einnehmen kann. Möglichkeiten, solche Risiken zu mildern oder zu verringern, sollte man daher auch nutzen.

Entscheidend ist allerdings in meinen Augen, dass ein Verzicht auf Tierversuche umgekehrt bedeutet, dass der medizinische Fortschritt sich verlangsamt und Menschen – auch Freunde und Familienmitglieder – Schmerzen leiden oder sterben müssen. Grundlagenforschung setzt dort an, wo viele Menschen betroffen sind, deren Leben auf dem Spiel steht, wie z. B. bei Krebs. Wer an Krebs erkrankt, hat ohne Medikamente zum heutigen Zeitpunkt keine Chance, die Krankheit aus eigener Kraft zu besiegen. Ich möchte nicht verantworten, Todkranken durch ein prinzipielles Verbot von Tierversuchen jede Hoffnung auf Heilung zu rauben – denn die Hoffnung stirbt bekanntlich zuletzt.

Nach Abwägung der Argumente komme ich zu dem Schluss, dass die Argumente für Tierversuche deutlich stärker ins Gewicht fallen. Meiner Ansicht nach ist es ethisch noch viel weniger zu vertreten, Menschen mit ihrer Krankheit allein zu lassen, indem man ein pauschales Verbot von Tierversuchen ausspricht. Es gibt in Deutschland ein Tierschutzgesetz, das das Leid der Tiere auf ein vertretbares Maß begrenzt und für ausreichend Kontrolle sorgt. Es ist gewährleistet, dass es Tieren hierzulande besser geht als anderswo. Ich streite nicht ab, dass dies ein hoher Preis ist, und man sollte ihn daher auch so gering wie möglich halten. Aber Fortschritt und Erkenntnis haben ihren Preis. Wir sollten bereit sein, ihn zu zahlen.

▷ S. 34 *Barbara Lehnerer:* Blind – Eine Kurzgeschichte fortsetzen

▷ S. 35 A Die Aufgabe verstehen

1 *Folgende Aussagen sind richtig: a, c, g, h und i.*

▷ S. 36 B Erstes Textverständnis – Ideen entwickeln

1 *Folgende Textstellen solltest du markiert haben:*
Jan: „frühmorgens […] zu einem Handball-Match gefahren" (Z. 6–7); „ ‚Das ist das erste Mal, dass du alleine da bist' " (Z. 35); „einen Moment lang dachte ich auch an Jan" (Z. 23–24)
Henri: „Er stand ein bisschen abseits an der Bar, nur so für sich" (Z. 11); „Schweigsam. Beobachtend. Wie jeden Freitagabend." (Z. 12); „Turnschuh […] in einem seltsamen Anti-Takt zu der Musik" (Z. 16–17); „Ein schwarzer Benz, genauso schwarz wie sein Turnschuh und sein Haar" (Z. 31–32); „wie ein Gentleman" (Z. 33).
Das sind mögliche Stichworte zu den beiden männlichen Figuren:
Jan: (kaum Informationen); offenbar anders als Henri, sonst männlicher Begleiter der Hauptfigur, sportlich engagiert
Henri: Einzelgänger; unangepasst (→ Anti-Takt); beobachtend, eventuell nervös; das „Schwarze" an ihm wird betont

2 *So könnte deine Lösung zum Beispiel aussehen:*

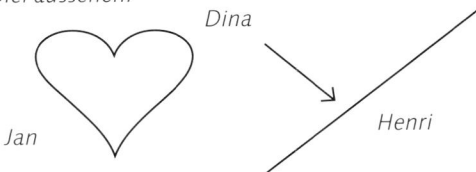

3 *So sollte deine Tabelle aussehen:*

Zitat	Was ich an dieser Stelle als Leser erwartet habe:
A	*Als Frau allein? Dina könnte etwas passieren* ohne männliche Begleitung („Freiwild").
B	Dina wird in Versuchung geführt, Jan untreu zu werden, sie wird nachgeben und sich nachher darüber ärgern.
C	Dina wird Henris Anziehungskraft nichts entgegensetzen können. Sie wird ihm verfallen.
D	Die Beziehung zu Henri ist vielleicht nicht sehr fest. Dina wird so leichtsinnig sein, alle Vorsicht aufzugeben und sich mit Jan einzulassen.

E   Henri will sich an Dina heranmachen und sie beeindrucken oder er ist eigentlich gar nicht persönlich an Dina interessiert; für ihn ist es nur ein Spiel; er zieht die Ahnungslose in ein Verbrechen hinein.

F   Dina wird evtl. für etwas verhaftet, von dem sie gar nichts weiß.

▷S.37 **C   Übungen**

1 *Mögliche Markierungen könnten sein: „Die Nacht mit Henri hätte mich bald um meine Sicherheit gebracht" (Z. 5); „Dabei standen alle Vorzeichen auf Warnung: [...]" (Z. 6); „Natürlich hätte ich die Versuchung wittern müssen" (Z. 10)*

2
3

Zitat	Sinnes-organ	Folgen
„Ich sehe schlecht" (Z. 1)	*Auge*	*Das Auge ist als Sinnesorgan für sie unzuverlässig; sie kann sich nicht auf den Schein/das Äußere (= ihre Augen) verlassen.*
„Ich höre eben gut und schnell und gerne" (Z. 4)	*Ohr*	*Auf ihre Ohren kann sie sich verlassen.*
„spürte ich seinen Blick und zwang mich wegzusehen" (Z. 13)	*Auge*	*Im Bereich des Sehens, den sie nicht beherrscht, gewinnt er Macht über sie.*
„Die Ohren waren jetzt ausgeschaltet, dafür die Augen wie gebannt." (Z. 18–19)	*Ohr/ Auge*	*Sie ist nun abhängig von dem Sinnesorgan, auf das sie sich nicht verlassen kann.*

4 *Für deine Fortsetzung der Geschichte folgen aus dieser Einschätzung der Sinnesorgane folgende Überlegungen:*
   – *Dina löst sich bald wieder aus Henris Bann, verlässt sich wieder auf ihre Ohren und befreit sich von seinem Einfluss.*
   – *Dina ist weiter von visuellen Eindrücken geprägt; erst zum Schluss, als es (fast) zu spät ist, stützt sie sich wieder stärker auf das, was sie hört.*

5 + **6** *Folgende Vorausdeutungen liegen nahe:*
   Zitat: „in einem seltsamen Anti-Takt zu der Musik" (Z. 17)
   Vorausdeutung: nicht angepasst, gegen den Rhythmus der anderen → wirft Dina aus der Bahn, erweist sich als Lebenskünstler oder aber als Mensch mit eher unsozialen Zügen
   Zitat: „Ein schwarzer Benz, genauso schwarz wie sein Turnschuh und sein Haar." (Z. 31–32)
   Vorausdeutung: wirkt reich (oder ist der Wagen gestohlen?); undurchschaubarer, düsterer Charakter → eventuell verbrecherische Methoden, macht Dina zur Ganoven-Braut oder bringt ihr Leben in Gefahr

▷S.38 **7** *Mögliche Fortsetzungen der Geschichte:*

Textzitate	Fortsetzung der Geschichte
A	*Dina hat die Kontrolle über sich und die Situation nur vorübergehend verloren und löst sich daher von Henri.*
B	*Henri sucht eine Pistole oder eine andere Waffe, mit der er später in einen Kampf geht und/oder Dina bedroht.*

▷S.38 **D   Den Schreibplan erstellen**

1 + **2** *So könntest du den Text – passend zum Anfang der Kurzgeschichte – beispielsweise fortsetzen:*
   a) *Henri hat aus dem Handschuhfach eine Waffe genommen; der Wagen ist gestohlen, auch sonst ist Henri für die Polizisten kein unbeschriebenes Blatt; sie nehmen ihn fest und Dina kommt mit dem Schrecken davon.*
   b) *Henri verdient sein Geld damit, Diebesgut zu hehlen, daher kann er sich den Benz leisten; vor der Polizei hat er wenig Respekt, weil sie ihn bisher nie erwischt hat, auch dieses Mal hat er Glück; Dina beobachtet er schon länger und will sie erobern.*
   c) *Die Polizisten lassen nicht locker, Henri gibt sich als Fahrer des Wagens zu erkennen und man geht wegen der Fahrzeugpapiere zum Auto; Jan kommt auf dem Heimweg zufällig vorbei und traut seinen Augen nicht: seine Freundin, ein anderer Kerl und zwei Polizisten?! ...*
   d) *Dina erkennt, dass Henri sie mit dem ganzen Theater beeindrucken wollte; da ihr Henri trotzdem nicht ganz geheuer ist, stellt sie ihn in Gegenwart der Polizisten zur Rede; es zeigt sich, dass der Wagen geliehen ist, Henri aber (z. B.) aus Übermut/Angst vor einem Alkoholtest geflohen ist. Er kommt zwar mit einer Anzeige davon, hat bei Dina aber nichts mehr zu melden.*

3 + **4** *Wenn du dich für (a) entscheidest, könnte die Kurzgeschichte so weitergehen:*

Ich schluckte und hielt die Luft an. Noch ehe ich begriff, wie mir geschah, zog Henri mich plötzlich an sich und versuchte, mich zu küssen. Ich war so überrascht, dass ich reflexartig meine Augen schloss und die Arme um ihn legte. Aber was war das? Unter meinen Fingern spürte ich, dass in seinem Hosenbund hinter dem Rücken ein harter Gegenstand steckte. Ich kniff die Augen zusammen und versuchte, die Form zu ertasten. War das ein Stock? Nein, dazu war das Ding zu krumm. Ich tastete vorsichtig weiter. Verdammt, hatte er etwa eine Pistole unter seiner Jacke versteckt?! Ich erinnerte mich: Der Griff ins Handschuhfach nach der rasanten Flucht – dann waren das also nicht die Papiere gewesen? Als mir dieser Gedanke durch den Kopf schoss, spürte ich, wie mir alle Farbe aus dem Gesicht wich und meine Knie weich wurden. Mit einem Mal hatte ich richtig Angst. „Hey ihr beiden, wart ihr das eben?", hörte ich die Stimme des jüngeren Polizisten plötzlich noch lauter neben mir. Der scharfe Tonfall in seiner Stimme rüttelte mich wach. Von einem Moment zum nächsten legte sich der Schalter um: Meine Augen waren jetzt abgeschaltet, meine Ohren wieder hellwach. „War ich das eben?", fragte ich mich. Was zum Teufel war eigentlich mit mir los? Wo waren meine Sinne, wo war mein Verstand geblieben? „Oh Gott", dachte ich nur und fragte mich, wie ich aus diesem Schlamassel wieder hinauskommen sollte. Die Polizisten – ob ich … ? Einen Versuch war es wert: …

5 *So könnte die Begründung für die oben gewählte Fortsetzung lauten:*

Die Wahrnehmung der Ich-Erzählerin zu Beginn der Kurzgeschichte verändert sich durch Henris äußere Erscheinung und sein untypisches Verhalten: Eigentlich vertraut Dina ihrem Hörsinn, denn sie hört „gut und schnell und gerne" (Z. 4). Obwohl oder gerade weil sie sich normalerweise nicht auf ihre Augen allein verlässt, lässt sie sich an diesem Abend im Blue Moon von Jans Auftreten und ganz besonders von den anti-rhythmischen Bewegungen seines „rechten Turnschuh[s]" (Z. 16) in Bann schlagen. **Anfangs ist ihr diese veränderte Sichtweise** noch bewusst und sie wundert sich über sich selbst. Im weiteren Verlauf sind ihre Ohren plötzlich ganz ausgeschaltet (vgl. Z. 18–19). **Diese Veränderung hat Folgen:** Sie nimmt die warnenden Vorzeichen nicht wahr und hat sich selbst und die Situation nicht mehr im Griff.

Ich habe mich in meiner Fortsetzung dafür entschieden, dass die Ich-Erzählerin wieder zu sich findet. Die wiederholte, immer lautere Ansprache durch die Polizei ruft sie sozusagen zur Ordnung, sie hört wieder besser. Sie stößt Henri von sich und nutzt die Gegenwart der Polizisten, um sich von ihm und der Bedrohung, die von ihm ausgeht, wieder frei zu machen. **Meiner Meinung nach ist diese Fortsetzung schlüssig, da** Henri unberechenbar ist. Die Farbe „schwarz", die ihn auszeichnet, lässt ihn bedrohlich und undurchschaubar wirken, ebenso der Tatbestand, dass er sich so merkwürdig anders verhält („in einem seltsamen Anti-Takt zur Musik", Z. 17). Da es schon in Zeile 5 des Textes heißt: „Die Nacht mit Henri hätte mich beinahe um meine Sicherheit gebracht", erscheint es mir logisch, dass diese Faszination, die Henri auf Dina anfangs ausübt, nur vorübergehend sein kann.

▷ S. 39 *Narinder Dhami:* Kick it like Beckham –
Einen Tagebucheintrag verfassen

▷ S. 40 A Die Aufgabe verstehen

1 *Operatoren und Schlüsselbegriffe:* **Lies** *die geschilderte* Situation *… ;* **Verfasse** *aus* Sicht der Ich-Erzählerin *einen* Tagebucheintrag*;* **Begründe** *die* Haltung*, die du* Jess *[…] einnehmen lässt;* **Weise** *dabei* **nach***, dass der* Tagebucheintrag *sich […]* schlüssig *aus dem Textauszug ergibt.*
Richtig sind die Lösungen: b, c, f und h.

2 *1 und C* *2 und B* *3 und D* *4 und F* *5 und A* *6 und E*

▷ S. 40 B Erstes Textverständnis – Ideen entwickeln

1 *Die Begriffe sollten in dieser Reihenfolge in die Lücken geschrieben werden: Narinder Dhami → Hauptfigur → Familie → Versteckspiel (oder Geheimnis) → Mutter → Angst → Pinky → Geheimnis (oder Versteckspiel).*

▷ S. 41 **2** *Richtig sind die Lösungen: d, e und f.*

▷ S. 41 C Übungen

1 a) *Folgende Stichworte könnten in deinem Cluster auftauchen:* **Jess' Gedanken und Gefühle:** *müde/erschöpft; hungrig; hofft, dass die Mutter ihr etwas zu essen macht; verwundert; nervös/unsicher/panisch, ob die Schwester sie verraten wird; fühlt sich ertappt; hat ein schlechtes Gewissen; erleichtert*
b) *Jess könnte zum Beispiel durch den Kopf gehen: Die Ausrede mit dem Sommerjob wird nicht mehr lange funktionieren. Was erzähle ich Pinky? Wie wird sie reagieren? Wie kann ich weiter trainieren? Soll ich meine Eltern einweihen? Und was dann? Was wird Joe sagen, wenn ich nicht mehr Fußball spielen darf?*

2 *Folgende Gegebenheiten werden ausgedrückt: (1) d (2) c (3) b*

▷ S. 42 **3** *Hier kommt es auf eine nachvollziehbare Begründung an, z. B.* Jess bedient sich einer Notlüge, weil sie in einer Notlage steckt: Sie sagt die Unwahrheit, weil sie ihre Eltern – die sehr konservativ sind – nicht enttäuschen will.
Oder: Jess lügt, weil sie einer Strafe (z. B. dem Verbot ihrer Eltern, Fußball zu spielen) entgehen will.

4 Der Anfang **B** ist für einen Tagebucheintrag eher geeignet, weil er Jess' Gefühle eher umgangssprachlich wiedergibt und auch der Stil eher der informellen Sprache im Tagebuch entspricht (mit Fragen, Ausrufen, unvollständigen Sätzen usw.).

5 *Richtig ist die Lösung c.*

▷ S. 43 **D Den Schreibplan erstellen**

1 + **2** *So könnte deine Mind-Map aussehen (Reihenfolge in Klammern):* **Jess' Tagebucheintrag:**
(1) Situation am Nachmittag: müde, unruhig, panisch ... (→ übereinstimmend mit Aufgabe 1 im Teil C)
(2) Jess' Konflikt: Gründe und Bedenken im Hinblick auf die Notlüge/Lüge (→ übereinstimmend mit Aufgabe 3 im Teil C)
(3) Jess' Verhältnis zu ihren Eltern (warmherzig, liebevoll, umsorgend ...)
(4) Folgen und Zukunft: Soll sie die Schwester/Eltern einweihen? Soll sie sich fügen? Kann sie Familienfrieden und Fußball vereinen?

3 *So könnte der Tagebucheintrag beginnen:*

> Liebes Tagebuch,
> das war knapp! Allein beim Gedanken an gestern fängt mein Herz wieder wie wild an zu klopfen! Beinahe wäre alles rausgekommen! Mum hatte mir Pinky vorbeigeschickt, um mich von meinem neuen „Sommerjob" abzuholen. Haha! Von wegen Sommerjob – beim Fußballtraining, da war ich, wie immer! Als Pinky wütend in der Tür stand, weil sie natürlich umsonst zu dem Elektronik-Fachgeschäft gefahren war, dachte ich wirklich: Jetzt ist alles vorbei, jetzt gibt es richtig Ärger – ich habe vor Angst gar nicht gewagt, Luft zu holen. Wenn Pinky nicht geschaltet hätte! Hallelujah! ... Zum Glück hat sie mich nicht auffliegen lassen! Puh, bin ich erleichtert, das hätte wirklich in die Hose gehen können. Wenn Mum auf diese Weise erfahren hätte ... – gar nicht auszudenken. Ihre Tochter – arbeitet gar nicht, sondern spielt Fußball wie ein Junge!
> Ich sitze wirklich in der Tinte! Und außerdem habe ich so ein schlechtes Gewissen! Jeden Tag meine Eltern belügen, immer neue Ausreden suchen, ... das will ich doch alles eigentlich gar nicht! Und je besser ich Fußball spiele, desto häufiger werde ich wohl schwindeln müssen. Mum meint es so gut und ist so lieb, seit ich den Sommerjob habe! Mein Gewissen ist dann immer doppelt schlecht! Aber ... – ach Mann, manchmal kommt es mir so vor, als würde sie im letzten Jahrhundert leben. Ich und studieren? – Das ginge ja vielleicht noch. Aber ich und einen indischen Mann heiraten, so ausstaffiert wie Pinky? Nein, danke! Ich muss einen Ausweg finden! Und vor allem muss ich Mum davon überzeugen, dass Fußball das einzig Richtige für mich ist! Die Frage ist nur wie ...

4 *Hier einige Erläuterungen zum Beginn von Jess' Tagebucheintrag:*

> **In meinem Tagebucheintrag gehe ich davon aus,** dass Jess ihr Verhalten als Notlüge betrachtet: Sie hat ein gutes Verhältnis zu ihren Eltern und möchte gerne die Tochter sein, die die Eltern in ihr sehen. **Im Romanauszug wird auch deutlich,** wie groß ihre Angst ist, entdeckt zu werden („drehte sich der Magen um" (Z. 21), „Herz fing wie wild an zu klopfen" (Z. 21), „verzweifelt" (Z. 22), „geriet in Panik" (Z. 24)), daher ist sie sehr erleichtert, dass sie zunächst mit dem Schrecken davonkommt. **Es scheint mir unrealistisch, wenn** Jess sich über ihr Verhalten keine weiteren Gedanken machen würde, denn sie fühlt sich ihrer Familie trotz allem verbunden. **Viel wahrscheinlicher ist meiner Ansicht nach,** dass das Versteckspiel für sie einen Konflikt darstellt, gerade weil die Mutter sich so sehr um sie kümmert, seit sie ihren „Sommerjob" angenommen hat. **Im Ursprungstext spielt** ihre Angst vor der Entdeckung eine große Rolle, daher habe ich die Sorgen, was schlimmstenfalls passieren könnte, und ihre Gedanken über die Zukunft besonders betont.
> **Da dieser Tagebucheintrag aus Sicht von Jess** nach einer ziemlich aufwühlenden Situation heraus entsteht, **habe ich** versucht, diese Unruhe auch sprachlich durch Auslassungen, Ausrufe, Fragen und Gefühle zum Ausdruck zu bringen. **In der Originalfassung** zeichnet sich Jess' Sprache durch umgangssprachliche Redewendungen aus wie beispielsweise „Sommerjob" (Z. 15) oder „betüddelte" (Z. 15), woran ich mich orientiert habe. **Auch in meinem Text** habe ich viele solche Ausdrücke verwendet. **Die Formulierung** „mein Herz fing wie wild an zu klopfen" (Z. 21) nehme ich wörtlich **wieder auf. Als Jugendliche benutzt Jess** viele besondere Ausdrücke wie „genervt" (Z. 24) oder „total" (Z. 29), daher finden sich ähnliche Wörter auch in meinem Tagebucheintrag. **Auffallend sind auch die Bilder, die** im Romanauszug auftauchen, so dass ich ebenfalls einige Bilder wie „in die Hose gehen" oder „in der Tinte sitzen" verwendet habe.

▷ S. 44 ## „*Ich hatte richtig Spaß dabei ...*" –
Einen Tagesbericht aus dem Praktikum überarbeiten

▷ S. 44 **A Die Aufgabe verstehen**

1 *Richtig ist die Aussage b.*

▷ S. 45 **2** *Folgende Aussagen treffen zu: b, d, f, h.*